1 MONTH OF FREE READING

at
www.ForgottenBooks.com

By purchasing this book you are eligible for one month membership to ForgottenBooks.com, giving you unlimited access to our entire collection of over 1,000,000 titles via our web site and mobile apps.

To claim your free month visit:
www.forgottenbooks.com/free318584

ISBN 978-0-265-28619-7
PIBN 10318584

VOM

FRANZÖSISCHEN VERSBAU

ALTER UND NEUER ZEIT.

––––––––

ZUSAMMENSTELLUNG DER ANFANGSGRÜNDE

DURCH

ADOLF TOBLER.

VIERTE AUFLAGE.

––––––––

LEIPZIG

VERLAG VON S. HIRZEL.

1903.

Le Maître de philosophie : Vous
entendez cela, et vous saves le latin
sans doute. M.Jourdain: Oui; mais
faites comme si je ne le savois pas.

Auch der das vorliegende kleine Buch hat drucken lassen, hat es nicht ohne die Gewifsheit getan damit einem lebhaft empfundenen Bedürfnis abzuhelfen. Ich meine aber in aller Bescheidenheit nur mein eigenes Bedürfnis in den Händen meiner Schüler oder ihnen leicht zugänglich eine Zusammenstellung dessen zu wissen, was ihnen aus der Lehre vom altfranzösischen und vom neufranzösischen Versbau zu kennen nach meinem Dafürhalten durchaus notwendig ist, mein Bedürfnis die Vorlesungen, in denen ich französische Dichtung erkläre, von einem in der Hauptsache immer gleichen, auf Vers und Reim bezüglichen Abschnitte der Einleitungen zu entlasten, mein Bedürfnis in den Vorlesungen über französischen Versbau, die künftig zu halten ich mich nunmehr erst recht freue, Zeit zu haben zur Erörterung so vieler wichtiger Fragen, die hier gar nicht berührt sind. Sollte aber auch der eine oder der andere meiner Amtsgenossen oder ihrer Schüler das hier Gebotene brauchbar finden, desto besser.

Das verflossene Jahr hat uns verschiedene neue Schriften über die Verskunst der Franzosen gebracht, und gern würde ich darauf verzichtet haben meine Zusammenstellung der Anfangsgründe dem Drucke zu übergeben, hätte ich dieselbe für nunmehr überflüssig geworden zu halten Grund gefunden. Aber schon aus einer oberflächlichen Prüfung der Bücher von Lubarsch, Foth, Becq de Fouquières ergab sich, dafs ich nur auf ganz kurzen Strecken mit ihnen zusammen gehe: sie stellen sich Aufgaben, deren Wichtigkeit zu verkennen ich zwar weit entfernt bin, die ich aber hier zu lösen gar nicht beabsichtigt habe; und wo sie dieselben Gegenstände wie ich behandeln, verfahren sie doch ganz anders. Ohne Zweifel werde ich von ihnen manches zu lernen haben; so aber, wie mein Büchelchen jetzt vorliegt, verdankt es ihnen nichts, ist vielmehr die fast unveränderte Wiederholung von Vorlesungen, die ich im Sommer 1878 an der Berliner Universität gehalten habe.

Dafs vom Strophenbau bei mir gar nicht die Rede ist, mag als ein Mangel (neben vielen anderen) angesehen werden. Nicht eine Rechtfertigung der Lücke, nur eine Erklärung derselben soll es sein, wenn ich sage, dafs was hierüber vorzutragen mir notwendig scheint, in meinen Vorlesungen über Geschichte der provenzalischen Literatur hinlänglich Raum zu finden pflegt. Es ist mir auch noch fraglich, ob es ratsam sein würde den Studierenden, die ja doch der Mehrzahl nach mit provenzalischer Literatur sich ebenfalls beschäftigen, Geschichtliches über romanischen Strophenbau anders als mit Voranstellung der Formen der Trobadorlyrik zur Kenntnis zu bringen.

Eines noch. Es ist im Verlaufe meiner Darlegung öfter auf Gelehrte verwiesen, deren Aussagen über den oder jenen Punkt zu hören sich empfehle; denn ich möchte durchaus nicht, dafs irgend ein Leser meinte, er tue gut bezüglich dessen, was ich behandle, sich ausschliefslich an mich zu halten. Wenn nun aber andererseits hie und da gegen fremde Ansichten Einspruch erhoben ist, mögen, die es betrifft, überzeugt sein, dass es der Sache wegen geschehen ist. Ansichten über Einzelnes, die ich für irrig halte, mufs

ich zumeist dann als irrige auch vor meinen Schülern hin-
stellen, wenn sie von denen ausgehen, die ich ihnen im
allgemeinen als die verdientesten Forscher und die ver-
trauenswertesten Lehrer freudig bezeichne.

Berlin, den 30. Januar 1880.

A. T.

Bei Anlaſs des nötig gewordenen Neudrucks aus meinem
Büchlein etwas Neues zu machen hat mir nicht die Lust,
wohl aber — während der Vorlesungs- und Examenmonate
des Sommers — die Muſse gefehlt. Vielleicht findet es
auch so die frühere freundliche Aufnahme; in der Hauptsache ist es ja sich gleich geblieben, und an den nicht
wenigen Stellen, wo geändert und zugefügt ist, hat es hof-
fentlich nicht Schaden gelitten. Freilich was man als ‚dog-
matisch‘ oder ‚doktrinär‘ daraus weggewünscht hat (warum
nur?), ist stehn geblieben.

Berlin, im Juli 1883.

A. T.

Eine im Vergleich zur ersten doppelt so starke zweite
Auflage des Büchleins ist abermals vergriffen, trotzdem daſs
eine französische Übersetzung (Le vers français ancien et
moderne ... traduit ... par Karl Breul et Léopold Sudre,
avec une préface par M. Gaston Paris. Paris, F. Vieweg,
1885) sich daneben gestellt und in Frankreich, wo sie so
freundlich eingeführt war, ja auch in Deutschland Beach-
tung gefunden hat. Die hier vorliegende dritte unterscheidet
sich von der vorigen weder in der Abgrenzung noch in der
Anordnung des Stoffes, wohl aber ist im einzelnen an manchen Stellen gebessert und nachgetragen, teils aus Anlaſs

von Bemerkungen verständig nachprüfender Fachgenossen, unter denen ich hier nur Gaston Paris (in der eben erwähnten wohlmeinenden Vorrede) nennen will, teils auf Grund fortgesetzter eigener Beobachtung. Ich habe auch die mancherlei, teilweise sehr wunderlichen Neuerungen nicht ganz mit Stillschweigen übergehn mögen, mit denen einzelne Dichter der jüngsten Zeit die Aufmerksamkeit auf sich zu ziehn bemüht sind, und die, wenn sie ihre ehrfurchtsvollen Theoretiker bereits besitzen, auf der andern Seite unlängst Herrn É. Faguet dahin gebracht haben von der ‚Anarchie der letzten zehn Jahre' zu reden. Dafs dem Ausländer angesichts dieser Versuche bescheidene Zurückhaltung zieme, ist auch meine Ansicht, und so habe ich denn nur selten meine Hinweise darauf mit einem noch dazu kaum merklichen Kopfschütteln zu begleiten mir herausgenommen; in Bezug auf gewisse Punkte habe ich andererseits geglaubt andeuten zu dürfen, dafs nach meiner Meinung die ‚Anarchie' einen Gewinn für die Zukunft hinter sich lassen werde. Ein Verzeichnis aller als Quellen oder als Hülfsmittel angeführten Schriften wäre sehr lang, im Verhältnis zum Umfang meines Büchleins zu lang ausgefallen. Die benutzten altfranzösischen Texte und die zum Hinweis darauf gebrauchten Abkürzungen findet man fast alle am Anfang meiner ‚Vermischten Beiträge' verzeichnet; die häufiger angeführten theoretischen Schriften, soweit ich sie nur mit den Namen ihrer Verfasser bezeichnet habe, sind die folgenden:

Becq de Fouquières. Traité général de versification française par L. Becq de Fouquières. Paris 1879.

Bellanger. Études historiques et philologiques sur la rime française.. par l'abbé Léon Bellanger. Paris, Angers, 1876.

Jeanroy. Les origines de la poésie lyrique en France au moyen-âge.. par Alfred Jeanroy. Paris 1889.

W. **Meyer**, Ludus. Der Ludus de Antichristo und Bemerkungen über
die lateinischen Rhythmen des XII. Jahrhunderts, Sitzungsberichte
der philosophisch-philologischen und historischen Classe der k. b.
Akademie der Wissenschaften zu München. 1882. Heft I.

Quicherat. Traité de versification française . . . par L. Quicherat.
2ᵉ éd. Paris 1850.

Souza. Questions de métrique. Le rhythme poétique par Robert
de Souza. Paris 1892.

Stengel. Romanische Verslehre von Edmund Stengel, in Gröbers
Grundrifs der romanischen Philologie. II. Band, 1. Abteilung.
Strafsburg 1893.

Tisseur. Clair Tisseur, Modestes observations sur l'art de versifier.
Lyon 1893.

Weber. Anzeige von Krefsners Leitfaden der französischen Metrik,
in Zeitschrift für neufranzösische Sprache und Litteratur. Band II
S. 524—531 (1881) und Nachträge dazu eb. Band IX 1, S. 256—260
(1887). Bei Verweisungen auf den zweiten Aufsatz ist der Band
angegeben.

Berlin, den 1. Dezember 1893.

A. T.

Noch einmal erscheint mein ‚Versbau‘ in neuer Auflage
und wiederum wenig verändert. Was an kleinen Zusätzen
gegeben ist, würde zusammengestellt noch nicht einen Bogen
füllen. Im übrigen sind bisweilen Belegstellen nach neuen
Ausgaben angeführt, ein paarmal geringfügige Besserungen
am Ausdruck vorgenommen. Kurzatmige Leute werden mir
Dank wissen, dafs ich — nicht gern — bisweilen einen Punkt
gesetzt habe, wo früher ein wohlgerechtfertigtes Semikolon
stand. Der berüchtigte erste Satz, an dem nicht einzig der
treffliche Tisseur S. 3 Anstofs genommen hat, steht noch
immer da; aber schon seit der dritten Auflage eingeführt
durch einen andern Satz, aus dem man erfährt, dafs man
*j*enen nicht zu lesen braucht.

Berlin, den 15. Oktober 1903.

A. T.

Inhalt.

Seite

Einleitendes . . . .   1—33

Nicht Quantität der Silben bestimmt den Bau des Verses
1, (Versuche der Nachbildung antiker Verse 4,) noch
Zahl der Hebungen 7. Französische Weise der Zäh-
lung der Verssilben 8. Wechsel der Versart innerhalb des Gedichtes 10. Wechsel des Versgeschlechtes an
entsprechenden Stellen von Strophen 18. Vers libres 20.
Vers blancs 21. Enjambement 26.

Feststellung der Silbenzahl . . . .   34—91

Stummes *e* zwischen Konsonanten 34. Schwinden des
ẹ proklitischer Pronomina und Artikel 36. *ẹ* graphisch
zwischen *u* und *r* 38. *ẹ* in der vorletzten Silbe schein-
barer Proparoxytona 38. Doppelformen des nämlichen
Wortes mit und ohne *ẹ* zwischen Konsonanten 39.
ẹ hinter lautem betontem oder vortonigem Vokal 40.
ẹ vor lautem Vokal 50. Vermeinte und wirkliche
Diärese 52. Auslautendes *ẹ* vor vokalischem Anlaut
55, vor *h* 57. Elision der Vokale von *la*, *si* im Neufranzösischen und von *ma, ta, sa, te* (== *tu*), *ne* (== *nec*),
se (== *si* und == *sic*) im Altfranzösischen 58. Fakulta-
tive Elision des *ẹ* einsilbiger Wörter in der alten
Sprache 60. Auslautendes *ẹ* mehrsilbiger Wörter vor
vokalischem Anlaut in der alten Sprache 64. Elision
des *ẹ*, das durch auslautendes *s* geschützt sein sollte 71.
Verschleifung 72. — Laute Vokale nebeneinander
im Innern des Wortes 72. Ursprünglich durch Konsonanten getrennt 73. Schon im Latein im Hiatus zueinander 78. Nebeneinander infolge Zerlegung eines
Vokals oder Attraktion 84. Nebeneinander infolge
der Auflösung von Konsonanten 89.

Seite

Innere Gliederung des Verses (Cäsur) . . . .   92—122
Wirkliche weibliche (epische) Cäsur der alten Dich-
tung 94, scheinbare der neuen 95. Lyrische Cäsur
des zehnsilbigen Verses 98. Zehnsilbige Verse ohne
Cäsur 99, mit Cäsur nach der sechsten Silbe 100, mit
Cäsur nach der fünften 101. Zwölfsilbiger Vers 103.
Elfsilbiger 105. Neunsilbiger 107. Achtsilbiger 108.
Verse von über zwölf Silben 110. — Stärke der
Cäsur 112.

Hiatus . . . .   123—129
Heutige Regel 123. Ihre Inkonsequenzen 124. Mifs-
achtung und Mifsbilligung des Gesetzes 127.

Reim . . . .   130—174
Reim und Assonanz, männlich und weiblich 130.
Assonanz in gereimter Dichtung 131. Reicher und
leoninischer Reim 132. Reim fürs Ohr, nicht fürs
Auge 133. Berücksichtigung nicht mehr zu Gehör
kommender Laute 133. Normandische Reime 138.
Reim von Wörtern mit ungleich behandelten Auslauten
(s, t) 140. Reicher Reim gefordert 143. Steigender
Diphthong der zweisilbigen Verbindung seiner Elemente gegenübergestellt 146, dem einfachen Vokal, der
mit dem zweiten Elemente gleich lautet 140. Schlufs-
silbe im weiblichen Reim ein tonloses Wort 148.
Reim von Homonymen 151. Reimende Ausgänge
haben ein tonloses Wort gemein 151, oder ci, $là$ 152.
Hilfsverba 153, Pronomina 154, Adverbia 155 ehe-
mals im Reime mit sich selbst. Reime von Wörtern
gleiches Stammes 155 (Kehrreimwort 155). Äquivoke
Reime 157. Grammatischer Reim 158. Doppelreim
159. Binnenreim 160 (Anaphora 161). Verschiedener
Bestand der Gruppen in Reim oder Assonanz paarbarer
Wörter je nach dem Lautstande der Zeit und des
Mundartgebietes 164, und nach der Beschaffenheit der
Flexion 172.

Einleitendes.

Das Wesentlichste von dem, was in gegenwärtigem Büchlein ausgeführt werden soll, läfst sich in folgende drei Sätze zusammendrängen: Der Vers ist (innerhalb der französischen Dichtung) ein in *jedem* einzelnen Falle an eine bestimmte Zahl von Silben gebundenes Glied poetischer Rede, das zu andern Gliedern derselben in einem bestimmten Verhältnisse der Silbenzahl (Gleichheit oder bestimmte Verschiedenheit) steht, in der Regel mit ihrer einem oder mehreren durch den Endreim in besondere Beziehung gesetzt ist (an Reimes Statt in älterer Zeit auch durch Assonanz), und seinem Inhalte nach, ebenso wie der Form nach, wenn auch nicht völlige Selbständigkeit gegenüber seiner Umgebung besitzt, so doch durch engern syntaktischen Zusammenhang sich innerhalb des Umgebenden, bald mehr bald minder entschieden, als etwas für sich Seiendes geltend macht. Einzelne Versarten besitzen eine Gliederung, die dadurch zu stande kommt, dafs an bestimmter Stelle im Inneren regelmäfsig eine betonte Silbe steht, und hinter dieser eine Cäsur (Pause) eintritt. Von einer gewissen Zeit ab ist für die Kunstdichtung die Forderung anerkannt, dafs im Innern eines Verses das Zusammentreffen eines betonten auslautenden Vokals mit einem anlautenden Vokal des folgenden Wortes zu vermeiden sei. *Hiatus.*

Zunächst ist nach dem Gesagten festzuhalten, dafs für den französischen Vers nur die Zahl und unter Umständen die Betonung der Silben in Betracht kommt, niemals dagegen

die Quantität: *embrasse* mit *ă* und *entasse* mit *ā*, *chasse* (*ă*)
und *châsse* (*ā*) gelten für das Versmaſs vollkommen gleich,
wenn auch Dichter, die es mit der Reinheit des Reimes
sehr genau nehmen, diese Wörter nicht leicht aufeinander
reimen lassen[1]); *bĕtte* ‚Mangold‘ und *bête* ‚Tier‘ nehmen im
Verse genau denselben Raum ein. Noch mehr, dasselbe gilt
von *revient* und *convient,* von *remette* und *transmette,* von
détrônât-il und *recevra-t-il* u. dgl. Die Länge des Vokals
also und nicht minder die Länge der Zeit, welche die Aussprache der gesamten Silbe erfordert, ist vollkommen gleichgültig, wenigstens für das Maſs des Verses, wenngleich
nicht zu verkennen ist, daſs für die Wirkung, welche er als
Ganzes vermöge seiner Bewegung tut, es einen bedeuten-
den Unterschied macht, ob in ihm schwere, konsonanten-
reiche, geschlossene Silben oder leichte, offene mit zahlreichen dumpfen *e* überwiegen (s. die von Quicherat S. 520
angeführten Worte aus Mablin's Mémoire sur les difficultés
qui s'opposent à l'introduction des rhythmes des anciens dans
la poésie française, Paris 1815, oder A Barine's Bemerkungen über A. de Musset's Verskunst im Leben dieses
Dichters S. 112). Hier liegt also ein bis auf die Grundlagen reichender Unterschied zwischen französischem Versbau und dem lateinischen der augusteischen Kunstdichtung,
für welche die Quantität der Silben das Entscheidende in
dem Maſse ist, daſs die Zahl der Silben unter Umständen
je nach der Quantität wechselt (in den daktylischen Versen
z. B., wo der Spondeus statt des Daktylus eintreten kann),
und für welche die Betonung der Silben, wie sie auſserhalb
des Verses stattfindet, gleichgültig ist (*Tum dúo Trinácrii
iúvenes, Hélymus Panopésque, Æn. V.* 300; *Princípio cǽlum*

---

[1]) Immerhin hat Molière *lâche: tache,* Ec. d. maris III 5, *êtes:
amourettes,* Ec. d. femmes III 4, Boileau *rôle: Barthôle,* Sat. I,
Racine *tâches: lâches,* Alex. I 1 gereimt; von Neueren Musset *saule:
espagnole,* À la Malibran, Manuel *douce: mousse,* Poèmes pop. XII,
agite: gîte, eb. XV. Vgl. Ploetz, Syst. Darst. d. frz. Ausspr. S. 17.

ac térras campósque liquéntes, eb. VI 724)[1]). Solche lateinische Verse, wie sie in geringer Zahl, aber aus guter Zeit
uns aufgezeichnet und überliefert sind als unter den römischen Soldaten in Cäsars Zeit verbreitet: *Gállias Cæsar
subégit, Nicomédes Cǽsarem.* || *Ecce Cǽsar núnc triúmphat
qui subégit Gállias,* || *Nicomédes nón triúmphat qui subégit
Cǽsarem* oder *Urbani, serváte uxóres, Mǽchum cálvum
addúcimus* oder *De germánis nón de Gállis dŭö triúmphant
cónsules,* sind immer noch auf Grund der Silbenquantität
gebaut, lassen den Versaccent nur auf lange Silben, bisweilen freilich auch neben den gewohnten Wortaccent fallen;
s. diese und ähnliche, wenig spätere Verse gesammelt bei
Du Méril, Poésies popul. lat. antér. au douz. siècle, Paris
1843, S. 106 ff. und darüber G Paris, Lettre à Mr. Léon
Gautier sur la versification lat. rhythm., Paris 1866, S. 24
und mit stark abweichender Auffassung W Meyer aus Speyer,
Anfang und Ursprung der lat. und gr. rythm. Dichtung,
München 1884, S. 5 ff. Näher steht der französische Versbau dem mancher christlichen Hymnen, die in früher Zeit
die Quantität vernachlässigend, Silbenzahl und Accent das
Entscheidende sein lassen, s. den Hymnus abecedarius, den
der h. Augustinus (393) gedichtet hat, bei Du Méril a. a. O.
120 (vgl. dazu Ebert, Gesch. d. christl. lat. Lit., Leipzig
1889, I 250): *Ómnes qui gaudétis páce, módo vérum judi-
cáte.* || *Abundántia peccatórum sólet frátres conturbáre,* ||
Própter hóc dominus nóster, vóluit nos præmonére, u. s. w.
Gleiches gilt für die lateinischen auf Grund des Wortaccents
gebauten Verse des späteren Mittelalters insofern, als die
Quantität der Silben auch für sie nicht oder doch nur als
die Betonung bestimmend in Betracht kommt: *fĕror ĕgo
vĕluti | sĭne náutā návis, | út pĕr vĭās áeris | văga fértur
ăvis. | nón mē tĕnēnt víncula, | nón mē tĕnēt clávis; | quǽro*

---

[1]) S. hierüber W Meyer aus Speyer. Über die Beobachtung des
Wortaccentes in der altlateinischen Poesie, München 1883.

míhi símiles | ét ādjúngōr právīs, Carmina Burana, Stutt-
gart 1847, S. 67, wo mit ◡ Silben bezeichnet sind, welche
trotz ihrer Kürze als betonte in der Hebung, mit — solche,
die trotz ihrer Natur- oder Positionslänge als unbetonte in
der Senkung stehen, auch insofern, als die Zahl der Silben
für *jede* Versart immer die nämliche bleibt. Dagegen ist
für den französischen Versbau zu keiner Zeit Regel gewesen, was für diese Art lateinischer Verse wenigstens zunächst Grundsatz ist, dafs regelmäfsiger Wechsel zwischen
betonten und tonlosen Silben stattfinde, dafs zwischen zwei
betonte Silben mindestens und höchstens eine tonlose trete,
was freilich nur dadurch möglich wurde, dafs man Wörtern
von mehr als zwei Silben mehr als eine Tonsilbe gab, in
den paroxytonen aufser der vorletzten auch die viertletzte dazu machte (*imperátor, impératórem*), in den proparoxytonen
aufser der drittletzten auch die letzte und die fünftletzte
(*múliéribús, mulierém*), s. WMeyer, Ludus S. 54. Doch
liegt darin wieder eine Annäherung an das Verhalten des
französischen Verses, dafs in den Reihen aus Accent-
iamben Taktwechsel zugelassen ist, wofern nur nie zwei Ton-
silben zusammenstofsen, dafs also neben *Jerúsalém mirábilis*
als gleichartiger Vers *úrbs beátior áliis* sich stellen darf,
s. eb. S. 58. Über das Hervorgehen rhythmischen Versbaues
aus dem metrischen handelt auch Ramorino, La pronunzia
popolare dei versi quantitativi latini nei bassi tempi, Torino
1893 (s. dazu Ph A Becker im Lit. Blatt f. germ. u. rom.
Philologie 1894, 153).

Im sechzehnten Jahrhundert, als auch in *jeder* andern
Beziehung die redenden Künste Frankreichs mit denen der
Alten zu wetteifern versuchten, sind zahlreiche Dichter auf-
getreten, welche die Quantität zur Grundlage französischer
Verse zu machen und in solcher Weise die von den Griechen und den Römern gebildeten Verse nachzubilden empfah-
len und sich bestrebten. An sich mag die Ausführung eines
derartigen Vorhabens kein Ding der Unmöglichkeit scheinen:

Silben von nicht zu bezweifelnder Kürze besitzt die Sprache
an allen denen, welche stummes (dumpfes) ę zum Vokale
haben, entschieden lange Silben gibt es gleichfalls (man
würde auch von Naturlänge und Positionslänge in gewissem
Sinne sprechen können); eine Schwierigkeit aber liegt namentlich in dem Vorhandensein einer grofsen Zahl von Silben
unentschiedener und mittlerer Quantität. Man kann *pätre*
als Trochäus, *jetät* als Iambus, *Dieu*, *je se (rai)* als Daktylus, *recevoir* als Anapäst gelten lassen; aber *chăsse*, *chăssă*,
dŏnnă, *courŏnne?* Doch hätte in solcher Beziehung allenfalls dieser oder *jener* Gebrauch auf dem Wege ausdrück-
licher Feststellung sich bilden, oder auch den Dichtern eine
gewisse Freiheit hinsichtlich der Verwendung solcher Silben
gelassen werden können (wie sie die deutschen Dichter beim
Gebrauche antiker Mafse noch immer sich nehmen), obwohl
hierin schon eine sehr beträchtliche Abweichung von dem
antiken Verfahren würde gelegen haben. So viel steht fest,
dafs der Versuch gescheitert ist. Er mifsglückte aber schwerlich nur darum, weil er nicht mit der erforderlichen Sorg-
falt und Folgerichtigkeit durchgeführt war[1]), mehr wohl darum,
weil man seit den ersten Anfängen der französischen Dichtung auf die Quantität keine Rücksicht genommen, das Volk
nie gelernt hatte sie als ein wesentliches Element des Verses
zu empfinden, und weil manches, woran die Leser als an

---

[1]) Von BAÏF die Hexameter: *Dans Rome | Live pre|mier du
Gré|jois les | nombres a|porta; || Andronique | eut sur|nom, qui la |
lourde ma|nière ré|forma*, bei BELLANGER S. 48; von PASSERAT (nach
PASQUIER's Zeugnis) die Ionici a minore ‿ ‿ ⏑ — — nach HORAZ
Carm. III 12¦: *Ce petit dieu | cholere, archer, | leger oiseau, || À la
parfin | ne me lerra | que le tombeau, || Si du grand feu | que je
nourri | ne s'amortit | la vive ardeur. | — Un esté froid, | un hyver
chault | me gelle et fond* u. s. w., in Poés. choisies de J.-A. DE BAÏF p. p.
LBECQ DE FOUQUIÈRES, Paris 1874, S. 373. Wenn der Herausgeber
diese letzten Verse als harmonisch empfindet, so kann dies nur daher
rühren, dafs er sie ohne Rücksicht auf die Quantität einfach als viersilbige Verse mit einem Accent auf der **vierten** liest.

späte Wiederholung antiken Verfahrens sich gewöhnen sollten, mit der Eigenart der modernen Sprache im entschiedensten Widerspruche stand (*aporta, chansons, cadençoit* am Ende von Baïf's Hexametern konnte man nicht als Wörter mit einer letzten Silbe hinnehmen, die mit einer lateinischen tonlosen Silbe von beliebiger Quantität gleichwertig gewesen wäre, *les piez* nicht als gleichwertig mit dem Trochäus oder dem Spondeus eines lateinischen Hexameterschlusses, wie folgender Vers beanspruchte: *Un temps | fut que la | Grēce n'a|voit les | nombres et | les piez*, bei Bellanger a. a. O.). Eine Nachbildung antiker Metra wäre in der freieren Weise wohl ausführbar und vielleicht nicht ohne Aussicht auf Erfolg selbst in andern als gelehrten Kreisen gewesen, dafs man die von der Sprache betonten Silben an die Stelle der im lateinischen Verse langen und in der Vershebung stehenden hätte treten lassen, die unbetonten (wenn auch vielleicht langen an die Stelle der im lateinischen Verse kurzen und in der Senkung stehenden, wie es von Baïf gehalten ist in folgenden Versen anapästischer Bewegung: *Écoutons le ramage du rossignolet . . . Chatouillés et piqués de désir mutuel . . . Se présentent à faire chapeaux et bouquets . . . Du ciel amoureux qui sur elle se fond,* Poés. choisies S. 365. Nur würde dies immer (wie auch die deutsche Nachahmung antiker Verse es tut) etwas von den lateinischen Versen mit ihrem beständigen Widerstreit zwischen Wortaccent und Versaccent sehr Verschiedenes ergeben haben. Dafs Michel de Boteauville 1497 mit seinem 'Art de metrifier françois' den Weg der aussichtslosen Nachbildung der römischen Verse wies und ihn 1500 mit einem längeren historischen Gedichte in vermeintlichen Distichen auch selbst wandelte, hat A Thomas 1883 in den Annales de la Faculté des lettres de Bordeaux gezeigt; über Baïf's Bestrebungen und die auf seinen Wunsch 1571 seiner und des Musikers Thibaut de Courville Leitung unterstellte und von sehr angesehenen Männern unterstützte Akademie für gleichzeitige

Pflege der Dichtung nach antikem Muster und einer entsprechenden Musik sowie des Tanzes s. SAINTE-BEUVE, Tableau d. l. poés. frç: au XVIᵉ s., édit. revue, Paris 1843, S. 97 ff., die Einleitung von BECQ DE FOUQUIÈRES' oben erwähnter Ausgabe, PELLISSIER in der Einleitung der 1885 erschienenen Ausgabe von VAUQUELIN DE LA FRESNAYE'S Art poétique S. XC, BELLANGER S. 33—79, welcher letztere auch der gleichartigen Versuche von TURGOT, dem bekannten Minister Ludwigs XVI, gedenkt, NAGEL, Die metrischen Verse JEAN-ANTOINE DE BAÏF'S, Leipzig 1878, endlich K EDUARD MÜLLER, Über accentuierend-metrische Verse in d. frz. Spr. des XVI.—XIX. Jahrh., Bonn 1882. Von den durch diesen zur Sprache gebrachten neueren Versuchen sind namentlich die des 1874 verstorbenen Belgiers VAN HASSELT bemerkenswert, der aber weniger antike Metra nachbildet als, sei es in den sonst üblichen, sei es in neugebildeten Versarten, eine gröfsere Zahl von Accenten regelmäfsig auf bestimmte Stellen legt, bisweilen mit wirkungsvoller Mischung iambischer und anapästischer Bewegung. Von der bei ihm durchgeführten Gleichheit der Accentlage in langen Reihen von Versen pflegen freilich französische Leser den Eindruck ermüdender Eintönigkeit zu empfangen. Nach LUBARSCH, Über Deklamation und Rhythmus der franz. Verse, Oppeln 1888, S. 18 Anm. enthält auch DUCONDUT, Essai de Rhythmique française, Paris 1856, zweihundert Seiten regelmäfsig accentuierter Verse. Über des letzteren und einiger Nachfolger gleichartige Versuche s. auch SOUZA S. 234—8.

Dem französischen Verse genügt es aber auch nicht, eine bestimmte Zahl von Hebungen zu einem Ganzen zu vereinigen, zwischen denen Senkungen aus Silben von wechselnder Zahl stünden oder allenfalls auch fehlen könnten, wie dies etwa vom alten deutschen epischen Verse und zum Teil noch vom neudeutschen gilt. Wenn vor Jahren einmal G PARIS die später von ihm jedenfalls aufgegebene Ansicht geäufsert hat, das älteste poetische Denkmal der französischen

Sprache, der Gesang auf die h. Eulalia, bestehe aus Strophen von je zwei Zeilen, welche letzteren hinsichtlich der Zahl der Hebungen und der Lage der Cäsur zwischen diesen sich entsprächen, während die Senkungen gar nicht in Betracht kämen und manchmal fehlten (Étude sur le rôle de l'accent lat., Paris 1862, S. 128), so ist er damit ohne Zweifel dem Wahren näher geblieben als Simrock, der in jedem Verse vier Hebungen finden wollte, hat aber immer noch etwas angenommen, was in romanischer Dichtung sich sonst nirgends findet und schon darum auch hier abzulehnen ist.[1]

Wenn die oben S. 1 gegebene Definition von einer in jedem einzelnen Falle bestimmten Zahl von Silben spricht, an die der Vers gebunden sei, so ist im Auge zu behalten,

1. dafs von der französischen Verslehre die letzte betonte Silbe des Verses als die letzte zu zählende betrachtet, eine etwa dahinter stehende tonlose (mehr als eine solche kann dahinter überhaupt nicht vorkommen, während dies im

PARIS:

[1]   *Buōna | pulcélla | — fút | Eulália*
    Bel ávret | córps | — bellezōur | ánima.) . . .
    La domnizélle | celle kóse | — nón | contredist)
    Volt lo séule | lazsīer | — si rūōvet | Krist.)

SIMROCK:

Buóna pùlcéllà fút Eùlálià
Bél àvrét còrps béllezòur ánimà . . .
La dómnìzéllè, célle kòse non cóntredìst
Vólt lo sèule lázsìer si rūóvet Krist.

Richtigere Auffassungen des Sachverhaltes sind durch F Wolf, Diez, P Meyer, Suchier, ten Brink, Bartsch vertreten; s. darüber Koschwitz, Commentar zu den ältesten franz. Sprachdenkmälern, Heilbronn 1886, S. 101 ff., PhABecker, Über den Ursprung der romanischen Versmafse, Strafsburg 1890, S. 52 und Stengel in Gröber's Grundrifs der rom. Philologie, Strafsburg 1893, II S. 7. Die neueste Arbeit über den Gegenstand, die von M Ennecerus, scheint niemand von der Richtigkeit ihres Ergebnisses überzeugt zu haben; PhABecker im Lit. Blatt f. germ. u. rom. Philol. 1903, 103, A François in Romania XXXI 402.

Italienischen oder im Spanischen möglich ist) nicht gezählt
wird, ohne dafs übrigens darum ohne weiteres jederzeit ein
auf eine betonte Silbe endender, ein **männlicher** Vers an
Stelle eines **weiblichen** oder umgekehrt gesetzt werden
könnte; männliche und weibliche Verse werden vielmehr als
verschiedene Arten eines und desselben Verses betrachtet.
Die Zählweise der Franzosen ist somit verschieden von
der der Italiener und der Spanier, welche bei der Benennung
der Verse nach der Silbenzahl zwar ebenfalls die auf eine
betonte und die auf blofs eine tonlose sowie die auf zwei
tonlose Silben ausgehenden Verse, wenn nur der letzten betonten gleich viel vorangehen, unter dem nämlichen Namen
begreifen, aber unter dem Namen, der streng genommen nur
für die auf eine einzige tonlose ausgehenden Verse dem tatsächlichen Silbenbestand entspricht.

> *Au doux aspect de vos charmes puissants . . .*
> *Suivez les pas de celle qui vous venge . . .*
> *Héme casado con una muger . . .*
> *Tú pensarás que guardaré tu puerta . . .*
> *De términos tan raros y magníficos . . .*

Von diesen Versen sind die ersten **beiden** den Franzosen
zehnsilbig, der dritte und der vierte, die doch jenen beiden
genau entsprechen, und nicht minder der letzte den Spaniern
elfsilbig, vgl. Mussafia, Über die Quelle der altspan. ‚Vida de
S. Maria egipciaca' in den Sitzungsberichten der phil.-hist.
Classe der Wiener Akademie Bd. 43 S. 153 Anm. Es ist
ein Zeichen von Schwäche der Empfindung für den Rhythmus
der Rede, wenn man in der Meinung durchweg Gleichwertiges
zu geben männliche achtsilbige und weibliche siebensilbige
Verse durcheinander gemengt hat, wie im anglonormannischen
Leben Brandan's, in einem Teile der Handschriften von Guillaume's de Deguileville Werken, im provenzalischen Breviari
d'Amor, auch in lateinischer accentuierender Dichtung ge-
schehn ist: *Nunquam erat deficiens Et sic est effectus sciens.*

Quando venit ad lecturam, Suam misit in hoc curam Ut legeret assidue, Et hoc fecit continue . . . *Effectus est episcopus, Et post archiepiscopus Promotus est Senonensis, Deinde Rothomagensis Archiepiscopus fuit; Ubique bene claruit,* Gille le Muisi in Recueil de chroniques de Flandre p. p. J.-J. de Smet, Brux. 1841, II S. 307.[1])

Für die ältere Zeit gilt im zehn- und im zwölfsilbigen epischen Vers aufserdem die Bestimmung, dafs eine tonlose Silbe unmittelbar vor der Cäsur gleichfalls nicht in Rechnung kommt, so dafs

> *Son brant d'acier | nouvel et esmolu*
> *Ses bones armęs | et son pesant escu* . . .
> *Li cuens Amis | s'en entra en sa voię*
> *Li cuens Amilęs | de noient ne desvoię*

gleich richtige zehnsilbige epische Verse sind, obschon der zweite und der dritte bei einiger Verschiedenheit des Baues die übereinstimmende Zahl von je elf Silben umfassen, der letzte sogar ihrer zwölf aufweist.

2. Die freie Wahl einer bestimmten Versart für eine ganze Dichtung oder verschiedener Versarten für bestimmte Stellen einer Dichtung, in welcher verschiedenartige Verse sich mischen, ist nicht von vornherein ausgeschlossen. Die nicht strophische Dichtung aber verlangt im allgemeinen das Festhalten an einer Versart für das ganze Werk oder mindestens für Abschnitte, die innerhalb des Ganzen eine gewisse Selbständigkeit besitzen. Beispiele des Übergangs von der anfänglich gewählten Versart zu einer andern kommen vor: Philipe de Thaon hat sein didaktisches

---

[1]) Noch schlimmer ist es freilich, wenn man, wie Provenzalen nicht ganz selten getan haben, tonlose Endvokale im Reime betonten gleichsetzt, *cornéro* mit *sazó* paart, *vóstres* mit *ples* u. dgl. (s. darüber Bartsch in Gröber's Zts. II 131, P Meyer in Croisade c. 1. Albig I S. CIX). Solches Verfahren war bei Franzosen, die keinen andern tonlosen Endvokal als das dumpfe *e* besitzen, nicht leicht denkbar.

Werk le Bestiaire bis zu Zeile 2888 (der Ausgabe von Walberg) in sechssilbigen, den Schlufs, Z. 2889—3194, in achtsilbigen Versen abgefafst; aber er sagt auch ausdrücklich an der Übergangsstelle: *Or voil [je] mun metre müer Pur ma raisun mielz ordener.* WACE hat seine Reimchronik, die man Roman de Rou nennt, nachdem er einen in Paaren achtsilbiger verse abgefafsten Anfang (in ANDRESEN's Ausgabe I S. 11—36) aufgegeben hatte, in Alexandrinerlaissen, erst in umfangreicheren (I S. 207—218) eingeleitet, dann in kürzeren *(les vers abrigerum,* 'wir wollen die Gesätze verkürzen'; I S. 36—198) auszuführen begonnen, ist dann aber zu Paaren achtsilbiger Verse übergegangen, nicht ohne einen Teil *jenes* fallen gelassenen ersten Anfangs zu verwenden (II); dies der Sachverhalt, den G PARIS, Romania IX 598 ff. wahrscheinlich gemacht hat. Der Dichter des Partonopeus geht, da er will *que la fin voist amendant,* von paarweise gereimten achtsilbigen Versen am Schlusse zu Laissen aus längeren Versen über mit Worten, die man Romania XXIII 1 findet. Eine in England gedichtete Petite Philosophie, von der P MEYER, Romania VIII 337 und XXIX 72 (s. auch eb. 79) Kunde gibt, läfst die zuerst paarweise gereimten achtsilbigen Verse gegen Ende einreimig werden, zuletzt einreimig und zehnsilbig. Der anglonormannische Dichter des S Auban[1]) hat der Hauptsache nach Alexandriner gedichtet, aber eine Rede seines Heiligen in vierzehnsilbigen Versen (mit Cäsur nach der achten) 589—619 eingeschaltet; nur dafs die einen wie die andern in hohem Grade mangelhaft sind[2]). CHRISTINE DE

---

[1]) Vie de S Auban herausg. von ATKINSON, London 1876. Dazu: Über die MATTHÄUS PARIS zugeschriebene Vie de S Auban von H SUCHIER, Halle 1876.

[2]) Dies gilt im ganzen (doch nicht für alle anglonormannischen Gedichte in gleichem Mafse) von den Werken französischer Dichtung auf englischem Boden; es ist auch bei den schlimmsten ungefähr zu merken, welche Art französischer Verse nachgebildet werden soll, aber auch bei den besten anzuerkennen, dafs es zu vollem Gelingen selten kommt. SUCHIER's Annahme mannigfacher Freiheiten, die hier gegolten

Pisan beginnt den Chemin de lonc estude (nach der Dedi-
kation) mit siebensilbigen Versen, diesen mischen sich bald
achtsilbige bei, und von Z. 252 ab bleibt es bei letzteren;
ein paar weitere Beispiele führen Foerster in der Einleitung zum Aiol S. XXXIII, Stengel in Gröber's Grundrifs IIa 73 an. Im Aiol rührt das Nacheinander, bisweilen
auch Durcheinander, von zehnsilbigen (mit Cäsur nach der
sechsten) und zwölfsilbigen Versen von Überarbeitung durch
einen zweiten Dichter her (so die Herausgeber). Längere
Folgen von zwölfsilbigen Versen neben solchen von zehnsilbigen finden sich auch in der Pariser Redaktion der Chanson de Roland (bei Michel, Laissen 432—439), im Foucon
de Candie, wo beim Eintritt des Wechsels einmal ausdrücklich anerkannt wird: *Ici mue la rime du Ber Povre Véu*,
in des unbekannten Paduaners Entree en Espagne. Einige
Stellen des grofsen Werkes von Hermant de Valenciennes,
das im allgemeinen aus Alexandrinern besteht, sind in
zehnsilbigen Versen abgefafst, zeigen aber nicht in allen Handschriften gleichen Umfang; s. PMeyer im Bulletin de la
Soc. d. anc. textes 1899 S. 39 und 43. Vereinzelte Alexandriner in Laissen aus zehnsilbigen Versen begegnen oft; über
die des *Oxforder Rolands* s. Hill, Über das Metrum in der
Ch. de R., Strafsburg 1874, S. 5, über die des Gerart de
Viane Bekker's Anmerkung zu Z. 707, über die des Amis
et Amiles Hofmann zu Z. 247. Dafs man unter allen
Umständen das Recht habe den Überschufs wegzuemen-
dieren, steht doch wohl nicht a priori fest. Ganz anderer
Art und nicht eigentlich eine Ausnahme bildend sind die

hätten (Weglassung der ersten Silbe des Halbverses, Verlegung der
Cäsur zwischen eng verbundene Wörter u. dgl.), fördert wenig. Vgl.
auch Hermann Rose's Untersuchung von JFantosme's Reimchronik
in den Rom. Studien V 301 und darüber Vising im Lit. Blatt f. germ.
u. rom. Philol. 1882 Sp. 352; ferner des letzteren Schrift Sur la versification anglo-normande, Upsala 1884 und deren Besprechung durch
PMeyer, Romania XV 144; endlich PMeyer's Einleitung zu den Frag-
ments d'une vie de SThomas, Paris 1885, S. XXXI.

Fälle, wo höfische Erzähler, die sich sonst des achtsilbigen
Verses bedienen, Gesänge, lyrische Dichtungen einschalten,
die im Verlaufe der berichteten Begebenheiten bei dem
oder jenem Anlasse vorgetragen worden seien, oder wo die
Reimpaare von Werken betrachtenden Inhaltes, von Episteln
u. dgl. durch lyrische Einschiebsel unterbrochen werden[1]),
oder wo dramatische Dichter zwischen die Wechselrede Monologe oder Chöre in strophischen Formen treten lassen[2]).
Es gibt aber auch nichtstrophische Dichtung, welche
grundsätzlich mehr als eine Versart verwendet; so
gewisse Chansons de geste, welche je einer Laisse von zehn-

---

[1]) So im Guillaume de Dole, dessen Verfasser nach GPARIS' Einleitung solches Verfahren zuerst und besonders geschickt geübt hätte,
im Roman de la Violette, im Cleomades, im Escanor und im Cheval
de fust, im Chastelain de Coucy, im Renart le Nouvel, im Lai d'Aris-
tote, im Meliador, im Sone de Nausay (einmal, 10395, ohne Störung
von Reimfolge und Versmafs, ein andermal, 10921, mit Störung der
Reimfolge, 15983 aber mit starker Unterbrechung) und andererseits in
BAUDOIN DE CONDÉ's Prison d'Amour, in NICOLE DE MARGIVAL's Pan-
there d'Amours, in MAHIU LE POIRIER's Court d'Amours (s. Romania
X 519 ff.), im Roman de la Poire, in der Court de Paradis, in FROIS-
SART's Paradis d'Amours, Espinete amoureuse, in GUILLAUME DE
MACHAULT's Voir Dit und ähnlichen Werken. Verwandter Art ist ein
Salut d'Amour (bei JUBINAL, NRecueil II 235) aus Alexandrinerlaissen
ungleicher Länge, deren jeder sich eine aus einem bekannten Liede
geborgte Refrainzeile (oder auch zwei) hier dieses, dort jenes Mafses
anschliefst, eine Zeile, deren Ausgang auch den Reim der voranstehen-
den einreimigen Laisse (Tirade) bestimmt. Erwähnt sei auch noch die
Complainte douteuse (JUBINAL, NRecueil II 242), wo einem Gedichte in
Reimpaaren achtsilbiger Verse die fünf Strophen einer regelrechten
Chanson einverleibt sind, aber voneinander getrennt durch längere
Folgen der angegebenen Reimpaare; den Übergang von den achtsilbigen
Versen zu den Strophen bildet je ein viersilbiger, der mit der ersten
Zeile der Strophe reimt. Dichtungen strophischen Baues mit jeweilen
eingeschalteten lyrischen Stücken fremden Ursprungs erwähne ich hier
nicht. S. jetzt auch JEANROY, Orig. de la poésie lyr. S. 116.

[2]) Dieses Verfahren üben schon die Mirakelspiele und die Mysterien des Mittelalters; es ist jedem bekannt aus CORNEILLE's Cid, wo
der Monolog Akt I Sc. 6 aus sechs kongruenten Strophen besteht, in

oder von zwölfsilbigen Versen einen sechssilbigen weiblichen Vers (der aufserdem durch Reimlosigkeit ausgezeichnet ist) folgen lassen: . . . *Bertrans l'entent, si geta un souspir,* ‖ *De pitié pleure, il ne s'en puet tenir;* ‖ *Molt grant dolor demaine,* Alisc. 7; . . . *Plus loiaus gens ne fu, tant com li solaus raie,* ‖ *Ne de plus grant vaillance,* BComm. 52 sind solche Laissenschlüsse; ein Verzeichnis der Dichtungen, die diesen Vers aufweisen (darunter solche, die ihn nur in einzelnen Handschriften haben), findet man bei GAUTIER, Les Épop. frç. I² 368¹). Ähnliches Verfahren zeigen die Gesangstücke in Aucassin und Nicolete (Gesätze ungleicher

denen Verse von sechs, von acht, von zehn, von zwölf Silben zusammengestellt sind; etwas weniger kunstreich sind die vier kongruenten Strophen, welche den Monolog der Infantin eb. V 3 bilden. Auch im Polyeucte IV 2 unterbricht ein Monolog aus fünf kongruenten Strophen die gleichmäfsige Folge der Alexandrinerpaare; der Horace schliefst mit drei vierzeiligen Strophen der Julie, und lyrische Formen begegnen mehrmals in des Dichters Komödien. ROTROU läfst den Schlufsakt des S Genest mit einem Monologe aus vier zehnzeiligen Strophen anheben. Bei RACINE hat Antigone in der Thébaïde V 1 einen Monolog in drei kongruenten Strophen. Für die Musik der Chöre in Esther und in Athalie hat RACINE ,*vers libres*‘, d. h. Folgen von verschiedenartigen Versen, die nicht zu Strophen verbunden sind, gedichtet; zwischen den *vers libres* in der Esther III 3 sind vier kleine Strophen, zwischen denen der Athalie II 9 sind zwei eingeschaltet. Chöre hatten übrigens schon JODELLE, GARNIER, HARDY in ihren Tragödien angebracht; in neuerer Zeit hat es PONSARD in seinem Ulysse getan. Beispiele von Versmischung im älteren Theater führt A EBERT, Entwicklungsgeschichte der franz. Tragödie S. 112 an. Gegen die bei den grofsen spanischen Bühnendichtern beliebte Verwendung mannigfaltiger lyrischer Formen im Drama eiferte in Frankreich namentlich D'AUBIGNAC in seiner Pratique du théâtre, 1669.

¹) Über die Frage, ob der Brauch solchen Laissenschlusses sehr alt oder eine Neuerung sei, und, wenn ein Gedicht in einer Fassung mit ihm und einer ohne ihn vorliegt, welche der beiden als die ursprüngliche zu gelten habe, handelt A NORDFELT, Études sur la chanson des Enfances Vivien, Stockholm 1891 (s. Romania XXI 476); aber das Ergebnis, zu dem er gelangt, ist angefochten, s. BECKER in GRÖBER'S Zts. XVIII 112—123 (dazu Romania XXIII 611).

Länge aus assonierenden siebensilbigen Versen, je am Schlusse
ein immer weiblicher und reimfreier viersilbiger) und die von
G Paris im Jahrb. VI 365 edierte, zuletzt bei Foerster und
Koschwitz in ihrem Altfranz. Übungsbuche abgedruckte Paraphrase des Hohen Liedes, wo je auf zwei männliche oder
weibliche reimende zehnsilbige Verse ein reimfreier männlicher oder weiblicher viersilbiger Vers folgt. Verwandt ist
hiermit eine Erscheinung, die man in den dramatischen Mi-
racles de N Dame (herausgegeben von G Paris und U Robert,
acht Bände, 1876—1893, früher teilweise im Théâtre frç.
au m. â.) findet: die Rede bedient sich im allgemeinen der
achtsilbigen Verse, die zu Reimpaaren verbunden sind, nur
dafs jede Rede mit einem viersilbigen (männlichen oder weiblichen) Verse schliefst, zu welchem die Rede der mitsprechen-
den Person in ihrer ersten achtsilbigen Zeile den Reim bringt.
*Tien, je te pri pour saint Marcel | Que tu la portes sans
detri | La ou tu scez, et si li dy | Qu'il m'en rescrise. || —
Dame, je feray sanz faintise | Vostre conmant. || — Or vas,
a Jhesu te conmant,* H 204 ff.[1]) Dieselben Verse wechseln,
ohne den Personenwechsel zu begleiten, stellenweise in dem
Miracle de Theophile des Rustebuef: nach zwei oder drei
miteinander reimenden Versen von acht Silben kommt ein
viersilbiger mit ihnen nicht reimender, mit dem wieder zwei
oder auch drei oder auch ein achtsilbiger reimen, an diese
schliefst sich wieder ein viersilbiger, der einen neuen Reim
einführt u. s. w.; Rustebuef hat auch sonst zahlreiche Gedichte ganz nach diesem Schema aufgebaut, meistens mit
grofser Regelmäfsigkeit hinsichtlich der Zahl (Zweizahl) der
zwischen die viersilbigen tretenden achtsilbigen Verse (Œuvr. I[1]
5, 13, 24, 30; II 1). Auch andere Gedichte in grofser Menge
(s. darüber G Paris, Einleitung zu dem Mystère de la Passion
von A Greban, S. XII) zeigen entsprechende Anordnung der

---

[1]) Nur vereinzelt trifft man derartige Verbindung der Reden im
Mistere de S Adrien, Mâcon 1895, Z. 2095, 2359; Z. 2091 steht ein viersilbiger Vers mitten in einer Rede.

gleichen zwei Versarten, s. Jubinal, N Rec. II S. 83, 162,
178, 258; andere Reimbindung derselben in dem Streit
zwischen Winter und Sommer eb. II 40, wo der Dichter
den Winter in Reimpaaren aus achtsilbigen Versen reden
läfst, den Sommer in Terzinen aus achtsilbigen und viersilbigen Versen in der Reimordnung 8 *a* 8 *a* 4 *b* 8 *a* 8 *a* 4 *b*
8 *c* 8 *c* 4 *d* 8 *c* 8 *c* 4 *d*. Ganz dieselbe *Ordnung* im sechzehnten Jahrhundert bei Lecoq in einem Monolog der Tragödie Caïn bei Darmesteter und Hatzfeld S. 321. Indessen
ist damit eigentlich schon förmlicher Strophenbau gegeben.

In der strophischen Dichtung ist zwar das Verbleiben
bei der einmal gewählten Versart von Anfang bis zu Ende
der Strophe (und hier sind sehr verschiedene Arten von
Versen zur Verwendung gekommen) recht häufig, Quicherat
braucht dafür S. 218 den Namen *stances · isōmètres*; aber
nicht minder oft verwendet dieselbe Strophe zweierlei oder
noch mehrerlei Verse, sei es, dafs sie ein ungegliedertes oder
ein gegliedertes Ganzes bilde. Für Strophen aus gleichen
und für solche aus ungleichen Versen aber gilt im allgemeinen die Regel, dafs die nach ihrer Stelle in der Strophe
einander entsprechenden Zeilen derselben der Silbenzahl nach
sich gleichfalls entsprechen müssen, wie denn auch der Reim
*j*eder Strophe die an gleichen Stellen stehenden Verse wie
in den andern miteinander verbinden soll. Und nicht blofs
Gleichheit der Versart für gleiche Stellen der Strophen ist
erforderlich, sondern auch Gleichheit des Geschlechtes bei
Gleichheit der Versart. So verfährt die neufranzösische strophische Lyrik wohl ausnahmslos, und von der altfranzösischen gilt ziemlich dasselbe. Inkongruenz der Strophen nach
der Versart begegnet etwa in Nr. 439 der grofsen Berner
Liederhandschrift (Nr. 772 von Raynaud's Bibliographie des
chansonniers français, Paris 1884), wo Gleichheit des Refrains die Zusammengehörigkeit der Strophen sicherstellt, und
doch nur Strophe 1 und 2 völlig kongruieren, während in
den späteren sechssilbige weibliche an die Stelle der sieben-

silbigen weiblichen Verse der ersten beiden treten. Geschlechts-
verschiedenheit an entsprechenden Stellen der Strophen kommt
gleichfalls nur ausnahmsweise vor; als Beispiel diene neben
andern, die Nätebus, Die nicht-lyrischen Strophenformen des
Altfranzösischen, Leipzig 1891, S. 3 ff. anführt, hier Nr. 468
der nämlichen Handschrift (Nr. 4 bei Raynaud), ein Lied,
dessen zweite Strophe männlichen Ausgang zeigt, wo die
erste weiblichen hat, und umgekehrt, Str. 3 wieder völlig zu
Str. 1, und Str. 4 zu Str. 2 stimmt, Str. 5 aber nur männliche Schlüsse gibt. (S. auch Nr. 176 und 521 = 1945
und 1866 bei Raynaud.) Eine anders geartete Ausnahme
bildet das Lied des Jaques de Cison bei Mätzner, Altfranz.
Lieder, Berlin 1853, Nr. IX (= Nr. 536 Raynaud): alle
Strophen sind dem Mafse nach kongruent, je zwei auch
haben gleiche Reime für die ersten sieben Zeilen: $7\,a \smile 7\,b$
$7\,a \smile 7\,b$; $7\,b\,7\,a \smile 7\,b^1$); statt dafs nun ein $7\,a \smile$ den Schlufs
bildete, hat die nächste Zeile zwar $7 \smile$, aber mit einem
neuen Reim, welcher bestimmt wird durch den Schlufs einer
viel längeren, aber in den verschiedenen Strophen ungleich
langen neunten Zeile (Mätzner macht zwei daraus), die
entweder Prosa ist oder aus fremder Dichtung ent-
lehnt, s. Mätzner dazu S. 159; ferner Nr. XLI (= Nr. 1995
Raynaud) und dazu S. 276. Es gibt aber auch strophische
Dichtung, welche nicht lyrisch ist, und sich der oben·ge-
gebenen Regel nicht fügt: die vierzeiligen Strophen aus
achtsilbigen paarweise assonierenden Versen der altroma-
nischen Passion von Clermont zeigen einige Male im ersten,
anderwärts im zweiten Verspaare weiblichen Ausgang; es
finden sich auch Strophen darin aus lauter weiblichen Versen,
so dafs eine für alle Strophen gleiche rhythmische Singweise

---

[1]) $a \smile$ bedeutet, dafs der erste im Gedichte auftretende Reim weiblichen Geschlechtes d. h. durch Wörter mit betonter vorletzter gebildet, b ohne Zeichen dahinter gibt an, dafs der zweite Reim männlich d. h. durch Wörter mit betonter letzter gebildet ist. Die Zahlen
vor den Buchstaben sind die der Silben, die den Vers ausmachen.

ausgeschlossen ist (was von den nur aus männlichen Versen gebildeten sechszeiligen Strophen des S. Legier nicht gilt). Die fünfzeiligen Strophen des Alexius können, da sie nur je eine Assonanz aufweisen, nur Verse je eines Geschlechtes haben; aber nicht alle Strophen haben dasselbe Geschlecht. Genau ebenso verhalten sich die der Epistel vom h. Stephanus, Jahrbuch für rom. u. engl. Literatur IV 313 oder Revue des langues rom. XVI 11, die des S. Thomas von GARNIER und ähnlich diejenigen einiger alten Romanzen (BARTSCH, Romanzen und Pastourellen, Leipzig 1870, I 3, I 5, I 6) oder die vierzeiligen einreimigen des RUSTEBUEF (Œuvres I¹ 136, 143, 175). Auch bei Strophen von künstlicherer Reimordnung findet man, dafs an gleichen Stellen verschiedener Strophen ungleiches Geschlecht eintritt. So ist bei dem RENCLUS DE MOILIENS in der sehr beliebten Strophe aus zwölf Zeilen *aab, aab, bba, bba* (achtsilbige Verse) bald *a*, bald *b*, bald sind *a* und *b* weiblich; ebenso in der nämlichen Strophe bei RUSTEBUEF I 35, I 55, I 100, I 158, I 245 oder in der achtzeiligen *abababab* bei RUSTEBUEF I 87, I 124, I 151, I 208, I 212 und II 9, an welcher letzten Stelle je zwei aufeinander folgende Strophen an gleichen Stellen die nämlichen Reime haben, die Strophenpaare aber hinsichtlich des Versgeschlechtes voneinander abweichen. Im vierzehnten Jahrhundert fehlt es an Beispielen solches Geschlechtswechsels auch nicht; so in der Guerre de Metz, herausgegeben von BONNARDOT 1875 (siebenzeilige Strophen *ababbab* aus achtsilbigen Versen). Aus dem fünfzehnten haben wir VILLON's Petit Testament (*ababbcbc*) und Grand Testament; sogar die mit der Bezeichnung ‚Balladen‘ versehenen kürzeren lyrischen Gedichte dieses Autors sind nicht völlig frei von Verstöfsen gegen die Regel, so die, welche beginnt: *Fortune fux par clercz jadis nommee*, während für die, welche beginnt: *Combien que j'ay leu en ung dit* und welche in den letzten drei Strophen anderes Reimgeschlecht zeigt als in den ersten drei, angeführt werden kann, dafs sie als *double ballade* bezeichnet ist. In den Balladen des Roger de Collerye (16. Jahrh.) kommt dergleichen nicht mehr vor, während seine moralischen strophischen Gedichte es gleichfalls kennen. Die spätere Zeit hat Strophen kaum mehr anders als in der Lyrik verwendet und sich demgemäfs streng an die Regel der Gleichheit des Versgeschlechtes für gleiche Stellen gehalten. In einer Hymne du Sauveur von Jean Passerat (Darmesteter und Hatzfeld, Le seizième siècle en France, Paris 1878, S. 273) hat zwar die erste Strophe die Form 7 *a* 7 *a* 7 *b* ⌣ 7 *b* ⌣ 10 *c* 10 *c* und die zweite hat weibliches *a* und *c* bei männlichem *b*; aber dafür ist die dritte wieder der ersten genau kongruent, ebenso die fünfte, während die vierte und die sechste es zur zweiten sind; es ist also hier die Regel genau eingehalten, wenn man je zwei aufeinander folgende Strophen zu einem Ganzen zusammenfafst[1]). Dasselbe gilt von zahlreichen strophischen Dichtungen der Gegenwart.

Aber auch innerhalb der einzelnen Strophen kann das Mafs des an der oder *j*ener Stelle zu setzenden Verses von vornherein der Wahl des Dichters dadurch entzogen sein, dafs die Strophe sich aus ganz oder teilweise kongruenten Teilen aufbaut, so dafs durch das an einer bestimmten Stelle inne gehaltene Mafs das an einer andern inne zu haltende gegeben ist. So in den, wenn sie gegliedert sind, fast immer nur zweiteiligen Strophen der neueren

---

[1]) Eine Erscheinung verwandter Art begegnet bei Mätzner, Altfranz. Lieder XXV (= Nr. 92 Rayn.): das ganze Lied kennt nur 2 Reime *ir* und *ai*, die letzten drei Zeilen sind Refrain; die ungeraden Strophen haben die. Form 7 *a* 7 *b* 7 *b* 7 *a*; 7 *a* 7 *b* 7 *b* 7 *a* 4 *b* 4 *b*, die geraden 7 *b* 7 *a* 7 *a* 7 *b*; 7 *b* 7 *a* 7 *a* 7 *b* 4 *a* 4 *b*. Die Inkongruenz trifft also hier nur den Reim, nicht das Mafs: in den ungeraden *Que ja ne me requerrai | D'amours servir | Pour mal soufrir*, und in den geraden *Que ja pour nul mal soufrir | Ne requerrai | De li servir*. Besser läfst man eine achtsilbige Zeile mit Binnenreim den Schlufs bilden; doch ist darum natürlich eine kleine Inkongruenz nicht minder vorhanden.

Lyrik, die sich in der ernsteren Gattung selten mehr als zweier Versarten nebeneinander bedient, in den Chansons dagegen gröfsern Reichtum entfaltet (BÉRANGER, la grande Orgie, hat, vom Refrain abgesehen, die Form 4 *a* 3 *a* 6 *a* 6 b ⌣; 4 *c* 3 *c* 6 *c* 6 b ⌣)[1]).

Einzig in den *Vers libres* scheint dem Dichter für *j*ede einzelne Stelle der Dichtung die Wahl des Versmafses völlig freigegeben zu sein, nur dafs gewisse Bedingungen auch hier meist eingehalten werden, indem man z. B. neben längste Mafse nicht unmittelbar kürzeste, auch nicht solche nebeneinander anzubringen pflegt, die nur um eine Silbe differieren[2]). Dafs einzelne Gruppen von Versen sich kongruent verhalten, ist auch hier nicht ausgeschlossen[3]). Beispiele von *vers libres* hat man an verschiedenen *O*rten: hierher gehören die Chöre von RACINE's Esther und Áthalie; CORNEILLE hatte schon 1666 seine Tragödie Agésilas aus frei gemischten Alexandrinern und achtsilbigen, hie und da auch zehnsilbigen Versen gebildet; QUINAULT hat in seinen *O*perntexten, für welche LULLY die Musik schuf, *vers libres* gegeben, die VOLTAIRE in seinen Bemerkungen über CORNEILLE (zu Agésilas und zu Médée) und im Artikel Art dramatique des Dictionnaire philosophique mit

---

[1]) Die Singweise (Nr. 37 in Musique des chansons de BÉRANGER, airs notés anciens et modernes, 9e édit. revue par FRÉD. BÉRAT, Paris bei PERROTIN 1865) gibt denn auch für beide Gruppen von je 4 Zeilen die nämlichen Noten.

[2]) Mit guter Wirkung läfst aber LA FONTAINE, F. V 10 auf den zwölfsilbigen Vers den zweisilbigen, oder VII 1 den dreisilbigen folgen; die dazwischen tretende, durch den Inhalt verlangte Pause hindert hier, dafs der Versschlufs sich verwische. An dem Nebeneinander acht- und siebensilbiger Verse eb. VI 9 wird ebensowenig *j*emand Anstofs nehmen: starke Sinnpausen scheiden die einen von den andern, und mehrere gleiche schliefsen sich je zu einer Gruppe zusammen.

[3]) Man nennt übrigens *vers libres* auch zusammengehörige Verse, die alle gleiches Mafs haben und blofs hinsichtlich der Reimstellung nicht einer bestimmten Regel folgen, so z. B. die Gedichte Rolla, Sur trois marches de marbre rose und manche andere von A. DE MUSSET oder Fra Beato Angelico von SULLY PRUDHOMME.

verdientem Lobe bedenkt; von Molière ist hier (abgesehen von kleinen musikalischen Einlagen einiger Stücke) der Amphitryon zu nennen. Mit gutem Erfolge hat man sich der *vers libres* in der heiteren Erzählung und der Fabel bedient, so La Fontaine und sein wenig jüngerer Zeitgenosse Charles Perrault, später Florian, Andrieux, Viennet u. a. oder in der Epistel, wie Voltaire u. a. Ein neueres Beispiel von Verwendung der *vers libres* ist der Prométhée von Iwan Gilkin, Paris 1900, der nebenher im Reime sich mancherlei Freiheiten gestattet, das Schlufs-*s* oder das stumme *e* hinter Vokalen unberücksichtigt läfst, bisweilen mit blofser Assonanz sich begnügt; s. Rev. pol. et. litt. 1900 I 159 a. Eingehend handelt von der Geschichte der *vers libres* Ph A Becker in der Zeitschrift f. rom. Philol. XII 89 ff.; über die Wirkung dieser Form Legouvé, L'art de la lecture S. 126, Souza S. 39, Faguet in der Revue polit. et littér. 1892 I 344 b, Doumic in der Rev. d. d. mondes vom 15. Juli 1897; s. ferner Ch Comte, Les stances libres dans Mohère, Versailles 1893 [1]).

Dafs der Reim den einzelnen Vers in Beziehung zu einem oder mehrern andern setze [2]), kann als das Gewöhnliche bezeichnet werden (an seiner Stelle in früherer Zeit, und in formal nachlässiger Dichtung auch später, ja noch heute, Assonanz), aber reimfreie Verse kommen doch auch

---

[1]) Man unterscheidet von den *vers libres* die *vers amorphes.* Jene sind doch immer noch Verse der sonst üblichen Mafse, blofs regellos gemischt; diese sind Silbenreihen, die oft über alles bisher eingehaltene Mafs hinausgehen und in ihrem Innern keinerlei feste Pausen mehr zeigen. Dergleichen lieben die Décadents, Symbolistes und andere gewalttätige Neuerer, so Laforgue, Gustave Kahn. S. hierüber Pellissier, Mouvement littér. contemporain, 1901. S. 205 ff.

[2]) Eine solche Beziehung kann auch zu den entsprechenden Versen erst der folgenden Strophen vorhanden sein; dies ist z. B. der Fall für sämtliche Ausgänge in Nr. 354 (= Nr. 531 Rayn.) der grofsen Berner Liederhandschrift; die einzelne Strophe für sich betrachtet ist hier völlig reimlos.

vor. Wir kennen bereits *jene* kurzen zwischen die Laissen eingeschobenen Verse der Chansons de geste oder der Paraphrase des H. Liedes. Man hat *jedoch* auch versucht, Dichtungen ganz ohne Reim zu verfassen, *vers blancs,* wie dies die Franzosen nennen. Die ersten Versuche fallen in die Zeit der ersten und eifrigsten Nachahmung der Alten, die den Reimzwang ja auch nicht kannten, und des Einflusses der Italiener, welche, nachdem schon zu Anfang des vierzehnten Jahrhunderts durch FRANCESCO DA BARBERINO in seinem Reggimento delle donne ein Versuch damit gemacht ist, treffliche Dichtungen in *versi sciolti* seit dem Anfang des sechzehnten in grofser Zahl und der verschiedensten Arten aufzuweisen haben (TRISSINO's Italia liberata dai Goti hat zwar keinen grofsen Erfolg gehabt, und daher ist fürs Epos die Probe auch kaum erneuert; dagegen haben RUCELLAI's Api und ALAMANNI's Coltivazione für das Lehrgedicht dieser Form auf die Dauer Berechtigung erworben; ebenso ARIOSTO und TRISSINO für Komödie und Tragödie, SANNAZARO für ruhigere Lyrik u. s. w.); auch die Spanier haben unter italienischem Einflusse vereinzelt seit dem sechzehnten Jahrhundert (BOSCAN's Leander 1543 scheint der erste Versuch zu sein) reimlose Dichtungen verfafst. Unter den Franzosen haben zunächst diejenigen, welche nach antikem Muster Verse auf Grundlage der Quantität bildeten, sich meist auch des Reimes enthalten; aufserdem gibt es von DES PERIERS eine reimlose Übersetzung der ersten Satire des Horaz, von RONSARD einen Versuch, der auf italienisches Vorbild zurückgeht und mit der Quantität nichts zu schaffen hat. BLAISE DE VIGÉNÈRE hat in dem löblichen Bestreben sich an den Urtext dem Sinne nach möglichst genau anzuschliefsen 1558 die Psalmen in ,*prose mesurée* ou *vers libres*‘, wie er es nennt, übertragen. Zu Anfang des siebzehnten Jahrhunderts hat der Akademiker MÉZIRIAC im Kommentar seiner Übersetzung der ovidischen Episteln zahlreiche Stellen antiker Dichter in *vers blancs* wiedergegeben, 1627 D'URFÉ seine Sylvanire in reimlosen

sechs- und zehnsilbigen Versen erscheinen lassen. Im achtzehnten Jahrhundert hat man sich wenigstens theoretisch
wieder mit den *vers blancs* beschäftigt, als man sie auch bei
den Engländern, deren Literatur man *jetzt* kennen lernte,
im Gebrauche fand. VOLTAIRE hat in der Vorrede der Ausgabe von 1730 seiner Tragödie Œdipe sich mit ANTOINE
HOUDART DE LA MOTTE (1672—1731) auseinander gesetzt,
der als Gegner nicht allein des Reims, was auch FÉNELON
in der Lettre sur les occupations de l'Académie gewesen war[1]),
sondern des Verses überhaupt sich hatte vernehmen lassen.
Bei dieser Gelegenheit anerkennt er die Angemessenheit
reimloser Verse für Italiener und Engländer, meint aber,
diese können den Reim nur darum missen, weil ihre poetische
Sprache gewisser Freiheiten (Inversionen namentlich) sich er-
freue, die der französischen abgehn; in dieser würde man,
so scheint ihm, ohne den Reim Poesie von Prosa gar nicht
unterscheiden können. Daſs der Reim, wenn man an ihn
so übermäſsige Forderungen stelle, wie manche Theoretiker
tun, dem Dichter eine lästige Fessel anlege, hat er selbst
im sechsten der Briefe vom Jahre 1719 ausgesprochen, die
sich auf den 1718 aufgeführten Œdipe beziehn und diesem
in den Ausgaben vorangestellt sind: *on ne dit presque ja-
mais ce qu'on voulait dire; on ne peut se servir du mot
propre; on est obligé de chercher une pensée pour la rime,
parce qu'on ne peut trouver de rime pour exprimer ce
qu'on pense.* Aber auch hier folgert er daraus blofs, dafs
es töricht sei in allzu zahlreichen Fällen Reichtum des
Reimes zu verlangen und nicht blofs das Ohr, sondern auch
das Auge befriedigen zu wollen. Der Artikel *Rime* des
Dictionnaire philos. fügt nichts zu dem eben Angeführten
hinzu; auch die Widmung der Mérope an SCIPIONE MAFFEI

---

[1]) Auch nach VOLTAIRE's Äufserung bekannte sich der Abbé
PREVOST zur Mifsbilligung des Reimes; s. SCHROEDER in seinem Buche
über ihn, Paris 1898, S. 75.

bringt nichts Neues; in der Übersetzung der ersten Hälfte von SHAKESPEARE'S Cæsar hat VOLTAIRE, was vom *Original* in Versen abgefafst ist, in reimlosen Versen (freilich nicht in zehnsilbigen, sondern in Alexandrinern) wiedergegeben, sowie Prosa durch Prosa; bei dieser Gelegenheit äufsert er (*Avertiss. du traducteur*): *les vers blancs ne coûtent que la peine de les dicter; cela n'est pas plus difficile à faire qu'une lettre. Si on s'avise de faire des tragédies en vers blancs et de les jouer sur notre théâtre, la tragédie est perdue. Dès que vous ôtez la difficulté, vous ôtez le mérite*; im 82. Kap. des Essai sur les mœurs endlich gibt er in *vers blancs* eine kurze Stelle des persischen Dichters SADI übersetzt wieder. JULLIEN, Cours supér. de gramm., Paris 1849, II 22 nimmt mit Recht die *vers blancs* in Schutz- und empfiehlt sie wenigstens für Übersetzungen solcher Werke, die unter einer Auflösung in Reimpaare leiden müfsten; so auch MARC MONNIER in der Biblioth. univers. de Genève 1874 (aus Anlafs von BOUCHÉ-LECLERCQ'S Buch über LEOPARDI). *Vers blancs*, welche zugleich *vers libres* sind, hat MARMONTEL in seinem Roman Les Incas (1777) in grofsen Massen und lange Strecken hintereinander angebracht, um seiner Darstellung erhöhten Schwung zu verleihen. Freilich tritt von Zeit zu Zeit immer wieder Prosa dazwischen. Die Sache ist um so befremdlicher, als er in seiner Poetik (1763) selbst verboten hätte Prosa aus einem Gemenge von Versen zu bilden, wie denn auch schon die Theoretiker der Redekunst des Altertums CICERO, QUINTILIAN u. a. vor derartiger Vermischung nachdrücklich warnen[1]). Die eifrigsten Verteidiger der *vers blancs* aus neuerer Zeit sind der Mystiker FABRE D'OLIVET (1768—1825), der wenigstens für die höchste Gattung der Poesie, die ‚theosophische‘, für *jede*, in der es mehr

---

[1]) Dafs MOLIÈRE im Sicilien die zahlreichen, im Avare die auch da nicht seltenen reimlosen Verse wechselnden Mafses wissentlich der Prosa untermischt habe, dafs es seine Absicht gewesen sei auf diesem Wege den Ausdruck der Komödie zu heben ohne ihm doch die volle

auf ernste Gedanken als auf Stimmung und Träumerei an-
komme, reimlose Verse und zwar nie zweie gleichen Ge-
schlechts nacheinander, *vers eumolpiques*, wie er sie nach
dem Stifter der eleusinischen Mysterien nannte, gebraucht
wissen wollte (Les vers dorés de Pythagore traduits en vers
eumolpiques français, Paris 1813) und der GRAF VON SAINT-
LEU (LOUIS BONAPARTE), der aufser verschiedenen reimlosen
eigenen Werken auch eine Umsetzung von MOLIÈRE'S Avare
in nichtgereimte Verse geliefert hat (Essai sur la versification,
T. I, Rome 1825, T. II, Florence 1826). Letzterer sowie
BELLANGER geben ausführlichen Bericht über die Stellung verschiedener Autoren zu der Frage nach dem künstlerischen Werte

---

Vornehmheit poetischer Sprache zu verleihen, ist die Meinung ein-
sichtiger Beurteiler; s. in der Ausgabe von DESPOIS und MESNARD VI
213 ff. G GUÉROULT in der Rev. pol. et litt. vom 10. Juni 1882 hält
diese Art reimloser Verse für die angemessenste Form der Rede sicher
einmal in der komischen Oper, vielleicht auch in der Komödie, die
stellenweise zu vollem Glanze des Ausdrucks mit dem Reime sich erheben, anderwärts dagegen auf der Stufe der Reimlosigkeit und des
wechselnden Mafses bleiben würde, von wo aus ein Aufsteigen zu jener
höhern sich jederzeit ohne Mühe würde vollziehen lassen. Auf Stellen,
wo VAUVENARGUES in seiner Prosa längere Reihen reimloser, aber im
Mafse wenig wechselnder Verse gibt, weist PALÉOLOGUE'S Büchlein über
ihn, Paris 1890, S. 125 hin. Von den Versen in PL COURIER'S Simple
discours redet SAINTE-BEUVE in der bezüglichen Causerie, Bd. VI S. 288.
In grofser Zahl finden sich reimlose Verse, meist Alexandriner, in den
Theaterstücken M MAETERLINCK'S; sie ergeben sich allerdings grofsenteils nur, wenn man die Wörter so mifst und spricht, wie sie in der
Umgangssprache lauten. *Tu dis cela d'un air qui semble bien étrange ...*
On a beau soutenir que notre âme s'y montre ... Et quand je plonge
ainsi avec toutes mes craintes∥que je n'ose pas dir(e), dans l'eau pur(e)
de tes yeux ... Ce n'est pas une esclav(e) que j'enlève au seigneur, ∥ c'est
une souverain(e) que je rends au bonheur ... On m'a dit si souvent que
vous accordez tout, ∥ que vous êtes très bonn(e), que vous avez pitié! Über
einen altfranzösischen Prosatext, wo man auf Reihen gereimter Verse
stöfst, s. FREYMOND in der Zeitschr. f. rom. Philol. XVI 117 ff. Die
Vorkommnisse, von denen DAL RIO in der Anmerkung zum Eingang
des fünften Tages des Decameron, Firenze 1841—44, S. 218 handelt,
gehören dagegen zu dem, was ein sorgsamer Prosaiker eher meiden wird.

des Reims. Berühmte dichterische Äufserungen darüber sind
Sainte-Beuve's À la rime 1829, Banville's À Sainte-Beuve
1856 und Carducci's Alla rima 1877.

Was endlich die syntaktische Selbständigkeit des
Verses betrifft und die Nichtberücksichtigung dieses Erfor-
dernisses, welche man *rejet* oder *enjambement* nennt (von
enjamber ‚über etwas wegsetzen'; *enjamber deux marches à
la fois*; *enjamber un grade, une classe*; *un vers enjambe sur
un autre*), so ist darüber folgendes zu bemerken: Zunächst
liegt es jedenfalls in der Natur der Rede, dafs, wenn sie
einmal in abgemessene Glieder geordnet ist, diese Glieder
nach ihrem Inhalte voneinander einigermafsen trennbar
seien, und dafs nicht etwa in ihrem Innern Unterbrechungen
des Zusammenhangs vorkommen, die stärkere Einschnitte
bilden als die an den Versschlüssen vorhandenen; müfste doch
bei entgegengesetztem Sachverhalte die beabsichtigte Gliederung der Rede unzulänglich ausgeführt erscheinen und Gefahr
laufen gar nicht erkannt zu werden. Denn auch der Reim,
durch welchen, wo er überhaupt auftritt, der Versschlufs
sich kenntlich macht, wird leicht überhört und bleibt unbemerkt,
wenn von ihm infolge des inneren Zusammenhangs der Rede
zu rasch auf das Folgende übergegangen werden mufs und
auf ihm nicht so verweilt werden kann, wie es auch aus
anderem Grunde, nämlich um der Bedeutsamkeit des Wortes
willen, das ihn trägt, wünschenswert und natürlich ist. Demgemäfs verfährt denn auch überall die volkstümliche Dichtung und die älteste Kunstdichtung. — Andererseits ist
ebenso natürlich, dafs, wo längere Dichtungen in kurzen
Versmafsen (achtsilbigen oder kürzeren Versen) verfafst werden, es ohne gröfste Eintönigkeit nicht angeht, so wenig
umfangreiche Redeglieder gleich stark geschieden aneinander
zu reihen. Hier ist es denn auch jederzeit geduldet worden,
dafs die Dichter den Versschlufs zwischen enger zusammen-
gehörigen Satzgliedern eintreten liefsen, wenngleich ein Verfahren niemals hat als natürlich erscheinen können, wie es

folgende Stellen zeigen: *Et n'an i a nul qui n'ait un ‖ Baston cornu de cornellier*, Ch. lyon 5514; *Dame, por deu et por le vostre ‖ Preu vos requier et por le nostre*, RCharr. 3667; *La seinte virge Leocade ‖ En souspirant li dist: o, qu'a de ‖ Douceur, douce pucele, en toi*, BARB. u. M. I 274, 136; *Dou roi qui ce plait basti, en ‖ Bon repos soit hui mise l'ame* (Veranlassung gab das Reimwort *Sebastïen*), eb. I, 328, 1768; *Saint Joachin et tu, sainte Anne, ‖ Prïez vo fille qu'en cest an ne ‖ Ja mais enchäir ne me lait ‖ En ort pechié*, eb. I 343, 2232; *Et je me sui assis dalés ‖ Li maintenant pour ascouter*, RAOUL DE HOUD. Tr. Belg. II 222, 648; *Sire Jehan, a chou qu'avés dit la, me ‖ Descort* (im Reim auf *la lame*), Jeu parti in Romania XXIII 253; *Enviers le plus loial en droite ‖ Foi ami*, BCOND. 124, 119; *Quant ving la, or oiïés c'or m'i ‖ Avint; las fui, si m'endormi*, eb. 230, 759; *S'a trouvé un lievre demy ‖ Les l'estoc d'un arbre endormy*, JCOND. I 332, 941 (wo aufs engste zusammengehörige Wörter aufser durch den Versschlufs auch durch ein zwischengeschobenes Satzglied getrennt sind); *pren ta plume ‖ Et escriz brief, ainsi que tu me ‖ Orras que te diviseray*, Myst. de SAdrien 1806; oder vollends *N'onc preteris presens n'i fu ‖ Et si vous redi que li fu- ‖ turs n'i avra ja mes presence*, Rose 20956; *Mais la matiere pas de liege ‖ Ne fu de quoy elle estoit faite, | Ains de blanc yvoire parfaite- ‖ ment belle fu*, Chemin de l. est. 2272; ziemlich stark, doch minder gewaltsam als die eben angeführten sind die Enjambements des RENCLUS DE MOILIENS, s. darüber seinen Herausgeber S. C. Oftmals ergibt sich auf andre Art eine Unterbrechung des regelmäfsigen Verlaufs der Redegliederung schon bei den alten Dichtern in achtsilbigen Versen und kann mit dem Enjambement zusammentreffen, dadurch nämlich dafs kurze Wechselrede in Sätzchen von wenigen Silben vorgeführt wird: *Queus hon ies tu? — ,teus con tu voiz, ‖ Je ne sui autre nule foiz'. ‖ Que fes tu ci? — ,je m'i estois, ‖ Si gart cez bestes an cest bois'*, Ch. lyon 331, s. HOLLAND's Anm.

dazu; ein anderes Beispiel: *Quides tu vers Deu ren covrir?* ‖
Ço ne poz tu faire vers mei. ‖ *‚Vers vus? si puis‘. nenal
par fei.* ‖ *‚Ne puis? pur quei?‘ car jol sai ben.* ‖ *‚Ço ne sout
unkes crestïen.‘* ‖ *Jo sui crestïens e sil sai.* ‖ *‚Ne l'os creire.‘
jol musterai.* ‖ *‚Vus comment le pöez saveir?‘* ‖ *Ço guarde
tu. ‚nel puis veeir.‘* ‖ *Purquant jol sai. ‚e vus coment?‘* ‖
Il m'est tut dit. ‚n'en quid neent‘. ‖ *Nel quides tu? ‚jo nun
par fei‘.* ‖ *Tant est maiur folie. ‚en quei?‘* ‖ *Pur ço ke te
covent gehir.* ‖ *‚Ço ne serrad tresk'al murir‘.* ‖ *Dunc ert trop
tart. ‚jo ne puis meis‘.* ‖ *Si poz. ‚coment?‘ fai tei confès,*
S Gile 3114. Dergleichen Wechselreden einzuflechten hat
offenbar für eine Zierde der Erzählung gegolten.

Auch im zehnsilbigen Verse wird das Enjambement
für erlaubt angesehen, wenn es darin besteht, dafs die ersten
vier Silben des folgenden Verses (die vor der Cäsur stehen)
zum vorangehenden Verse in engen Zusammenhang treten:
Las, il partit; il porta sa valeur ‖ *Dans Orléans. Peut-
être il est encore* ‖ *Dans ces remparts où l'appela l'honneur,*
Voltaire Puc. VII; *On me saisit; prisonnière on m'entraîne* ‖
Dans des cachots, où le pain de douleur ‖ *Était ma seule et
triste nourriture,* eb. VII. In altfranzösischen zehnsilbigen Versen begegnet wenigstens im Epos diese Erscheinung
selten, wenn auch bisweilen der Zusammenhang zwischen Versschlufs und folgendem Versanfang eng ist, enger als zwischen
diesem und dem Reste des zweiten Verses: *Ne sai le leu ne
ne sai la contrede* ‖ *Ou t'alge querre; tote en sui esguarede,*
Alex. 27 c; *Quier mei, bels fredre, e enque e parchamin* ‖ *Et
une penne, ço pri, toe mercit,* eb. 57 a; *Ceaus qui ce font,
diex les fait osteler* ‖ *En paradis et lez lui courouner,* Enf.
Og. 524. Schlimmer ist: *Seignour, fait il, fait nous a grant
bonté* ‖ *Mahons nos diex, quant nous a amené* ‖ *Charlon et
ceaus qui sont de son regné,* eb. 598; *Sarrazin mainent joie
coumunaument* ‖ *Pour crestïens qui erent telement* ‖ *Venu sor
aus, s'en gracïent souvent* ‖ *Mahom leur dieu de cuer moult
lïement,* eb. 636. Dies findet sich aber auch nicht in einem

volkstümlichen Epos, sondern in der Bearbeitung eines Stoffes aus dem epischen Cyklus durch einen höfischen Erzähler. Die Dichter des sechzehnten Jahrhunderts geben Beispiele des Enjambement im zehnsilbigen Verse in Menge. Im Alexandriner ist das Enjambement weniger geduldet, was wohl zumeist darin seinen Grund hat, dafs ein zweites und ein erstes Versglied (hémistiche) zusammen auch wieder einen Alexandriner ausmachen, und somit bei Aufeinanderfolge mehrerer durch Übergreifen des Satzes verknüpfter Halbverse gewissermafsen das Ohr irre geführt werden und reimlose Alexandriner vernehmen könnte. Fiele dagegen das Satzende in das Innere einer Vershälfte, so würde entweder die Pause, die bei der Cäsur eintreten soll, neben der Pause, die mit dem Satzende eintritt, nicht zur Geltung kommen, oder es könnte der Vers in Stücke auseinander fallen, deren Zusammengehörigkeit nicht hinlänglich erkennbar bliebe. Immerhin ist bezüglich des Enjambement auch beim Alexandriner das Verfahren der Dichter und ist die Ansicht der Theoretiker nicht immer sich gleich geblieben: im volkstümlichen Epos scheint es kaum vorzukommen; eher bei gelehrten Dichtern: *Coment evesques puisse a clerc tolir ne vei* ‖ *Le sacrement qu'il ad del celestïen rei*, SThom. 49; *Une autre feïz sunja, quant dut aveir enfant,* ‖ *Les duze granz esteiles del cel en sun devant* ‖ *Käirent. ici a sinefiance grant,* eb. 182; *Apres ço k'out enfant, ad la dame sungié* ‖ *K'el bierz giseit li enfes descoverz. grant pitié* ‖ *En ad la dame öu. la nurice ad preié* ‖ *K'ele covre l'enfant* . . . , eb. 186; *Remede de tuz mals Jhesus Criz nus dona,* ‖ *Obedïence. en sei buen essample en mustra,* eb. 3276; Rou II 192 und ANDRESEN's Anm. dazu; so auch in späteren Bearbeitungen alter Epen: *Mais je ne sai par quoi ne conment n'en quel guise* ‖ *Soit mais de moi a lui nule nouvele aprise.* ‖ *Je me conmant a dieu, qui le mortel jüise* ‖ *Reçut pour pecheours. si com je l'aim et prise,* ‖ *Destourt mon cors de honte, que ne soie malmise,* Berte 816; *En fuiant li ont fait les ronces*

mainte escroe ‖ *De sa robe, et la dame entour li la renoe,*
eb. 844; *De chief et de viaire fu pres que descouverte* ‖ *La
röine, s'en a grant froidure souferte,* eb. 883; *Mais tant
estoit mauvaise que dieu nes obëir* ‖ *Ne vouloit, n'au moustier
ne aler ne venir,* eb. 1548. Die Dichter des sechzehnten
Jahrhunderts lassen das Enjambement sehr häufig eintreten:
N'est-ce pas un grand bien, quand on fait un voyage, ‖ *De
rencontrer quelqu'un qui d'un pareil courage* ‖ *Veut nous
accompagner et comme nous passer* ‖ *Les chemins, tant soient-
ils fascheux à traverser?* RONSARD, Poés. chois. (p. p. BECQ
DE FOUQUIÈRES 1873) 21; *Ici la bergerette en tournant son
fuseau* ‖ *Desgoise* (zwitschert) *ses amours; et là le pastoureau* ‖
Respond à sa chanson. Ici toute chose aime, eb. 28; *Je vins
en Avignon, où la puissante armée* ‖ *Du roy François estoit
fierement animee* ‖ *Contre Charles d'Autriche; et là je fus
donné* ‖ *Page au duc d'Orléans; après je fus mené,* ‖ *Suivant
le roy d'Escosse, en l'escossoise terre,* eb. 288;[1]) *Je ne fus pas
si tost hors de l'enfance tendre* ‖ *La parole formant, qu'il
fut soigneux de prendre* ‖ *Des maistres les meilleurs, pour
des lors m'enseigner* ‖ *Le grec et le latin,* BAÏF S. 3; *En
l'an que l'empereur Charle fit son entree* ‖ *Receu dedans
Paris, l'annee desastree* ‖ *Que Budé trespassa, mon pere qui
alors* ‖ *Aloit ambassadeur pour vostre ayeul dehors* ‖ *Du royaume
en Almagne et menoit au voyage* ‖ *Charle Etiene et Ronsard,*
eb. 3. Die Alten und (freilich in zehnsilbigen Versen) die
Italiener des sechzehnten Jahrhunderts konnten ihnen dabei

---

[1]) In seiner Jugend würde RONSARD dergleichen sich noch nicht
herausgenommen haben. *J'ay esté d'opinion en ma jeunesse que les vers
qui enjambent l'un sur l'autre n'estoient pas bons en nostre poésie;
toutesfoys j'ay cognu depuis le contraire par la lecture des autheurs
grecs et romains, comme Lavinia venit* ‖ *Litora,* Préface sur la
Franciade (in BLANCHEMAIN's Ausg. III 26). SOUZA S. 64 ff. findet,
RONSARD habe von dem Enjambement nicht den Gebrauch gemacht,
den wahrer Kunstverstand allein billigen könne, habe zu wenig darauf
geachtet, ob dem hinübergerückten Satzgliede die Bedeutung dem Sinne
nach auch zukomme, die es durch solche Stellung erhalte.

gleichermaſsen zum Vorbilde dienen (s. die in dieser Beziehung
sehr weit gehenden Gedichte des Gio. della Casa, und Foscolo
über dessen Sonett *O sonno . .*, Opere X 419. *O sonno!
o della queta umida ombrosa* | *Notte placido figlio!* o de'
mortali | Egri conforto, oblio dolce de' mali* | *Sì gravi ond'è
la vita aspra e noiosa!* | *Soccorri al core omai, che langue
e posa* | *Non ave, e queste membra stanche e frali* | *Solleva;
a me ten vieni, o sonno, e l'ali* | *Tue brune sovra me distendi
e posa . .*). Malherbe's Verdienst wäre es, daſs solchem Miſs-
brauche Einhalt getan wurde, nach Boileau Art poét. I 138:
*Les stances avec grâce apprirent à tomber, Et le vers sur
le vers n'osa plus enjamber.* Die berühmten Autoren des
siebzehnten und des achtzehnten Jahrhunderts enthalten sich
seiner fast völlig oder gestatten sich doch höchstens dann ein
Redeglied bei der Cäsur beginnen zu lassen, wenn dieses die
zweite Hälfte des Verses und dazu den g a n z e n folgenden ausfüllt,
wie: *Je répondrai, madame, avec la liberté* | *D'un soldat
qui sait mal farder la vérité,* Racine Britannicus I 2. Ganz
beiseite lassen kann man hier die Enjambements, welche in
Komödien (z. B. Racine's Plaideurs) in der Absicht angebracht sind mit Versen den Eindruck der Prosa hervor-
zubringen. Auch die La Fontaine's dürfen, so glücklich sie
oftmals eingeführt sind, hier unberücksichtigt bleiben, weil
sie in *vers libres* auftreten, die derartige Störungen leichter er-
tragen. Nachdem schon A Chénier mit feinem Empfinden
für die Wirkung solches Verfahrens häufig die syntaktische
mit der rhythmischen Gliederung der dichterischen Rede in
Widerstreit hatte treten lassen (s. darüber Sainte-Beuve in
seinem Joseph Delorme, Becq de Fouquières in seiner Einleitung zu des Dichters Werken S. LXXIII, Souza S. 86,
Tisseur S. 206), hat namentlich die romantische Schule des
neunzehnten Jahrhunderts es als Recht in Anspruch genommen
syntaktisch schwer zerlegbare Redestücke über den Versschluſs
hinausgreifen zu lassen und ist dabei wieder mindestens so
weit gegangen wie Ronsard. Es liegt hierin ganz und gar

keine Nachlässigkeit (wie denn überhaupt diese Schule weit entfernt ist es sich in formaler Hinsicht leicht zu machen), sondern das Streben in den einförmigen Gang der dichterischen Rede Wechsel und Bewegung zu bringen und durch überraschende Pausen besondere Wirkungen zu erzielen; *L'alexandrin saisit la césure et la mord; Comme le sanglier dans l'herbe et dans la sauge, Au beau milieu du vers l'enjambement patauge,* sagt von seinem Alexandriner VICTOR HUGO, Contempl. I 26. Beispiele bei ihm massenhaft und von glänzender Wirkung: *J'entends ce qu'entendit Rabelais; je vois rire ‖ Et pleurer; et j'entends ce qu'Orphée entendit,* eb. I 27; *Cousu d'or comme un paon, frais et joyeux comme une ‖ Aile de papillon,* A. DE MUSSET, les Marrons du feu Sc. II; *Et la verve en mon sein à flots silencieux ‖ S'amassait, quand soudain, frappant du pied les cieux, ‖ L'éclair, comme un coursier à la pâle crinière, ‖ Passa; la foudre en char retentissait derrière,* SAINTE-BEUVE. Darin liegt denn auch, dafs das Enjambement immer nur eine Ausnahme bilden soll. Nicht darum, weil es ein Fehler wäre, darf es nur selten vorkommen; wäre es das, so dürfte es überhaupt nie gutgeheifsen werden. Es ist ein Kunstmittel, welches in der Weise wirkt, dafs es den regelmäfsigen und leicht in Eintönigkeit verfallenden Gang der poetischen Rede stört, den Sinn des Hörers dadurch zu gesteigerter Aufmerksamkeit anregt, insonderheit dem überschüssigen Redeglied erhöhtes Gewicht verleiht und den folgenden Wiedereintritt ruhiger Bewegung willkommener erscheinen läfst. Vgl. BORINSKI in Studien z. Literaturgesch., M. Bernays gewidmet, Hamburg 1893.

Obgleich von Strophenbau in diesen ‚Anfangsgründen' überhaupt nicht die Rede ist, mag doch mit einem Worte hier der Tatsache gedacht sein, dafs auch Strophen-Enjambement vorkommt, d. h. dafs einzelne Dichter bisweilen den engen Zusammenhang der Rede über den Strophenschlufs hinaus in die nachfolgende Strophe hinein reichen lassen.

Besonders oft verfährt so der Verfasser der von WSÖDER-
HJELM in den Mémoires de la Société néo-philologique à
Helsingfors III (1902) herausgegebenen Vie de saint Quentin in vierzeiligen einreimigen Alexandrinerstrophen. Eine
Strophe schliefst z. B., . . . *Mes je promet a dieu, qui souffri
passion* ‖; die folgende vollendet den Satz mit ihren drei
ersten Versen: *Que, se lever ne puis le saint dont j'ai
courage, Je lairai l'eveschié et trestout l'eritage; En essil m'en
irai en aucun hermitage'*, und beginnt mit der letzten einen
neuen Satz, der abermals erst in der nächsten fortgesetzt wird:
*Saint Eloy s'atorna comme parsonne sage ‖ Por saint
Quentin lever, qui a terre gisoit.* Der Herausgeber handelt
darüber S. 497—503, wo er das Verhalten zahlreicher anderer Gedichte gleichen Baues erörtert, die die nämliche Erscheinung, nicht alle gleich oft oder in gleich auffälliger Beschaffenheit, zeigen.

Feststellung der Silbenzahl.

Die Geltung des einzelnen Wortes hinsichtlich der Zahl der Silben, die es in den Vers bringt, ist nicht überall ohne weiteres aus seiner Schreibung erkennbar, hat auch in manchen Fällen im Laufe der Zeit sich geändert, für gewisse Umstände zeitweise geschwankt; ja auch heute noch besteht in Bezug auf einzelne Punkte Unsicherheit des dichterischen Brauches.

I.

1. Das sogenannte stumme *e* (*ę*) steht (wenn man zunächst von seiner Elision unmittelbar vor einem vokalischen Anlaute und von dem nachher zu betrachtenden Falle absieht, wo es hinter einem vollen Vokal steht) den übrigen Vokalen für die Silbenzählung gleich, d. h. es ist immer Vokal einer besondern Silbe, auch in den Fällen, wo es in der gewöhnlichen aufserdichterischen Rede gar nicht oder kaum vernehmlich wird, oft auch selbst im gehobenen Vortrage von Versen für das Ohr völlig verschwindet[1]): *C'est une histoire simple, où l'on ne trouve pas || De grands événements et des malheurs de drame, || Une douleur qui chante et fait un grand fracas. || Quelques fils bien communs en composent la trame.* So bis auf die neueste Zeit in der Kunstdichtung, früher auch in der volkstümlichen. Schon im sechzehnten Jahrhundert indessen begegnen in den Soldatenliedern

---

[1]) Man prüfe darauf hin z. B. die phonetischen Wiedergaben der Vorträge von Dichtungen in KOSCHWITZ' Parlers parisiens, Paris 1896.

zahlreiche Verse, die nur dann das richtige Maſs haben, wenn man hie und da stumme *e* zwischen Konsonanten keine Silbe bilden läſst: *L'artill'r͡ie du roy Françoys || A troys l͡ieues fut assiegee* (1521).— *Regardèr(e)nt à sa casaque, || Avisèr(e)nt troys fleurs de lis. || Regardèr(e)nt à son espee, || Françoys ils virent escrit. || Ils le prir(e)nt et le menèrent || Droit au château de Madrid. || Et le mir(e)nt dans une chambre || Qu'on ne voiroit jour ne nuit, || Que par un(e) petit(e) fenêtre || Qu'estoit au chevet du lit* (auf die Gefangennahme Franz' I bei Pavia 1525), in Leroux de Lincy, Recueil de chants histor. frç., Paris 1841—1842. So auch in den Volksliedern, die man heutzutage aus dem Volksmunde gesammelt hat, und die freilich oft alt sein mögen; in einem Hochzeitslied bei Bujeaud, Chants et chans. pop. des prov. de l'ouest, Niort 1866, II 7: *Acceptez ce gâteau || Que not' main vous présente . . . L' bouquet que j' vous offrons, || Que j'vous prions de prendre...* Selbst andere tonlose Vokale verfallen dem Untergang: *Vous v's êt' enchargé' d'un mari, || Et d'un mari, c'est un' grand' charg'. || Au soire, quand i s'y rendra, || I v'dra trouver son pot bouilli. || I v'dra trouver sa soup' trempé'* u. s. w. eb. II 33. In der nämlichen Weise sind denn auch geschulte Dichter, die sich im übrigen nicht einfallen lassen Silben zu verschlucken, da verfahren, wo sie recht volkstümlichen Ton anschlagen wollten; so der berühmte Chansonnier Marc Antoine Désaugiers, 1772—1827, der in einer Chanson den Refrain hat: *V'là c'que c'est que l'carnaval*; anderwärts *L'son d'l'argent, quand j'n'en ai guère, M'rend plus pauvre que jamais, Et m'fait maudir' ma misère, Moi qui n'en f'sais qu'rire; mais Quand j'entends mon verre Faire Dès l'matin R'lintintin R'lintintin, J'dis: v'là l'son que je préfère* u. s. w.; so der berühmtere Béranger in la Garde nationale, Nouvel ordre du jour, La bouquetière, Paillasse, Complainte d'une de ces demoiselles, À Antoine Arnaut, in welchen Gedichten allen er Personen aus den untersten

Klassen reden läfst. Neueste Dichter wagen bisweilen entsprechend zu verfahren auch in Versen, die durchaus nicht nachlässige Redeweise ungebildeter Leute oder des alltäglichen Verkehrs darstellen sollen. Für JLaforgue kommen in seinen Derniers Vers sehr zahlreiche , nicht in Rechnung; gleiches gilt für Paul Fort in seinen Ballades françaises; H. de Régnier bildet zwölfsilbige Verse wie *Et je fus fou comm(e) les tritons et les satyres* oder *Avec les fill(e)s du vieux seigneur en robes blanches.* Auf das Bedenkliche der Fortdauer theoretischer Geltung eines ҫ, das tatsächlich längst nicht mehr zu Gehör kommt, war mehrfach hingewiesen worden, so durch GParis, Romania VI 625, FWulff, Poés. inéd. de Juan de la Cueva S. LXXXII.

Es gibt im Altfranzösischen eine Erscheinung, die man mit der eben besprochenen Vernachlässigung des ҫ zusammenzustellen geneigt sein könnte, die aber nicht durchaus gleicher Natur ist. Einige Wörter, die aus einem Konsonanten und einem ҫ dahinter bestehen, können, wenn ihnen vokalisch auslautende einsilbige Wörter unmittelbar vorangehen, ihr ҫ verlieren (und zwar auch in Prosa, so Ps. Oxf., LRois u. a.), indem sie mit dem vorangehenden einsilbigen Worte zu einer Silbe zusammenwachsen, so *me, te, se* und namentlich (am längsten) *le* (Pronomen) mit *si, ne, qui, que, ja, jo, tu, là,* sogar *issi*[1]); der Artikel

---

[1]) S. darüber die Dissertation von Gengnagel, Die Kürzung der Pronomina hinter vokalischem Auslaut, Halle 1882 (dazu Romania XI 464, GParis in der Einleitung zu Ambroise S. XIX, Walberg in der zum Bestiaire des Ph Thaon S. XXXIX). Hierher gehört auch das *faire el* (d. h. *fairel*) im Roman de Troie: *Cestui vengier, se fere el puis* 15799; *Cil s'aesa qui fere el pot,* 18969; *Gie le ferai, se fere el puis,* 25343, im Eneas *fairel dei* 1852, 2235 und bei Estienne de Fougeres. *A cels en donge que il veit Qui mestier ont, et feire el deit,* 360, sowie einige verwandte Vorkommnisse im Chemin d. lonc est., s. Glossar u. *el.* Wenigstens ist ein Neutrum *el* als tonloser Akkusativ sonst nicht bekannt. S. Settegast, Benoit de Sainte-More, Breslau 1876, S. 45 und GParis in Romania XXIII 169.

le (und so auch *les*) hat in gleicher Weise mit den Präpositionen *de, à,* sogar *en,* sich zu einsilbigen Verbindungen
zusammengeschlossen, die gröfstenteils noch bestehen und
jederzeit (im Unterschied von denen der Pronomina) die bei-
nahe einzige Form seines Auftretens hinter *jenen* Präpositionen gewesen sind [1]. Das Wesen dieser Erscheinung liegt
darin, dafs zwei eigenen Tones baare Wörter proklitisch zu
einem folgenden gehören und, infolge der innigen Verbindung aller drei, der am wenigsten widerstandsfähige Vokal,
ein *ę,* das nicht auf lat. *a* beruht und zunächst vor dem
eigentonigen Worte steht, ebenso fällt, wie es im Innern
eines Wortes vor der Tonsilbe der Regel nach (s. DARME-
STETER, Romania V 140) fällt [2]. Der Unterschied zwischen
dieser und der oben dargelegten neufranzösischen Erscheinung liegt darin, dafs die neufranzösische Dichtung, wo sie
es überhaupt tut, auch unter ganz anderen Bedingungen und
in anderen Wörtern das *ę* fallen läfst, dafs sogar *ou, oi* u.
dgl. davon betroffen werden.

---

[1] Die seltsame Ausnahme *dessi qu'a le matin,* Ogier 2089, 2096,
dusqu'a le matin, S Brand. 97; *a le matin,* Perc. 18296 (vermutlich
auch 16935, wo *O le matin* gedruckt ist) gebe ich nunmehr FOER-
STER, der in der Ztschr. für rom. Phil. III 243 einige andere Beispiele
beibringt, gern zu und ich erkläre mir sie daraus, dafs *le matin* in ad-
verbialem Gebrauche zu einer Worteinheit hat werden können, welche
a vor sich nehmen durfte ohne damit zu verwachsen (etwa wie heute
Lesage, Lebrun von davorstehendem *de, à* getrennt bleiben). *De le
matin jesques a vespres* finde ich in Romania XV 174 als Übersetzung
von *a mane usque ad vesperam.* Mufs man sich auch *A le branc' de l'espee,*
RAlix. 61, 23 gefallen lassen? — Vgl. übrigens *De les lances,* Jouf. 4507;
enz en le cuer, Poirę 558; *ens en le pis,* Ch. cygne 55; *a les armes*
(und so bei anderen Femininen), Joufr. 2420, 2968 u. s. w.; andererseits *contrel vent,* F Candie 34; *contrel jor,* eb. 45; *contrel tens* bei
GACE BRULÉ, wo es GPARIS in der Einleitung zu GDOLE S. CVI her-
stellt; *contrel conte Fedri,* HCap. 93.

[2] Dafs auch das auf *a* beruhende *ę* des picardischen weiblichen
le, des Artikels wie des Pronomens, öfter gleiche Behandlung erfährt
wie das des männlichen, zeigen aufser den in Gött. Gel. Anz. 1874

Es gibt nun allerdings auch im Altfranzösischen Wörter, die im Innern ein ę zwischen Konsonanten bald zeigen, bald nicht und je nachdem eine Silbe mehr oder weniger haben. Als nicht hieher gehörig sind zunächst beiseite zu setzen die Fälle, wo *e* zwischen *u* und *r* blofs als graphisches Zeichen tritt, um die konsonantische Geltung des Buchstabens *u* anzuzeigen, wie Ch. Rol. *auerez, auerai* u. dgl., wo *jetzt* die Herausgeber mit Recht einfach *avrez* setzen, während es allerdings auch Denkmäler gibt, in deren Sprache das Futurum von *avoir, savoir, mouvoir* durch späte Einwirkung der Futura erster Konjugation dreisilbig geworden ist. Es ist ferner von vornherein hier auszuschliefsen eine Gruppe von Wörtern, in denen der Tonsilbe scheinbar zwei tonlose mit ę folgen: *áneme, ángele, jóvene, órdene, apóstele, ídele* u. dgl. (s. GParis, Étude sur le rôle de l'accent latin dans la langue française, 1862, S. 24—27); diese Wörter haben, wie zahllose Dichterstellen lehren, nie mehr als éine tonlose Silbe hinter der betonten gehabt, welches auch die Aussprache gewesen sein mag. Auch das gehört nicht hieher, dafs manche latei-

---

S. 1035 und den durch Van Hamel, Renclus S. XCIX gegebenen Beispielen folgende: *Du grant paor a tot le vis troblé,* Ogier 8838; *Lors fu ostés et des fers et del buie,* eb. 10368; *Quant vint au nuit,* Auberon 1243; *Trestous chil qui voloient au coert venir disner,* BSeb. XIV 1453; *N'istera dou prison,* eb. XVI 1171; *Dessi jusques au nuit,* eb. XXII 100 und XXIV 672; *Et quant che vint au nuit,* eb. XXV 987; *qui soit ou roiauté* eb. S. 419; *a poi car il ne crie Du fain car il avoit,* eb. XI 47. Andererseits: *La pais fust bone, quil pëust porchacier,* Ogier 8873; *Jel secorusse (la pucele),* eb. 11900; *nel porent maniier (la röine),* Berte 590; *Me deserte vieng querre, plus croire nel vollon,* HCap. 72 (s. die Anmerkung des Herausgebers zu S. 103 Z. 16); *nel serviriés noient (la pucele),* BSeb. XXIV 90; *Sa lance fu a terre, sel tint par l'autre les,* eb. XXV 672. Für das weibliche Pronomen *le* hatte schon Mätzner zu Afz. Lieder XI 35 die Erscheinung besprochen, dort aber mit Unrecht XXV herbeigezogen, wo sicher zu ändern ist, und XXI 20, wofür XXXI zu setzen ist; an seinen andern Belegstellen liegt neutrales *le* vor.

nische Wörter in zwei französischen, von einander
unabhängigen Formen nebeneinander fortleben, von
denen die eine eine tonlose Silbe (bisweilen auch mit anderem
Vokale als gerade ę) mehr aufweist als die andre: *aspreté*:
asperité; *consirrer*: *considerer*; *tempraison*: *temperacion*;
chierté: *charité*; *chataigne*: *chicvetaine*; denn hier ist nicht
die kürzere aus der längern Form hervorgegangen, sondern
es liegt Polymorphie vor, ein Wort ist auf verschiedenen
Wegen zweimal in den französischen Sprachschatz getreten.
Wohl aber gibt es in der Tat Doppelformen des nämlichen Wortes mit und ohne ę zwischen Konsonan-
ten: *peliçon*: *pliçon*; *guerredon*: *guerdon*; *alebastre*: *aubastre*;
verai: *vrai*; *correcier*: *corcier*; *balestel*: *bastel* (woher dann
nfz. *batel-eur* Gaukler); *berouete*: *brouete*; *charetil*: *chartil*;
chareton: *charton*; *espeluchier*: *espluchier*; *larrecin*: *larcin*.
Hier hat man es aber nicht mit Formen zu tun, von denen
die kürzeren etwa nur im Verse vorkämen, sondern mit dem
Nebeneinanderbestehen einer ältern und einer *jüngern*, von
denen in der Regel die *jüngere* später allein sich erhält, in
der altfranzösischen Zeit aber die ältere als die gewöhnlichere
neben sich hat. Es sind die Vorläufer einer zahlreichen
Gruppe von Wörtern, von denen erst in neufranzösischer
Zeit die kürzere Form erscheint: *boug ran*, *b luter*, *chaud ron*,
der nier, *soup çon*, *ser ment*, *surp lis* sind heute die allein
üblichen Formen; *laid ron*, *bour let*, *car four* u. dgl. haben
die ältern noch neben sich. Es gibt aber auch Fälle, wo
die mit ę auftretende altfranzösische Form einer kürzern
gegenüber die weniger altertümliche ist; dies gilt von den
Futuren *prenderai*, *averai*, *saverai*, *morderai*, die neben den
kürzeren gleichfalls durch den Vers gesichert vorkommen
und nach dem Vorbilde der Futura von Verben auf *er* gebildet sein mögen, und von *chamberiere* neben *chambriere*,
charterier neben *chartrier*, *torterele* neben *tortrele*[1]).
    2. Weniger einfach ist die Sache hinsichtlich des ę,

---

[1]) Wohl auch von *forterece* oder (durch Dissimilation) *fortelece*

das einen lauten Vokal vor sich oder hinter sich hat. Im Altfranzösischen gibt es eine Menge Wörter, wo einem lauten Vokal ein dumpfes *e* folgt; und nicht blofs am Ende der Wörter kann dies eintreten, sondern auch im Innern; dabei ist es gleichgültig, ob das Nebeneinander zweier Vokallaute schon im Lateinischen bestanden oder, was meistens der Fall ist, erst im Französischen durch Tilgung von Konsonanten sich ergeben hat. Beispiele a) *ę* hinter einem lauten Vokal, der den Accent trägt: *agrees, agree, agreent; pries, prie, prient; loe, roe; tue; plaie; preie=proie; fuie; ruee (=*nfz. *roue); enfuee; changiee; lieue; iaue; queue*; so vor den Endungen *es, e, ent*, so oft der Stamm des Verbums auf einen Vokal oder einen Diphthong ausgeht, in den Femininen aller auf laute Vokale endigenden Adjectiva und Participia; in den Imperfekten auf *oie, oies, oient*. b) vor der betonten Silbe: im Futurum und im Condicionalis aller Verba 1. Konjugation, deren Stamm auf einen Vokal endigt: *jouerai,crieroie* u. dgl.; in den Verbalsubstantiven auf *ment* von den nämlichen Verben und von einigen anderen: *loement, merciement, ociement, detraiement*; in den Adverbien auf *ment* von Adjektiven auf lauten Vokal: *veraiement, joliement, deüement*; in zahlreichen Substantiven auf *erie*, die von Verben mit vokalisch auslautendem Stamme (meist mittelbar) abgeleitet sind: *tüerie, crierie, braerie* von *braire*; aufserdem in zahlreichen andern Wörtern und Wortgruppen: *liemier, mienuit, praierie, rouelette, loerain, moiteerie*. Für das Altfranzösische nun bildet dieses *ę* immer eine Silbe, gerade so wie eines, das einen Konsonanten vor sich hätte, das vokalische Element einer eigenen Silbe bilden würde; und diese Silbe kann an *jeder* Stelle des Verses vorkommen, wo eine andre tonlose Silbe würde stehen können. a) *Ou ele estoit ame|e mout*, Ch. lyon 4827; *Que conpaigni|e qu'il eüst*, 2289; *Estoi|ent tuit antalanté*, 2328; *Ne vos conoistroi|e*

(daher sp. *fortaleza*) neben *fortrece* für älteres *fortece*; s. Sitzungsber. der Ak. d. Wiss. zu Berlin 1896 S. 854 (dagegen Romania XXV 621).

des mois, 2276; *Joi|e d'amor qui vient a tart*, 2519; *Et la plai|e d'amors anpire*, 1373; *Et je m'anemi|e la claim*, 1456; *N'onques ne pue|ent estanchier*, 1466. b) *Et demainent grant cri|erie*, GGui. II 6537; *Par lor proieres et par lor lo|ement*, Mitth. 244, 6; *Cist tu|etout au sigle ala*, Ren. Nouv. 5309; *Mais Salemons dit vrai|ement*, GCoins. 185, 232; *Ja mar t'i fi|eroies mais*, Ch. lyon 743; *Et si vos an merci|eront*, eb. 1863; *En peu de tans l'oubli|era*, Fl. u. Bl. 412; *Li en-roi|erés Blanceflour*, eb. 334. Diese beiden Gattungen von Fällen sind vom Neufranzösischen nicht gleichmäfsig behandelt, schon der Schreibung nach: in denen der ersten Art ist es fast durchaus bei der Schreibung mit *e* geblieben, nur dafs für *oie* und *oies* des Imperfectums und des Condicionalis zunächst *oy* und *ois*, dann *ais* und *ais* eingetreten sind, dazu *sois* für *soies* und für *soie*, *eau* für *eaue*. Bei denen der zweiten Art ist die gröfste Inkonsequenz wahrzunehmen: in den Adverbien auf *ment* von Adjektiven auf lauten Vokal ist das *e* durchweg getilgt (s. Verm. Beitr. I² 95); in den Futuren und Kondicionalen der Verba erster Konjugation, deren Stamm auf Vokal ausgeht, ist es gewöhnlich festgehalten (Ausnahme wohl nur *enverrai*), nur die Dichter pflegen es, da es für den Vers keine Geltung hat, wegzulassen und dafür dem vorhergehenden Vokal einen Cirkumflex zu geben; bei den Substantiven auf *ment* von Verben gleicher Art gilt keinerlei Regel: die meisten erscheinen noch mit *e*, davon viele nebenher auch ohne dasselbe, wobei die Länge des vorangehenden Vokals durch einen Cirkumflex angedeutet wird: *atermoiement, balbutiement, dévoiement, échouement, enjouement, enrouement, fourvoiement, licenciement, nettoiement, ralliement, ondoiement* nur in dieser Form; *aboiement, crucifiement, dénouement, dévouement, dénuement, engouement, maniement, paiement, remerciement, remuement, reniement, renouement, tournoiement, tutoiement* mit *oî, û, î, aî, oû* in Nebenform; einige nur ohne *e*: *agrément, désagrément, châtiment, éternument, braiment*; endlich einige mit *aye*:

bégayement, payement. Gleiche Inkonsequenz bei denen auf
erie: crierie, féerie, tuerie, soierie (wobei die familiäre Aussprache das *e* auch noch hören läfst) neben *écurie* (für
écuierie), *plaidoirie, prairie, métairie, voirie,* und bei
den übrigen: *appui-main* neben *essuie-main, licou* neben
prie-dieu; wo die Herkunft des Wortes nicht mehr erkannt
wird, ist die Tilgung des *e* das Gewöhnliche: *limier, minuit,
roulette.* — Ungleich ist nun auch im Verse die Behandlung dieser Wörter, so weit sie das *e* behalten haben: a)
Wo der dem stummen *e* vorangehende Vokal der betonte Vokal des Wortes ist, hat das *e* insofern noch
etwas Geltung, als Wörter dieser Art den Vers, an dessen
Ende sie stehen, zu einem weiblichen machen[1]); aus dem
Innern des Verses sind sie überhaupt verbannt, es
müfste denn sein, dafs das *e* am Ende des Wortes stünde
und das folgende Wort mit einem Vokal anlautete, in welchem Falle das *e* ja unter allen Umständen elidiert wird, so
dafs also von dem Nebeneinander eines lauten Vokals und
eines nachfolgenden stummen *e* dann gar nicht mehr die
Rede sein kann. Formen wie *tu joues, les épées, les rues,
ils tuent,* deren *e,* durch einen Konsonanten geschützt, nicht
elidiert werden kann, Verbindungen wie *épée sanglante, prie
Dieu* dürfen demnach im Innern des Verses nicht vorkommen;
wohl aber sind völlig korrekt die Verse *Des vaisseaux dans
Ostie armés en diligence,* Racine Bér. I 3; *Sans parents,
sans amis, désolée et craintive,* Racine Mithr. I 2; *Ma vie*

---

[1]) In einem Gedichte läfst Th. de Banville durchgängig männlichen vokalischen Ausgang (übrigens auch konsonantischen) mit weiblichem reimen: *confus: touffues; rochers: cachées* (auch *décor: encore;
lac: élégiaque*, und Lubarsch, Über Deklamation und Rhythmus der
franz. Verse, Oppeln 1888, S. 26 gibt an, der Dichter habe beim Vortrag des Stückes keinerlei Unterschied zwischen den beiden Arten von
Ausgängen hören lassen. Tisseur S. 282 mifsbilligt den Versuch.
Wunderlich ist jedenfalls, dafs der verwegene Neuerer sich nicht er-
kühnt hat auch nur ein einziges Mal über die Anwesenheit des sicher
erst recht stummen *s* hinwegzusehen.

et mon amour tous deux courent hasard, eb. I 5; und *hyménée: journée; prévenue: due; jalousie: éclaircie; voie: joie; rallient: s'écrient; suent: concluent* bilden am Ende der Verse, woselbst sie, von dem Falle der Elision abgesehen, einzig stehen dürfen, weibliche Reime. Eine Ausnahme machen nur die dritten Personen der Mehrzahl der Imperfecta und der Condicionales auf *aient* und die zwei Konjunktivformen *aient* und *soient*. Das *e* dieser Formen gilt als für den Vers in keiner Weise vorhanden; sie dürfen denn auch an jeder Stelle desselben vorkommen, und wenigstens von den Imperfekten gilt, daſs sie einem Verse, an dessen Ende sie stehen, einen männlichen Schluſs geben: *des ravissements | Qui passaient les transports des plus heureux amants*, CORNEILLE Hor. I 2; *les deux armées . . Se menaçaient des yeux et marchant fièrement | N'attendaient pour donner que le commandement*, eb. I 3; *Et tous vos conjurés deviendraient ses amis*, Cinna III 1; *Qu'ils pensent comme moi, mais qu'ils soient plus heureux*, VOLTAIRE Mah. IV 4; *Que vos félicités, s'il se peut, soient parfaites*, Zaïre I 1; *Afin que l'un à l'autre ils soient le bien suprême*, SPRUDHOMME III 230; *Qu'ils aient honte du moins de n'en pas plus souffrir*, eb. 119; *Ce corps anglais rencontra sur la brune | Vingt chevaliers qui pour Charles tenaient, | Et qui de nuit en ces quartiers rôdaient, | Pour découvrir si l'on avait nouvelle . .*, VOLTAIRE Puc. X; *il parut | Que les deux bois dont les forces mouvantes | Font ébranler les solives tremblantes | Du pont levis, par les airs s'élevaient | Et s'élevant le pont levis haussaient*, eb. XII, welche beiden letzten Belege, da aufeinander folgende Reimpaare nach neufranzösischer Regel verschiedenen Geschlechtes sein sollen, männliches Geschlecht des Ausgangs auf *-aient* erweisen. Dies auf andere Wörter auszudehnen ist eine Licenz, der man in neuerer Zeit nicht eben selten mehr begegnet: *En second lieu nos mœurs, qui se croient plus sévères*, A. DE MUSSET Poés. N. 195; *Tu seras seul aussi, mes laquais ne voient* *rien,* Louison I 2; *Se voient poussés à bout par sa guerre aux Rutules,* Ponsard Lucr. II 2; *Leurs yeux mêmes croient leurs mensonges,* SPrudhomme I 20; *Les mondes fuient pareils à des graines vannées,* ders. II 63; *Leurs camarades les croient riches,* eb. 114; *Qui se poussent du coude et rient du coin de l'œil,* GVicaire Heure enchantée 10. Andererseits braucht VHugo Contempl. IV 15 *roient: soient* als weiblichen Reim. Auch die zweite Person *aies* kommt einsilbig im Innern des Verses vor: *Avant que tu n'aies mis la main à ta massue,* citiert Gramont S. 25 aus VHugo, *Pas un qu'avec des pleurs tu n'aies balbutié,* Weber Zts. f. nfz. Spr. H 525 aus A. de Musset. Bei den ‚Décadents' JLaforgue, GKahn trifft man nicht allein *continuent, croient* u. dgl., sondern auch Wörter wie· *folie, vie, plaie* vor Konsonanten im Versinnern so gebraucht, als wäre ein ę darin gar nicht vorhanden. **b) Wo der dem e vorangehende laute Vokal nicht der betonte des Wortes ist, hat das ę im neufranzösischen Verse niemals Geltung** (*C'est là que j'expierai un crime involontaire,* Voltaire Alz. V. 4), nur dafs etwa in Bezug auf *-aie-*(*paiement, paierai,* wofür ja, entsprechend einer besonderen Aussprache, auch die Schreibung mit *aye* sich zu behaupten vermocht hat) etwelche Unsicherheit besteht; sogar *gayement* und *gayeté* kommen im siebzehnten Jahrhundert vereinzelt vor.

Der vom altfranzösischen so stark abweichende heutige Gebrauch hat sich nur sehr allmählich festgesetzt. Ansätze zu diesem findet man schon im vierzehnten Jahrhundert und noch früher. Man sieht, dafs ę nach lautem Vokal eine Silbe zu bilden aufhört: *Qu'a un autre de li seront baillies les cles,* Gaufr. 63; *Ilh m'ait si tost la vie rendue,* SJul. 1017; *iaue* einsilbig: *Abati l'iaue mesons et caves,* Barb. u. M. II 235, 276; s. auch Foerster im Lyoner Ysopet S. XXX 22 und die S. VI von ihm angeführten, von mir Zts. f. rom. Phil. VI 421 anders gedeuteten Vorkommnisse, Raynaud in Romania XIV 455 über die Propriétés des choses und Stengel in Zts. f. frz. Spr. XVI² 226. So trifft man denn früh -*oie* der Imperfecta (GParis in der Vorrede zur französischen Übersetzung der zweiten Auflage dieses Büchleins S. XII meint, unter der Einwirkung der dritten Person) mit -*oi* vertauscht oder auch bei alter Schreibung einsilbig gebraucht: man findet *oi* geschrieben schon in der Prosaübersetzung der Dial. Greg. (Handschrift aus dem Anfang des dreizehnten Jahrhunderts), *seoi* 5, 8; *ge volroi* 7, 11; *moi hortoi* 15, 1; *tu avois* 105, 12; *je crenmoi, ge redotoi*, Job 325, 20; und Dichtungen, die nicht viel später entstanden sind, messen dem entsprechend: *Mais, s'il estre pooit, ge voldroi plus privé*, Poëme mor. 147 c, s. dazu in Cloetta's Einleitung S. 86; *Dameldieus, sire pere, com hui main estoi riches*, Elie 957; *Sire, che dist li lere, por coi le veroi gié?* eb. 1908; *Certes or voit il bien que gaires ne l'amoi* (: *recoi* ruhig) Par. Duch. 50; *Dont ne poroi dire la disme*, BCond. 7, 196, s. Scheler dazu; *Et se je pour tant vous amoi* (:*moi*), *On m'en devroit tenir a folle*, JCond. I 316, 406; *Que se je demouroie huit jours, Ne perderoie mien enscïent*, Du Vallet, Jahrb. XIII 299, 162, s. Foerster dazu; *Mieus me voroie conbatre a lui qu'a cex meschans*, HCap. 70; *S'aroi ge bien mestier en ung aultre regné*, eb. 182; *en quel manere Te vorroi de çou encoper?* Cour. Ren. 911; *vorroi: foi*, eb. 1614; *voloi croire*, eb. 1951; *astoi*, Trouv. Belg. I 235, 308; *Cum par astois gentiz et bele*, SJul. 990; *Ke moi cuidois avoir tolue*, eb. 1018; sogar: *Il me semble que tu n'oies goute*, JBruyant 32 b; *Avant qu'il doie response rendre*, 32 b. Fanden wir *eaue* schon im dreizehnten Jahrhundert einsilbig gebraucht, so finden wir es dagegen noch im fünfzehnten zweisilbig: *L'eau|e benoiste efface tout*, Anc. Th. frç. I 157, s. weitere Belege bei Quicherat 431. Neben dem einsilbigen -*oy* des vierzehnten Jahrhunderts findet man bis ins sechzehnte das zweisilbige -*oie*: Marot reimt *je trouuoye: la voye*, Temple de Cupido, braucht aber im Innern des Verses gewöhnlich

ois. Noch RONSARD in dem 1565 zuerst gedruckten Abrégé
de l'Art. poét. frç. (in den Œuvres compl. p. p. BLANCHE-
MAIN VII 332), wo er zunächst für die 1. Ps. Sg. die Endung
-*oy* verlangt und -*ois* nur vor Vokalen oder im Reime mit
lois u. dgl. gestattet, fügt hinzu: *Tu ne rejetteras point les
vieux verbes Picards comme voudroye pour voudroy,
aimeroye, diroie, feroie.*

-*oient* (-*aient*) des Imperfectums einsilbig ist
gleichfalls schon der altfranzösischen Zeit nicht durchaus
fremd. Eine einsilbige Endung der 3. Pluralis dieses Tem-
pus tritt auch in anderen Formen auf: zwar *menont*, Job
353, 13 und *repairont* eb. 357, 27 und so auch *meinont*,
REINSCH Kindheitsevangelien 22, 40 sind schwerlich aus *me-
noient*, *repairoient* durch Kontraktion hervorgegangen, sondern vermutlich Perfektformen eigentümlicher (analogischer)
Bildung[1]); dagegen liegen sichere dritte Personen des Plurals
des Imperfectums vor in folgenden Versen: *Assés estient
de bel atour* . . , *D'eles fesient lor volenté*, BARB. U. M.
III 61, 15 und 17; *Qui grant talent avient d'abatre*, eb.
62, 49; *cil chanz si grant estoit | Que cele nuit faisoent
el ciel*, REINSCH Kindheitsevangelien 23, 76; die Endung in
gewohnter Weise geschrieben, aber in einsilbiger Aussprache:
Des coustumes qu'estoient levees, BARB. U. M. II 234, 256;
Et les gens de bien pres, qui passoient pour aller, HCap.
63; *Tous chis qui le veoient, en estoient esbahis*, eb. 51;
estoient, eb. 116 und 139; *oseroient*, Gir. Ross. 9, überhaupt
fast nie anders in diesem Gedichte; ferner vielleicht im Escoufle, s. Mussafia in Sitzungsber. d. Ak. d. Wiss. in Wien,
Bd. CXXXV, Abh. XIV S. 16; so denn auch *soient* einsilbig Tres. Ven. 1824 und *aient*: *Combien qu'ils aient de
sens le nom*, JBRUYANT 28 a. Also nicht erst im fünfzehnten
Jahrhundert, wie QUICHERAT 434 annimmt, tritt die Einsilbigkeit dieser Endungen ein. Andererseits kommen im fünf-

---

[1]) Die Äußerungen der Grammatiker darüber verzeichnet APFEL-
STEDT, Lothring. Psalter S. LX Anm.

zehnten Jahrhundert nebenher Beispiele der Zweisilbigkeit in grofser Zahl vor, für die Konjunktive *aient* und *soient* länger als für die Imperfecta[1]). Noch MALHERBE hat *soient* einmal zweisilbig gebraucht, die Stelle aber nachher korrigiert, so dafs es einsilbig wurde, s. Œuvres de MALHERBE p. p. LALANNE T. V p. 86.

Die Wortausgänge -*iẹ, -ouẹ, -uẹ* u. dgl. im Innern des Verses, auch wo Elision des *ẹ* nicht stattfinden kann, und so denn auch -*ies, -ient* u. s. w. vorkommen zu lassen (und zwar zweisilbig) ist noch bis in den Anfang des siebzehnten Jahrhunderts für erlaubt gehalten worden: *Après pluye vient le beau temps,* ROG. DE COLLERYE 264; *Que quand i'estois à Galathee ioinct,* CL. MAROT, 1. Egl. de Virg.; *à iournees petites,* eb.; *Et n'y a nation Qui n'oye bien le son,* 19. Psalm; *Voyla pourquoy s'appuye le debile Sur toy,* 10. Psalm; *Afin qu'ayes l'entree seure,* JODELLE Eug. I 1; *Qu'on espie que l'on regarde,* eb. I 1; *Voyent soudain suivre l'envie,* eb. I 2; *Mais, je vous prie, que vous semble,* eb. I 2; *Les cornes lui seent fort bien,* eb. I 3; *Attendant que j'aye besoin,* eb. II 1; *de nues fu couvert,* RONSARD VII 19; *la proye d'Angleterre,* VII 29; *Et par luy la cité de Troye fu bruslee,* VII 35; *par les yeux d'autruy Voyent l'estat du peuple et oyent par l'oreille D'un flateur mensonger,* VII 36; *Car il suffit icy que tu soyes guidé,* DU BELLAY bei DARMESTETER u. HATZFELD 211; aber *Et combien que tu sois d'envie espoinçonné,* eb. 212. MALHERBE hat noch einmal *supplie* mit zweisilbigem Ausgang: *Plus je te supplie, moins ait de merci,* Poés. p. p. BECQ DE FOU-QUIÈRES, Paris 1874, S. 258 Z. 6; REGNIER: *S'assient en prélats les premiers à vos tables,* Sat. II; *Et les traicts de vos yeux haut et bas eslancez, Belle, ne voyent pas tous*

---

[1]) Nach BIJVANCK, Essai crit. sur les œuvres de F. Villon, Leyde 1883, S. 80 und 113 wäre -*oient* bei VILLON ursprünglich immer zweisilbig, erst durch die Überarbeitung in gewissen Handschriften und Drucken einsilbig geworden.

ceux que vous blessez, Sat. XIII; Corneille: *Comme toutes les deux jouent leurs personnages,* Suite du Menteur III 3; *Les sœurs crient miracle,* Médée I 1; im Eingang des Pompée hiefs es ursprünglich *le droit de l'épée Justifie César et condamnè Pompée,* der Dichter selbst hat in späteren Ausgaben korrigiert: *Justifiant César a condamné Pompée;* Rotrou: *Noyent le souvenir de leur vieille querelle,* Sosies III 5; *il n'est temple . . Dont, pour le rencontrer, je n'aye fait le tour,* eb. IV 1; *Sosie soit Sosie, et chacun ait son nom,* eb. V 2; *Et malgré les raisons que j'employe contre elle,* Laure pers. II 2; *pourquoy . . Noyes-tu de tes pleurs ces œillets et ces roses?* SGenest III 4; La Fontaine: *A quoi tient-il que . . Tout sur-le-champ je n'envoie querir* | *Minutolo,* Contes I 2 150 (andere Beispiele aus diesem Dichter gibt die Rev. de métrique et de versific. I 38); Molière: *La partie brutale alors veut prendre empire Dessus la sensitive,* Dépit am. IV 2; *Anselme, mon mignon, crie-t-elle à toute heure,* Ét. I 5; *Ils croyent que tout cède à leur perruque blonde,* Éc. d. mar. III 8. Noch aus A. de Musset führt Weber an der eben citierten Stelle zwei Beispiele gleichen Verfahrens an. — Wenn man noch im sechzehnten Jahrhundert *je pri, je supply* im Präs. Ind. sehr oft findet (*Au moins je te suppli' que tu me reconfortes,* Ronsard, Poés. chois. 282; *Ciel ingrat et cruel, je te pri', respons moy, Respons, je te suppli', que te fit nostre roy?* eb. 312; *Je vous suply, dit-il, vivons en compagnons,* Regnier Sat. VIII; *je suis à ton service Et prie* [später korrigiert *Priant*] *Dieu qu'il nous garde en ce bas monde icy,* eb., wo *pri* zu schreiben ist), so ist dies ganz anderer Art; hier ist das *e* erst nachträglich angefügt, die Form ohne ẹ die alte. Quicherat 405—407 ist hinsichtlich dieser und anderer Formen, die noch neufranzösisch bisweilen ohne ẹ auftreten, wenig genau. — Ronsard hat in seinem Art poét. (Œuvres compl. VII 327) eine Vorschrift gegeben, der er selbst in den oben . gegebenen Beispielen nicht folgt, die aber bei anderen Dichtern seiner Zeit hier und da befolgt ist, und mit der in vereinzelten Fällen auch das Verfahren LA FONTAINE's und MOLIÈRE's übereinstimmt: es solle im Innern des Verses das *ę* der Wortausgänge *ee, oue, ue, ees, oues, ues* beseitigt werden. Es sollte also nach dieser Vorschrift auch für sie eintreten, was für *eaue, aient, soient* und die Endung *-aient* geschehen ist, allerdings nur im Innern des Verses; ein Verfahren, auf das ihn wohl die Praxis der Italiener gebracht hatte, welche die entsprechenden Ausgänge ihrer Sprache *ia, io, éa* u. dgl. im Innern nur eine Silbe, aber am Schlusse trotzdem einen weiblichen Ausgang bilden lassen. Schon bei ROG. DE COLLERYE (Anfang des sechzehnten Jahrhunderts) findet man *Coupper leur fault comme a ung haire* (Reiher) *La queue pres du cul. C'est raison,* Œuvres p. p. D'HÉRICAULT S. 12; *Prisee n'est une lache fuitte,* eb. 171; *Gastees ne sont point ne greslees,* eb. 264; dann bei BAÏF *Toy qui levant la veue trop haute Au dessus de toy regardois,* Poés. chois. 314; *A veu* d'œil mon teint jaunissoit,* REGNIER, éd. BARTHÉLEMY S. 328; *Bon, jurer; ce serment vous lie-t-il davantage?* LA FONTAINE, Contes, le petit chien; *Compagnie d'homme,* eb. L'Abbesse malade; *A la queue de nos chiens, moi seul avec Drécar,* MOLIÈRE, Fâch. 642; weitere Beispiele bei QUICHERAT S. 508 leider vermengt mit nicht dazu gehörigen. S. hiezu auch RISOP im Rom. Jahresbericht II 150 und im Arch. f. d. Stud. d. n. Sp. CIX 200.

    -ię-, -ouę-, oię- u. dgl. vor der Tonsilbe hat auch die spätere altfranzösische Zeit schon oft einsilbig gebraucht, so dafs nicht erst seit der Mitte des fünfzehnten Jahrhunderts, wie QUCHERAT S. 417 annimmt, diese Erscheinung auftritt. Zwar bei CRESTIEN, in dessen Chev. au lyon HOLLAND früher Z. 5984 *En cui je m'an fi et fierai* (Handschrift H *ferai,* G *ma fiance ai,* Vat. fehlt) auf eigene Faust geschrieben hat, wird man dergleichen schwerlich finden, wie denn FOERSTER als bestbeglaubigte

Lesart *je me fi et fiai* gibt; aber in weniger korrekten Texten des vierzehnten Jahrhunderts finden sich nicht eben selten Fälle wie die folgenden: *Et dit que ne s'oublira mie*, Barb. u. M IV 280, 138; *Que dieu n'oubliroie je mie*, Méon II 242, 193; *S'irons a damrideu, si li prirons mercit*, Juise 293; *Nuz de vos mais ne s'i fira*, SJul. 932; *Et puis devenray nonne et priray dieu merchi*, HCap. 199; *Mauvais ostel trouvai, ja n'en paierai denier*, BSeb. XXI 532; von *löer* schon im Cor. Lo. 68 das Futurum *S'einsi le fais, g'en lorai damedeu*, und der entsprechende Condicionalis *Bien le loroye endroit de mi*, RCcy 2212. *vraiement* steht zweisilbig bei JBruyant 28 a; *sereement* dreisilbig HCap. 157, wo der Herausgeber deshalb *serément* setzt; *Adont vëissiés grant cririe* (jedenfalls *öissiés* zu schreiben) RCcy 1760. — Dem steht gegenüber, dafs die Verbindung -*aie*-, aber alsdann -*aye*- geschrieben und demgemäfs gesprochen, noch im achtzehnten Jahrhundert hie und da zweisilbig vorkommt, die bezüglichen Formen von *payer* sogar im achtzehnten Jahrhundert: *Faut il que gayement je die*, Jodelle Eugène V 2; weitere Beispiele s. bei Quicherat 418, bei Littré unter *payer*, bei Despois zu Z. 1810 von Molière's Dom Garcie. Es ist wohl überhaupt der Wandel in der Behandlung des *ę* hinter einfachen Vokalen und in der des *ę* hinter den Diphthongen, deren zweites Element *i* ist, nicht ganz gleichmäfsig erfolgt.

3. Wörter, in denen ein dumpfes oder doch tonloses *e* einem lauten Vokal vorangeht, gibt es im Altfranzösischen in sehr grofser Zahl. Es hat sich dies namentlich in solchen Fällen ergeben, wo zwischen zwei Vokalen im Lateinischen ein Konsonant stand, der nach französischen Lautgesetzen fallen mufste (denn wo Vokale zweier Silben schon im Lateinischen unmittelbar nebeneinander standen, ist meist bereits im Altfranzösischen eine Zusammenziehung zu einer Silbe erfolgt: *jour, congié, taillier, moillier* u. s. w., und wo dies nicht geschah, auch im Neufranzösischen unterblieben: *lion, curieux, religion*); also in den zahlreichen Bil-

dungen auf -*torem*, -*tura*, -*ticium*, sofern dem *t* ein *a* voranging, das im Französischen zu *e* wurde, *venëor*, *armëure*,
levëiz, in den Part. Perf. auf -*utus*, wo der Stamm auf einen
Konsonanten ausging, der sich zwischen Vokalen nicht hielt,
ëu, *sëu*, *pëu*, *vëu*, *chëu*, *recëu*, *crëu* (davon verschieden *batu*,
tenu, *venu*), in den Impf. Conj. (und in den flexionsbetonten
Formen des Perf.) auf -*usse*, -*isse*, in denen gleichfalls ein
dem Untergang verfallender Konsonant ursprünglich vor der
Endung stand oder die ihren widerstandsfähigen Konsonanten
nach Analogie der andern fallen liefsen: *ëusse*, *vëisse*; *tu
ëus*, *pëus*, *vëis* und *dëisse*, *fëisse* neben *desisse*, *fesisse*; in
zahlreichen Infinitiven auf -*oir* unter entsprechenden Umständen: *veoir*, *cheoir*, *seoir*; in zahlreichen Wörtern verschiedener anderer Kategorien: *cheance*, *reançon*, *ainsneesse*,
eage, *seel*, *veel*, *chëignon*, *reont*, *sëur*, *mëur*. In manchen
der hieher gehörigen Wörter findet man im Altfranzösischen
statt des tonlosen *e* einen andern Vokal, sei es den ursprünglichen wie in *öusse* (wo *o* aus *au*), *roont*, *chaoir*, sei es ein *a*,
das ja in der tonlosen Anfangssilbe im Französischen oft an
Stelle anderer Vokale eingetreten ist, wie in *aage*, *raançon*.
Welches die Natur jenes *e* gewesen, kann mit voller Be-
stimmtheit nicht gesagt werden: die Aussprache einiger
neufranzösischen Wörter, in denen es bei dem alten Nebeneinander der zwei Vokale geblieben ist, wie *échéance*, *créan-
cier*, *bienséant*, scheint für *é* zu sprechen, und so haben denn
manche Herausgeber altfranzösischer Texte dem *e* einen
Accent, nicht blofs ein Trema gegeben; die Tatsache, dafs
das *e* so vielfach unterging, spricht eher dafür, dafs es dumpf
gewesen sei. Das Neufranzösische ist hinsichtlich dieser
Wörter ungleich verfahren: 1. in einem Teile derselben ist
es bei der ursprünglichen Zweisilbigkeit geblieben, und in
diesem Falle das *e*, wenn ein solches entstanden war, als ge-
schlossenes *e* mit dem Accent versehen: so die oben angeführten und aufserdem *préau*, *fléau*, *séance*, (*fleau* hat
übrigen D'AUBIGNÉ gelegentlich, z. B. Misères 1269, auch

MALHERBE einmal einsilbig gebraucht: *Allez, fleaux de la France et les pestes du monde*, Ausg. von BECQ DE FOUQUIÈRES S. 226, auch ROTROU noch: *Ce redoutable fleau des dieux sur les chrétiens*, SGenest II 2, wie es MAROT, der Vater, und RONSARD schon getan hatten, s. LITTRÉ); wo es überhaupt nicht zu einer Abschwächung des ursprünglichen tonlosen Vokals kam, wie in *gruau, louer, prier, scier, lueur* u. dgl., bleibt er der Vokal einer gesonderten Silbe, wie unten zu zeigen ist; 2. in einem andern Teile ist das tonlose *e* vor dem nachfolgenden Vokale untergegangen (zum Teil noch als Schriftzeichen vorhanden: *eu, eusse, gageure, geôle, seoir, asseoir*), so in den oben angeführten auf *eeur, ëure* u. s. w. Es ist eine Verkehrung des wirklichen Sachverhaltes, wenn man mit QUICHERAT 419 hier von Diärese spricht, d. h. von einem Auseinanderlegen eines ursprünglich diphthongischen Lautes in zwei Silben. Dergleichen ist dem Französischen zwar nicht unbekannt; es ist Diärese, wenn z. B. alte Dichter das *eu* gewisser fremder Eigennamen *ëu* sprechen: *Ëurope, Nëustrie* bei WACE, letzteres auch bei MARIE DE FRANCE, *deus* am. 7 (während in Barl. u. Jos. 184, 27; 185, 5; 195, 32 die beiden Namen mit einsilbigem *eu* auftreten), *Tëucer, Menestëus* bei BENOIT, wenn *reume* im Besant 1388, wie EWEBER annimmt, drei Silben füllt (GPARIS und BARTSCH haben *La* oder *Ou* zuzusetzen nötig gefunden), wenn noch VHUGO *Zé|us* sagt (EWEBER a. a. O. 526 und IX 259), oder wenn heute *pi|eux, y|euse* gesprochen wird; dort aber liegt die Sache ganz anders. Auch das altfranzösisch bisweilen vorkommende *fëust* für richtigeres und älteres *fust* gehört nicht unter die Fälle der Diärese; zahlreiche Beispiele des Vorkommens dieser Form und eine Erklärung derselben sowie der Form *fusist* s. Gött. Gel. Anz. 1877 S. 1608. Ebensowenig das bisweilen dreisilbig gebrauchte *hëaume, hïaume, heiaume* für richtigeres *hȋaume*, s. HCap. S. 256, FOERSTER's Anm. zu Richart Z. 24, Chemin de lonc est. 2366, LITTRÉ, Hist. d. l. langue franç. II 43 und Ét. et

Glan. 164, welcher für die dreisilbige Aussprache das Zeugnis CHIFLET's (1658!) anführt, und meine Erklärung Ztschr. f. vgl. Spr. N. F. III 423. Ebensowenig *perdrïau*, das man im sechzehnten Jahrhundert bisweilen dreisilbig findet, während neufranzösisch *perdreau* zweisilbig ist *(Le perdrëau en sa saison*, JODELLE Eugène I 1; *Le perdrïau tapi se desrobe dans l'herbe*, BELLEAU bei DARMESTETER u. HATZFELD 239); denn hier hat man es nicht mit dem Suffix *ell* zu tun, das französisch *eau* gibt, sondern wie pr. *perdigal* zeigt, mit *perdic-alis. siaume* oder *seaume* ist schon altfranzösisch oft für das richtigere *saume* geschrieben worden, doch scheint es altfranzösisch nur zweisilbig gewesen zu sein. Ist das Wort, wie es nach den von QUICHERAT 418 angeführten Stellen scheint, im fünfzehnten Jahrhundert gelegentlich dreisilbig gebraucht worden, so ist wohl das Vorbild von *heaume* dabei mafsgebend gewesen.

Wenn nun im Neufranzösischen niemals mehr ein dumpfes *e* vor einem Vokal im Innern der Wörter hörbar wird, während fürs Altfranzösische dies die Regel da ist, wo es an der Stelle eines im Lateinischen einer gesonderten Silbe angehörenden Vokals steht, und wenn dies einen der am tiefsten eingreifenden Unterschiede zwischen der alten und der neuen Sprache ausmacht, so kann man doch nicht sagen, dafs in der alten Zeit sich nicht ebenfalls Spuren zeigen von dem Verhalten der in Betracht kommenden Wörter, das für die Sprache vom fünfzehnten Jahrhundert ab die Regel bildet. Man trifft schon in den LRois Formen wie *vesture* 114, *pöestifs* 125, *uissums* (daneben *öusses*) 127 und in Dichtungen, welche über die Zahl der Silben keinen Zweifel lassen, *aperçu, dechu, reçu, connu* u. dgl., s. Nachweise (darunter solche aus dem zwölften Jahrhundert) in Vrai Aniel S. XXVII[1]). Bald in kürzerer bald in längerer

---

[1]) Sorgsam sind den Spuren dieses Wandels namentlich SUCHIER in der Zeitschr. f. rom. Philol. II 281 ff., GPARIS in der Einleitung

Form verwendet derartige Wörter GUILLAUME DE DEGUILÉVILLE. Immerhin bleiben die um eine Silbe längeren Formen fürs Altfranzösische die normalen. Es kann gleich hier erwähnt werden, dafs unter übrigens gleichen Umständen, wo aber in der ersten von den zwei durch keinen Konsonanten mehr getrennten Silben ein *a* oder *o* sich erhalten hat, das Neufranzösische in einigen Wörtern nicht den ersten Vokal zu Gunsten des zweiten aufgegeben hat, sondern den zweiten zu Gunsten des ersten, oder einen Laut hat eintreten lassen, der aus einer Kontraktion beider zu erklären ist; neufranzösisch einsilbiges *paon* reimt mit *an*; altfranzösisch zweisilbiges *paon, poon* mit *fuison*. Desgleichen nfz. *faon* : *an*; afz. *faon, fëon* : *lion*. Entsprechend stellt sich neben einsilbiges nfz. *Laon* (spr. *lan*) zweisilbiges afz. *Laon, Loon*, neben nfz. *flan* afz. *flaon* (schon BAUD. SEB. *flan*). *traître* : *maître*; *träitre* : *Sexilie*, oder *träite* : *ellite* : *merite*. *haine* : *laine*; *häine* : *poitrine*. *train* : *pain*; *träin* : *fin*. *tu traînes* : *laines*; *träines* : *espines*. *gaîne*; *gäine* : *doctrine*. *re-gain*; *guäin*. *faîne* : *laine*; *fäine, favine* : *sauvagine*. *saindoux*; *säim* : *Caïn*, dazu neufranzösisch *esseimer* oder *essimer* „mager machen"; altfranzösisch aber *säimer* „schmälzen". *reine* : *peine, laine*; *röine, rëine* : *voisine* (schon HCap. zweimal zweisilbig). *gêne* : *reine*; *jehine, röine*. *heur* : *honneur*; *ëur, äur* : *sëur*. *même* : *suprême*; *mëismes* : *primes* oder *meesme* : *aesme*; schon altfranzösisch *mesme* z. B. SThom 3094. Das aus *magistrum* entstandene Wort *maître*, früher *maistre*, scheint jederzeit nur zweisilbig gewesen zu sein. Den neufranzösischen *chaîne* und *chaire* stehn zwar gleichfalls altfranzösisch um eine Silbe längere Formen gegenüber, wie es die Beschaffenheit der lateinischen Grundlagen (*catena, cathédra*) verlangt; hier ist aber *ai* keineswegs aus *äi* kontrahiert, sondern unpassender graphischer Ersatz für *ei* und *e* der alten Formen

---

seines SGile S. XXII nachgegangen. Dieser hebt Romania XXV 323 diejenigen hervor, die in der versifizierten Benediktiner-Regel begegnen.

chaeine und *chaere*, die ihren ersten Vokal eingebüſst haben;
denn auch tonloses *a* vor unmittelbar folgendem lautem Vokal
ist sehr oft ganz wie *ę* im Neufranzösischen geschwunden, wie
in *Saône, taon, août*[1]) (afz. *Sa|one, ta|on* oder *to|on, a|ost*),
wo es noch geschrieben wird, so in *soûl, bâiller, gagner*
u. a., wo es auch aus der Schrift geschwunden ist.

4. Das *ę* am Ende der Wörter vor vokalischem
Anlaute des nächsten Wortes hat innerhalb des Verses
der Regel nach keine Geltung, sondern wird, wie dies ja
auch in zusammenhängender prosaischer Rede geschieht, elidiert: *Ni qu'elle ait consenti d'aimer et d'être aimée,* RAC.
Britann. II 3; *Jugez de quelle horreur cette joie est suivie,*
Mithrid. V 4; und das auch da, wo starke Interpunktion Auslaut und Anlaut trennt, oder die Rede zwischen verschiedenen Personen wechselt[2]): *Non, vous dis-je, on devrait
châtier sans pitié Ce commerce honteux,* Misanthr. I 1; *C'est
qu'ils ont l'art de feindre; et moi, je ne l'ai pas,* eb. I 2;
Je m'aveugle. — En as-tu des preuves qui soient sûres?
eb. III 1; *Achève, parle. — O ciel! que ne puis-je parler,*
Bajaz. II 1; *O Lucrèce! — O ma fille! — O ma femme! —
O puissant || Jupiter!* PONSARD, Lucr. V 3. So auch im
Altfranzösischen: *Sire, a l'onur de deu e la vostre vus bes,*
SThom. 4067; *Ma seur, mengüe. — Et tu aussi,* Th. frç.
107; *Je ne ferai fors courre .— Or va,* eb, 110. Am Ende
des Verses behält es Geltung und macht den Versschluſs zu
einem weiblichen, auch wenn der nächste Vers vokalisch an-
lautet[3]).

Die neufranzösische Schrift verfährt hinsichtlich der
Elision des *ę* etwas ungleichmäſsig, indem sie das tatsäch-

---

[1]) In diesem Worte sprechen noch heute manche das *a* und bei
BÉRANGER, Halte-là ist *Que c'est le quinze d'a|oût* ein siebensilbiger Vers.

[2]) TISSEUR S. 260 rät, in solchen Fällen, wo die Elision ja doch
nicht vollziehbar ist, sie auch in der Theorie nicht zu fordern, sondern
den Hiatus zu dulden.

[3]) Der früher erwähnte GRAF VON SAINT-LEU II 200 hält die Auf-
hebung weiblichen Versschlusses durch Elision für nicht minder not-

lich elidierte bald wegwirft (*d'abord*, *j'ai*, *s'habille*, *jusqu'à*)
bald festhält (*quatre arbres*, *noble ami*), ersteres fast nur
bei einsilbigen Wörtern. Im allgemeinen gilt dies auch für
die alte Schrift, nur dafs diese den Apostroph nicht kennt
und demnach *del homme* öder *de lomme* schreibt (über das
Schreiben des stummen *h* s. die auf richtiger Beobachtung
beruhende, aber unzulänglich gefafste Bemerkung von Boucherie, Le dial. poit., Paris 1873, S. 227), und einzelne
Handschriften auch am Schlusse mehrsilbiger Wörter ein
elidiertes *ę* bisweilen nicht schreiben (fast regelmäfsig findet
man *entr'iaus* in allen Handschriften, sehr häufig *ensembl'o*,
natürlich noch ohne Apostroph), andere hinwieder das im
Sprechen elidierte *ę* auch einsilbiger Wörter hie und da
gleichwohl schreiben wie z. B. die des. ‚Münchener Brut‘ (s.

wendig als die der weiter unten zu besprechenden weiblichen Cäsur
und hat dieser Forderung wenigstens in einem Teile seiner eigenen
dichterischen Versuche nach Vermögen Genüge getan; seine reimlosen
Verse sind da meist männlich, die weiblichen gehen auf *ę*, bisweilen
freilich auf *ęs* aus, und es folgt dann immer ein Vers mit vokalischem
Anfang. — Bei dieser Gelegenheit mag bemerkt werden, dafs altfranzösische Lyriker sich nicht selten erlauben bei *ę* am Ende eines Verses d i e
vokalisch anlautende erste Silbe des nächsten Verses ganz
aufser Rechnung zu lassen, oder, wenn man es so nennen will, eine
Elision über den Versschlufs hinweg vorzunehmen: so ist Rom. u. Past.
I 49, 18 *Chevauchai ma sente | A mult grant esploit* kongruent mit
Jouer m'en aloie Tout un sentier (5 ⌣ + 4), ebenso *Oncor donoie En
chantant maine joie* I 73, 68 mit *Plus sui en joie Que je ne soloie*,
und *Si a grant joie El vergier ou donoie* eb. 72 mit *Je n'en pren-
droie Avoir ne monoie* (4 ⌣ + 5⌣), wo diese Elision, wenn nicht etwa
N'avoir zu schreiben ist, unterbleibt; s. die von Bédier, De Nicol.
Museto, Paris 1893, S. 74 übersehenen Anmerkungen Bartsch's zu
diesen Stellen und zu II 6, 58; II 27, 20, wozu man fügen mag Oxf.
LHs. V 13 Str. I und III (Archiv IC 342): *Dues, en un praielet estoie
L'autre jor* kongruent mit *Par deleis mon amin seoie An un destor*;
ferner *Bele, pues ke vous estes moie, Grant cecors M'aveis fait, ke
morir cudoie An teil dolor* (8 + 3); oder Wackernagel, Altfrz. Lieder
XXXIII Str. IV: *Trop ont anuit et contraire Li amant. Amors est
plus debonaire A l'autre gent* (7 + 3).

S. XX der Einleitung), die aber auch von der Unterdrückung des elidierten ẹ in der Schrift Beispiele in Menge gewährt.

a) Das stumme *h* im Anfang eines Wortes hindert natürlich die Elision nicht, wohl aber das aspirierte, das in dieser Beziehung den übrigen Konsonanten gleich steht. Dadurch daſs übrigens auch dieses doch kaum hörbar ist, wird es erklärlich, daſs neufranzösische Dichter bisweilen auch durch das aspirierte *h* sich nicht haben hindern lassen die Elision des ẹ zu vollziehen: *Je meurs au moins sans être haï de vous*, VOLTAIRE, Enfant prod. IV 3; *et craint avec raison Qu'il n'ait ce coup, malgré son oraison, Très mauvais gîte, hormis qu'en sa valise Il espéroit*, LA FONTAINE, L'Oraison de S. Julien; andere Beispiele bei QUICHERAT 57 Anm. 3. Die Dichter folgen, wenn sie so verfahren, einem Zuge der familiären Sprache, der dahin geht den Anlaut mit aspiriertem *h* dem vokalischen gleichzustellen, s. MÄTZNER Gr.² 26 und RISOP im Archiv f. d. St. d. n. Spr. CIX 194. Für die alte Zeit zeigt sich ein gleiches Schwanken bei manchen Wörtern: *D'aches danesches et d'espees*, Troie 7061; *Adès a vieille häine novele mort portee*, Gir. Ross. 41; *Tant com tint l'anste, l'a jus mort craventé*, Jourd. Bl. 1054; *la joie en a deservie L'aute, qui mais fin ne prendra*, WATR. 175, 40; *Jupiter Vous maintienne haultesse et honneur*, Myst. SAdrien 1907; *En tout honneur et toute haultesse*, eb. 2037; *De par nous et a chiere hardie*, eb. 1881; *Plus de piertruis et d'aligotes*, BCOND. 169, 492; *Les siermons et l'eglise anter*, Ren. Nouv. 5150; *Il me dist que souvent l'antaisse*, Tr. Belg. II 212, 343[1]). Den Wörtern mit aspiriertem *h* schlieſsen sich neufranzösisch bekanntlich noch einige andere an, die man nie mit *h* geschrie-

---

[1]) Der Lyoner Ysopet kennt überhaupt kein aspiriertes *h* (s. FOERSTER'S Ausg. S. XXXVIII), im Gir. Ross. ist es zum mindesten oft vernachlässigt. Andererseits findet man Texte, die oft die Aspiration unbezeichnet lassen, darum aber nicht minder sorgsam den Unterschied zwischen aspiriertem und nicht aspiriertem Anlaut beobachtet zeigen.

ben hat: *onze, onzième, oui, ouate*; indessen findet man
bei Dichtern *l'onzième* und so Elision auch vor *onze* gelegentlich: *Plaignons-la. — Non, c'est moi qu'il faut plain-
dre. — Onze, douze,* Augier, Gabrielle II 4. Auch *oui* wird
ungleich behandelt: *Et pourvu que l'honneur soit . . . —
que vois-je? est-ce . . .? oui,* Molière, Éc. des Femmes I
6; *Quoi! de ma fille? — Oui; Clitandre en est charmé,*
Fem. sav. II 3; *Moi, ma mère? — Oui, vous. Faites la
sotte un peu,* eb. III 6, an welchen drei Stellen übrigens
vielleicht die noch im sechzehnten Jahrhundert gewöhnliche
zweisilbige Aussprache *ou|i* anzunehmen ist; aber: *Il n'im-
porte. — Qu'entends-je? — Oui, c'est là le mystère,* in
ersterem Stücke V 8; *Toi, mon maître? — Oui, coquin!
m'oses-tu méconnaître?* Amphitr. III 2; *Tu te dis Sosie?
— Oui. Quelque conte frivole,* eb. I 2; *C'est vous, seigneur
Arnolphe? — Oui, mais vous . .? — C'est Horace,* Éc. d.
Femmes V 2; s. Livet, Lex. de la langue de Mol., unter
oui. Von diesen beiden Arten des Verfahrens ist die letztere
die in der alten Sprache einzig statthafte, doch ist dieser *öil*
immer zweisilbig.

b) Zu den auf *ę* ausgehenden Wörtern kommen als der
Elision des Auslautes unterworfen hinzu der weibliche
Artikel *la* und das gleichlautende weibliche Pronomen
vor *j*edem vokalisch anlautenden Worte, zu dem sie proklitisch treten, die Konjunktion *si* (nicht aber das gleichlautende Adverbium) vor *il* und *ils.* Für das Altfranzösische
gesellen sich dazu *ma, ta, sa,* welche noch nicht mit *mon,
ton, son* vertauscht werden, wenn ein Vokal folgt, sondern
ihr *a* (das ja in picardischer Mundart ebenso zu *ę* wird wie
das von *la*) durch Elision verlieren: *m'amie, t'enemie, s'onor,
s'image, s'umilité* u. dgl.[1]); ferner *tu* in manchen picardischen

---

[1]) Das heutige Verfahren findet sich im Altfranzösischen nur sehr vereinzelt, auffallend oft in der Übersetzung der Predigten des heil. Bern-
hard, *son odour* 158, 29, *son esperance* 160, 41, *son ixuye* 4, 34 vereinzelt in Orson (s. S. XXIX und XXXVIII), Auberi, Gaydon, RMont.,

Denkmälern (s. Gött. Gel. Anz. 1874 S. 1035), was man
leicht begreift, wenn man sieht, dafs auch von diesem Worte
eine Form mit ę im Gebrauche war: *Gaufer, que ne m'entens te?* (:*atente*), BSeb. XXIV 937; *träisis te* (:*triste*),
Berte 2222; *quels hom ies te?* (:*bieste*), BCond. 170, 541;
drechiés i ies te (:*honnieste*), eb. 214, 272[1]); *se* (lat. *si*),
die altfranzösisch vorzugsweise übliche Form, vor allen Vokalen, und *se* (lat.*sic*), eine Nebenform von *si*, die den Nach-
satz einleitet oder in der Bedeutung ‚und‘ ein neues Verbum anreiht; *ne* (lat. *nec*), die altfranzösisch vorzugsweise
übliche, gelegentlich noch bei La Fontaine und Molière be-
gegnende Form des heutigen *ni*; das tonlose Personal-
pronomen dritter Person im Dativ sing. *li*, aber nur vor
dem tonlosen Adverbium *en*, in welchem Falle man übrigens
mit gleich viel Recht Aphärese des *e* oder Verschleifung der
zwei Vokale annehmen könnte (Stengel), nur dafs eben doch
das *i* dabei untergeht; der männliche und weibliche bestimmte
Artikel Nom. sing. (nicht plur.) *li* in manchen Denkmälern.

c) Es besteht nun aber hinsichtlich der Elision des
ę vor vokalischem Anlaute ein beträchtlicher Unterschied
zwischen der alten und der neuen Dichtung. Für das
Neufranzösische ist die Elision obligatorisch in allen Fällen,
wo sie überhaupt eintreten kann. Im Altfranzösischen ist

RViol., in Fableaux; s. dazu Herzog in Gröber's Zts. XX 85. *Mon
afaire, mon ombre* oder gar *mon honte* gehören nicht hieher; denn
ersteres ist altfranzösisch immer, die andern beiden sind sehr oft männlich, wie an ihrer Flexion oder an zugehörigen Adjektiven ersichtlich
wird. Sehr selten begegnen Beispiele von Nichtelision des *a: mar vi
sa acointance*, Venus 97 d; *Sa ante ereit, soer a son pere*, VGreg.
A 77; in den Schreibungen *la humiliteiz*, Dial. Greg. 12, 20, *sa aspreteit*
eb. 14, 14 wird wohl ein genaues Abbild der Aussprache nicht zu
sehen sein.

[1]) Bäuerische Rede erlaubt sich auch heute: *T'as guère été baisé
dans ta vie*, Glouvet, Marie Fougère 330; *t'as bien raison, . . on dit
que t'es raccommodé avec ton frère*, eb· 336.

sie für einen Teil der einsilbigen Wörter entweder überhaupt oder doch unter Umständen fakultativ: Überhaupt fakultativ ist sie für *ne* (*nec*), *ce, que, je, se* (aus lat. *si*), *se* (aus lat. *sic*; dafür im Hiatus meist *si*), *li* (Artikel). Für die tonlosen Pronomina *me, te, se, le, la* ist sie fakultativ nur, wenn sie einem Verbum nachfolgen; stehen sie dagegen dem Verbum voran, so ist die Elision unerläfslich, wo sie überhaupt möglich ist. Für die Artikel *le, la* und für *de*[1]) tritt sie vor Vokalen immer ein; *ne* (aus *non*) kann gleichfalls vor Vokal sein *e* nie behalten, dagegen hat es eine Nebenform *nen*, die in vielen Denkmälern vor anlautendem Vokal sehr gehräuchlich ist.

Nichtelision.

Mes a clerc ne a lai sun estre ne mustra, SThom. 3537.

Elision.

N'en ·vout entrer en pled n'en respuns n'en retret, SThom. 845; *N'unques cil dui prelat n'ourent ami esté*, eb. 1055.

Die Form *ni* scheint zuerst vor Vokalen eingetreten, s. SCHELER zu Bast. 592. Alte Denkmäler brauchen vor Vokalen auch die Formen *ned* und *nen*.

Que ce est la dame qui passe Totes celes qui sont vivanz, RCharr. 10; sehr gebräuchlich ist daneben *çou* vor Vokalen und vor Konsonanten.

Se nos ne savons qui ce a (d. h. *ç'a*) *fait*, MÉON I 223, 1015.

---

[1]) Dafs das *ę* von *de* im Hiatus stehen könne, ist mir nicht recht glaublich. *Ke nul de els n'ad respundu*, SGile 2562, *Li pelerin de autre terre*, eb. 3746 ist in England gedichtet, und in *Kar tu nen as de el mestier*, eb. 330 verlangt der Sinn, dafs *a* an die Stelle von *de* trete. *Et de Evain sa moillier ensement*, Og. Dan. 10946; *Si quide il faire de Ogier le Danois* eb. 11261; *De Elne tresqu'a Diepe*, Rou II 4298 (wo SUCHIER *D'Elne tresque a* schreibt), *Par son cors seulement au roi de Elenie*, RAlix. 401, 5 könnten dadurch entschuldigt sein, dafs hinter *de* Eigennamen stehn und solche mit dem Umgebenden auch sonst minder leicht als andre Wörter sich zusammen schliefsen. *Ja*

In einigen Denkmälern scheint das *o* von *ço* sich erhalten zu haben und dafür das *e* eines folgenden *est* durch
Aphärese beseitigt[1]): so schreibt GParis im Alexius für *ço
est*, so oft dies einsilbig ist, *co'st*, während er annimmt, in
ChRol. sei *c'est* zu lesen, s. Alex. S. 33.

Man könnte geneigt sein für dieses *ço*, wo es vor Vokalen steht, aber mit ihnen nur eine Silbe bildet, eine Verschleifung mit diesen anzunehmen, wenigstens da, wo auf
dem *ço* solcher Nachdruck liegt, dafs man ungern einräumt,
es habe seinen Vokal eingebüfst: *Pur ço ala sainz Thomas
a Turs la nuit devant*, SThom. 4359; *Tut ço a un l'arce-
vesque et mustré et nuncié*, eb. 4556; *de ço avum nus asez*,
ChRol. 77. Es ist *jedoch* zu erwägen, dafs neben *por coi*,
wo das Pronomen nicht minderes Gewicht hat als in *por ço*,
auch ein *por que* besteht, dessen *e* elidiert werden kann:
Guillaume, por qu'as tu ce fait? Barb. u. M. I 254, 356;
Mes por qu'as tu l'enfant noié? Méon II 232, 536; *demanda
Pur qu'il pallot isi vers li*, MFrce Fa. XLV 9 (Var.) Dafs
auch wirklich elidiert wurde und zwar nicht blofs vor *e*, lehrt
die Schreibung der Handschriften oft genug, so in *moult a
meffet Qui ç' a bracié et qui ç' a fet*, Méon II 28, 860.

son comandemant Fera   Kex li prie qu'ele se liet,
que que il li demant, RCharr.   RCharr. 150.
170.

Dies gilt von *jedem que* (frag., relat. Pronomen, Konjunktion), auch in den Zusammensetzungen *quanque, forsque*
(selten auch *jusque*, das übrigens *jusques* neben sich hat).
Alte Denkmäler kennen vor Vokalen noch die Form *qued*;

---

un seul de aus tous raiembre(r) ne lairai, RAlix. 395, 2, *De estre
entre ses anemis* Barb. u. M. IV 473, 33=Mont. Fabl. I S. 83, wo
der Hiatus auch nach *estre* liegen oder dieses mit *ester* zu vertauschen
sein könnte, geben noch immer keine Gewifsheit.

[1]) Über die Aphärese des *e* von *est* und *en* auch nach andern
einsilbigen vokalisch auslautenden Wörtern s. GParis, Alexis S. 132,
Mall, PhThaon Comp. S. 35, Müller zu ChRol. 6.

einige spätere Texte des Nordens vor Vokalen auch *car*, s. Scheler zu Bast. 289.

Quant je oi le perron crosé De l'iaue au bacin arosé, Ch. lyon 437; *Ne sui je en vostre baillie?* Rustebuef I 323.

Et pour çou si vos voil je avoir, Mousk. 17356; *Et j'en ta promesse me 'met,* Méon II 242, 200.

Auch hier bestehen Nebenformen *jo, jou, gié* mit stärkerem vokalischem Element.

Se il ne va öir celi, Ch. lyon 475.

S'or ne m'en fui, molt criem que ne t'en perde, Alex. 12 e.

Der Alexius hat vor Vokalen auch *set*; die Form *si* ist altfranzösisch für das aus lat. *si* entstandene Wort im ganzen selten.

Et si i fu Calogrenanz, Ch. lyon 57.

La fontainne verras qui bout, S'est ele plus froide que marbres, Ch. lyon 381.

Die Form *se*, die vor Konsonanten nicht selten begegnet, scheint da, wo das Wort im Hiatus steht, weniger gebraucht worden zu sein; in diesem Falle ziehen die meisten Texte *si* vor.

Me feroit es iaux li esparz, Ch. lyon 442.

Elision des *i* im Ch. lyon nie aufser in *l'en=on*; dagegen oft in ChRol., PhThaon, SThom., s. hierüber Suchier, Reimpredigt S. 35.

Das tonlose Pronomen *li* verliert durch Elision sein *i* fast niemals anders als vor *en*: *Les tanples solemant l'an froit,* Ch. lyon 2968; *Que ne li chaut de la defanse Sa dame, ne ne l'an sovient,* eb. 2997, unter andern Umständen nur in sehr nachlässigen Texten. S. Gött. Gel. Anz. 1874 S. 1035; Boucherte, Dial. poit. S. 245 Anm.

Endlich *me, te, se, le, la* tonlose Pronomen hinter dem Verbum:

Estuet me il estre en effrei,
Troie 1489; *Et doit me ele
ami clamer,* Ch. lyon 1454
Var.; *Morte seroie ja mon
ruel, Fet se ele, se diex m'äit,*
Méon I 11, 303; *Metet le el
sufrir,* Comp. 146; *Esguar-
dez le en l'ur,* 2658.

*Fui, fet ele, leisse m'an
pes,* Ch. lyon 1645; *Trai
te͡ ensus, lai la pel ester,* Barb.
u. M. IV 12, 332; *getent
s'en oraisons,* Alex. 72 b;
Metez le͡ arriere et vos avant,
Barb. u. M. IV 373,245; *Kar
prime apelent l'hume,* d. h.
la hume, PhThaon 251.

Im Neufranzösischen ist die Elision des ę im nachge-
setzten *le* vor Vokal unerläfslich *(me* und *te* kommen nicht
mehr so vor[1]), weil ja andernfalls ein Hiatus sich ergeben
würde; da indessen das nachgestellte *le* ungefähr wie *leu*
mit kurzem offenem *ö* gesprochen wird, mit so starkem vokalischem Element, dafs seine Elision kaum angeht[2]), so raten
die Theoretiker die Umstände zu meiden, wo die Elision ein-
zutreten hätte, s. Quicherat 62. Man findet sie, wie im
siebzehnten Jahrhundert, wofür Belege bei Quicherat, so
auch später: *Laissez-le͡ au moins ignorer que c'est vous,*
Voltaire Enf. prod. IV 3; *Plaignez-le, il vous offense, il
a trahi son roi,* Adél. IH 3; *Retournez vers ce peuple, in-
struisez-le en mon nom,* Fanat. II 3; *il a des paillettes
d'argent* || *Comme Arlequin. Gardez-le, il vous fera peut-
être* || *Penser à moi,* A. de Musset, Prem. Poés. 36; *Coupe-
le en quatre, et mets les morceaux dans la nappe,* eb. 59;
*dis à ta bonne De recevoir le linge. — Eh, reçois-le en
personne,* Augier, Gabrielle I 2. Tisseur, der den Hiatus
überhaupt nachsichtiger beurteilt, rät S. 258, dem nachge-
stellten *le* vor Vokalen seine volle Silbengeltung zu lassen
und würde an *Fends-lë en quatre et mets . .* keinen Anstofs
nehmen.

---

[1]) Höchstens noch vor *en* oder *y,* dann aber jedenfalls mit Elision.
[2]) Kann es doch auch in der Cäsur die Stelle einer betonten Silbe
einnehmen, wie wir sehn werden.

Es scheint, als ob auch das fragende und das relative *qui* (ja nicht *cui* oder ein *qui*, womit dieses gemeint ist) oft sein *i* habe vor anlautendem Vokale verlieren können. Das relative Pronomen im Nominativ begegnet oft in der Form *que*, und dafs dieses sein *e* durch Elision einbüfsen kann, haben wir gesehen; aber auch in Fällen, wo vor Konsonanten nur *qui* würde stehen können, also im fragenden Nominativ oder im relativen Nominativ ohne Beziehungswort, findet man bisweilen Formen mit elidiertem Vokal: *Si me dites aussi qu'o moi morir vaura*, BSeb. XI 294; *Ëureuse seroit .. Qu'a tel seignour seroit dame espeuse et amie*, Bast. 1246. Doch scheint dies nur sehr spät vorzukommen und ist vielleicht auf Verschleifung zurückzuführen. Manche Beispiele davon finden sich im Sone, dessen Herausgeber S. 558 davon spricht; aber das nämliche Gedicht gibt wiederholt auch *an*, so geschrieben und entsprechend gemessen, für *a on* und einmal *aportan* für *aporta on*.

Was über diesen Gegenstand MALL, Comp. 32 ff. gesagt hat, ist zwar nicht ganz vollständig, auch in Bezug auf das Pronomen *li* nicht durchaus richtig, immerhin aber genauer als was GPARIS, Alex. 132 vorgetragen hatte.

d) Dafs das *ę* am Ende mehrsilbiger Wörter den Hiatus tragen könne, ist jedenfalls nicht für alle Perioden der altfranzösischen Zeit, auch nicht für alle Denkmäler der nämlichen Zeit zuzugeben. Im Gegenteil ist als Regel auch für die ganze alte Zeit anzusetzen, dafs Elision stattfinde; nur vereinzelte Texte kennen neben der Elision auch die Nichtelision als etwas bisweilen, meistens jedoch nur unter gewissen Bedingungen Vorkommendes. MALL hat in der Einleitung zu PHILIPP's Computus S. 31 die Stellen gesammelt, wo in diesem Gedichte solcher Hiatus anzunehmen sei, und gefunden, dies sei nur da der Fall, wo mehrfache Konsonanz, meist muta cum liquida, dem *e* vorangehe (*Entre icel saint jurn*, 2223; *D'uitovre icel meis*, 3072; *A terme e a hure*, 1885; *Li altre ensement*, 3073); aber auch von den durch

ihn zugelassenen Hiaten sind noch einige zu beseitigen: statt
Le sist signe e mistrent, 1348, z. B. steht in zwei von den
vier benutzten Handschriften *Le siste signe*, was, da *siste*
als Masculinum nachweislich ist, wohl das Richtige sein
kann; in *Epacte en nature*, 3156, kann das erste Wort als
ein durchaus unfranzösisches mit lautem Schlufs-*e* gesprochen
sein; *Curefievre at num*, 1062 (in blofs einer Handschrift
ist der Vers vorhanden) wird zu ändern sein, da das erste
Wort das lateinische *curator febrium* übersetzen soll, also
wohl *curefievres* zu lauten hat; *burjunent | Arbre e lur fruit
dunent*, 1856, wo alle Handschriften *Arbres* haben, war kein
Hiatus einzuführen, da *arbre* altfranzösisch auch weiblich ist,
somit im Nomin. pl. ein *s* haben darf. Dagegen mufs in
E kin voldrat jurz faire E [les] ensemble atraire, 2060, ein
überlieferter Hiatus wohl bleiben; wenigstens kann ein *les*
in dieser Stellung nicht eingeschoben werden. Dazu würden
im Computus noch zwei Stellen kommen, wo in Eigennamen,
Bede und *Rome*, nach einfachem Konsonanten das ę den
Hiatus trägt; für *Bede* ist dies sicher, weniger für *Rome*.
Einige Verse mit nicht elidiertem ę am Ende mehrsilbiger
Wörter hat Hofmann im Jourd. Bl. (Anm. zu 1223) als richtig
anerkannt, und ausgesprochen, dafs es auf das Vorangehen
von muta cum liquida ankomme: *Bien le porroit | dex mai-
tre a garant*, 1223; *Se a mon pere | puis iestre assamblee*,
3130 (nur hätte er nicht annehmen sollen, es sei in solchen
Fällen das ę zwischen den zwei Konsonanten gesprochen
worden, wie nachlässige deutsche Aussprache des Französischen verfährt). In der Ch. Rol. stöfst man auf eine grofse
Zahl von Versen, die, je nachdem die Herausgeber die Möglichkeit der in Rede stehenden Hiate annehmen oder nicht,
ohne Änderung belassen oder aber emendiert werden: 3781
ensemble i out trente; 2180 *querre e entercier*; 2211 *veintre
e esmaier*. Ersteren läfst z. B. Böhmer, letztere Hofmann
unberührt. Böhmer freilich duldet in seiner Ausgabe noch
ganz andere Hiate, die schwerlich *je*mals vorgekommen sind,

s. die Recension von GPARIS in Romania II 106. Letzterer
hat in Romania VIII 626 die Vermutung geäufsert, das *e*
von *come* sei nicht immer elidiert worden, und Beispiele
seiner Nichtelision sind in der Tat auch mir begegnet: *Estoit
si pris come il ere*, Athis 2256, s. auch VAN HAMEL, Rencl.
S. XCVII. Texte, welche das *e* am Ende mehrsilbiger Wörter
vor vokalischem Anlaute oft unelidiert lassen, ohne dafs es
bisher gelungen wäre bestimmte Bedingungen zu erkennen,
unter denen allein die Elision unterbliebe, gibt es nicht
wenige. Es sei hier auf einige Stellen hingewiesen, wo neuere
Herausgeber sich über das Verhalten verschiedener Texte
hinsichtlich des schwierigen Punktes haben vernehmen lassen:
über Eneas spricht SALVERDA DE GRAVE S. XXII, über
CRESTIEN DE TROYES FOERSTER zu Clig. 2488, zu Ch. lyon 212,
zu Erec 246, über MFce WARNKE S. XXIV der ersten
Ausgabe der Lais, der *jedoch* in der Ausgabe der Fabeln
S. CIX der Dichterin weit weniger Hiate zuschreibt, über
den Escoufle PMEYER S. LII und MUSSAFIA in den Sitzungsber.
d. Akad. d. Wiss. in Wien CXXXV xiv S. 33, über GDole
MUSSAFIA eb. CXXXVI vii S. 9, über PhTHAON Best. WAL-
BERG XXXVII, über Sone GOLDSCHMIDT 557; sehr eingehend
handelt über den Gegenstand RYDBERG, Zur Geschichte des
französischen *ə* S. 79—202 (s. dazu MEYER-LÜBKE in Archiv
f. d. St. d. n. Spr. CIII 439), über den RENCL. VAN HAMEL
S. XCVIII, wo namentlich zu beachten ist, was über die
Nominative auf *re* für älteres *dre* bemerkt wird, über Barl.
u. Jos. PMEYER zu 37, 6 und 116, 37, an welchen zwei
Stellen der Hiatus freilich leicht zu beseitigen wäre, über
MOUSKET meine Bemerkung zu Z. 15908 in Monum. Germ.
hist. T. XXVI, wo freilich lange nicht alle Stellen angeführt
sind, die das ganze Werk zu erwähnen Anlafs gibt, über
BEAUMAN. SCHWAN in Rom. Stud. IV 369 und durchaus ab-
weichend SUCHIER in seiner Ausgabe I S. CLII, über Joufroi
MUNCKER S. V, über PRIORAT FOERSTER im Lyon. Ys. S. VI,
wo die hergehörigen Stellen dieses letzteren Textes alle er-

örtert sind, über Claris ALTON S. 844. Von ähnlichen Vor-
kommnissen, die unweit der Grenze des Altfranzösischen
fallen, handelt PIAGET in Romania XIX 413 und XXVII
591—607.

Im Zusammenhang damit mag hier eine Erscheinung
besprochen sein, bei der es sich zwar nicht um einen Hiatus
in altfranzösischer Zeit handelt, aber doch um Verhältnisse,
unter denen bei Einführung der heutigen Formen ein solcher
sich ergeben würde. Einige der ältesten Denkmäler lassen
die 3. Personen Sing. des Verbums, die heute auf ę
ausgehen, noch auf ęt endigen, und zwar auch vor kon-
sonantischem Anlaute des nächsten Wortes: *l'espuset belament*,
Alex. 10 c; *li mostret veritet*, 13 d; *Baisset sun chief*, Ch.
Rol. 138; *ki ne l'otrïet mie*, eb. 194. Es fragt sich nun,
ob dies *t* noch unter allen Umständen laut war und somit
vor vokalischem Anlaute die Elision des vorangehenden ̦e
hinderte, oder ob es sein Fortbestehn in der Schrift nur einer
auf die Etymologie genommenen Rücksicht dankt, gar nicht
gesprochen wurde und somit auch die Elision nicht zu ver-
hindern vermochte, oder endlich ob dem völligen Untergange
des *t* eine Periode schwankenden Verhaltens voranging,
während deren in einem und demselben Denkmal das *t* vor
vokalischem Anlaut die Elision des ę bald hinderte, weshalb
es hier auch von den heutigen Herausgebern in der Schrift
festzuhalten sein würde, bald nicht hinderte, weshalb es hier
am besten auch in den Ausgaben unterdrückt würde. GPARIS
hat in der Einleitung zum Alexius S. 34 für dieses Gedicht
noch durchgehende Geltung des ̦t, also niemals Elision des
ihm vorangehenden ̦e angenommen und schreibt demnach
Donet as povres, 19 d; *espeiret ariver*, 39 c; *Ço peiset els*,
116 e u. dgl. Für die ChRol. dagegen nimmt er einen
veränderten Zustand an, wonach das noch geschriebene *t*
Geltung bald gehabt, bald nicht gehabt hätte; also zwar
cumencet a parler, 426; *Guardet al* brief, 487; *entret en sun*
veiage 660; aber *si cumenc(et) a penser*, 138; *Entr(et) en*

sa veie, 365; *en mein(et) ensembl' od sei,* 502. Gleicher
Ansicht ist für dieses Gedicht auch MÜLLER, s. seine Ausgabe von 1878 Anm. zu 138, während HOFMANN die Fälle
der Nichtelision (mit Hilfe der venezianischen Handschrift
oder sonst) möglichst zu beseitigen für richtig hält, also schreibt:
cumençat a parler, 426, *Guardat al brief,* 487; *entrat en
sun veiage,* 660, BÖHMER hinwieder die Elision überall weg-
räumt, also setzt: *cumencet a penser,* 138 (mit Tilgung von *si*);
Entret en veie, 365; *meinet ensembl'od sei,* 502. Die neueste
Untersuchung dieser Frage: Über die Verbalflexion der
ältesten französischen Sprachdenkmäler bis zum Rolandslied
einschliefslich, Dissertation von HEINR. FREUND, Marburg 1875
(S. 9—17), kommt zu dem Ergebnisse, es stehe nicht hinlänglich fest, dafs in der Zeit der Abfassung des Alexius
über *jenes t* hinweg nie elidiert worden sei, höchstens eine
der von PARIS angeführten Stellen (*ço peiset els,* 116 e) sei
so überliefert, dafs über den ursprünglichen Wortlaut kein
Zweifel bestehn könne (sie sei übrigens bedenklich, weil *peser*
hier mit dem Accusativ konstruiert sei!), an den übrigen
Stellen seien durch die Handschriften Änderungen nahe gelegt, durch deren Einführung die Annahme der Nichtelision
überflüssig werde: *Dunat as povres, espeirent ariver* u. s. w.;
für den Roland sei die Elision als das Überwiegende anzunehmen. Dies Resultat ist richtig, wenn gleich die Beweis-
führung nicht unanfechtbar. Für PHIL. DE THAON hat MALL,
Einleitung zum Computus S. 21 und 85, ermittelt, dafs im
Computus dieses *t* die Elision noch viel öfter hindert (*S'en
repairet ariere,* 1434; *luur Dunet e resplendur,* 1588; *Bien
sacet en vertet,* 2061 u. dgl.) als in dem Bestiaire des nämlichen Dichters, wozu die genauen Zahlen in WALBERG'S
Ausgabe des letzteren Gedichtes S. LVIII stimmen. So ist
denn für *jeden* Dichter die Frage auf Grund besonderer
Untersuchung zu beantworten. S. über diesen Punkt auch
SUCHIER, Reimpredigt S. 33 und 39, SALVERDA DE GRAVE
zum Eneas S. XVIII, der für dieses Gedicht schwankendes

Verhalten des verbalen ç (= at) annimmt, während Suchier
eb. S. LXXIX zu glauben geneigt ist, in der ursprünglichen Fassung des Werkes habe Elision dieses ç nie statt-
gefunden, ferner GParis in seinen Extraits de la ChRol.[7]
§ 45. — Im Neufranzösischen wird im Falle der Inversion
die 3. Pers. Sing., die auf ę ausgeht, von dem Vokal eines
nachfolgenden il, elle, on durch ein eingeschobenes t getrennt,
chante-t-il. Der Ursprung dieses t ist nicht in dem t der
lateinischen Endung -at zu suchen, das ja schon im späteren
Altfranzösischen durchaus geschwunden war, sondern, wie
GParis (im Gegensatze zu einer irrigen Bemerkung Alex.
S. 34 Anm. 1) Romania VI 438 ausführt, es ist dasselbe als
übertragen zu betrachten von Fällen, wo es jederzeit mit gutem
Fug bestanden hat, wie est-il, peut-il, doit-il, avait-il u. dgl.,
auf einen Fall, wo sein Fortbestand lautgesetzlich nicht gerechtfertigt ist. Dieses t hat man verhältnismäfsig spät zu
schreiben begonnen. Beza (1584) de Franc. linguae recta
pron. S. 40 lehrt nun zwar ausdrücklich, man schreibe parle
il und spreche parlet il. Dies ist jedoch im sechzehnten
Jahrhundert durchaus noch nicht das allein Übliche; vielmehr zeigen Dichterstellen genug, dafs man das ç elidierte:
Mais d'où provient que ma plume se mesle D'escrire à vous?
ignore ou présume elle? sagt Marot, Epistre X; Puisse il
par tout l'univers Devant ses ennemis croistre, citieren
Darmesteter u. Hatzfeld I 233 aus Ronsard; exerce on
aus Du Bartas Wagner, Étude sur l'usage syntax. dans ‚la
Semaine‘, Königsberger Dissertation 1876. So auch im Alt-
französischen Tel hore cuide͡ an desirrer Son bien,
Ch. lyon 3120; Que de legier n'i antre͡ an pas, RCharr. 654;
Çou truev'on (Ausgabe truevon) el livre Caton, Fl. u. Bl.
1107; Un pont ot sus la tour, par dessus quoi pass'on
(Ausgabe passon), Gaufr. 257; Pris fu et menés en prison,
Nonpourqant encor l'en prise͡ on, Mousk. 21370; Dementres
qu'el palais bourd'on, Esvous k'il hauça le bourdon, eb. 24585;
Que j'ainme, et si ne m'ainme͡ on mie, RCcy 2589; Adonc

commencĕ elle a flourir, JBruyant II 30. Beispiele der
Nichtelision bei nachfolgendem Subjektspronomen finden sich
allerdings im Altfranzösischen gleichfalls und zwar in Denkmälern, die im übrigen die Elision des *ę* der dritten Person
überall vollziehen, wo ein Vokal folgt: *Ce jour mëisme dont
ci vous parle|on*, Enf. Og. 5136; *Malaquins de Tudele, sire,
m'apele|on*, BComm. 3321; *Gladain le vert l'apele|on*, Durm.
10283; *Si l'apele|on le grant roi*, eb. 10583; *Trueve | on
precïeuses pieres*, Fl. u. Bl. 2014; *L'apele|on l'arbre d'amors*,
eb. 2048. Foerster in seiner Recension des Durmart (Zts.
für die österr. Gymn. 1874 S. 138) äufsert die Ansicht, man
habe bei der Nachstellung von *on* sich immer der Form *l'on*
bedient und nur aus euphonischen Gründen, wo das Verbum
auf -*le* endigte, *on* gebraucht, dem Verbum aber die nämliche Silbenzahl belassen als wenn *l'on* folgte; in der Anm.
zu Ch. II esp. 5932 bringt er ein paar neue Beispiele von
apele | on, aber auch eins von *le treuve | on* bei, das ihn
hätte überzeugen können, dafs *jene* euphonische Rücksicht
nicht waltet. Dafs sie nicht im Spiel ist, zeigt sich da, wo
das nachgestellte Subjekt *il* oder *elle* ist: *Ne moi ne demande|
il pas*, Ren. 23931 (XIII 1953); *A male hart puisse | il
pendre* 28033 (VII 239); *Di, rois, donc ne te membre | il*,
Meraug. 1298; *Car bien sache | ele entresait*, Cleom. 7088,
wo Krause ohne Not hat ändern wollen. Man möchte annehmen, namentlich etwa im Hinblicke auf *La gens s'asem-
blet et ajoste*, Durm. 938, es habe sich provinziell (im Nord-
osten) *jenes* oben erörterte Verhalten ältester Denkmäler
hinsichtlich des -*ęt* der dritten Personen bis ins dreizehnte
Jahrhundert erhalten. Ansprechender aber scheint folgende
Erklärung: wie *cantatórem* regelrecht dreisilbiges *chanteór*
wird, so wird ein unter einzigem Accent gesprochenes *cantat
hómo* dreisilbiges *chante | ón*; wie *tornatícium zu *tornëíz*, so wird
*tornat ílle zu *torne | íl*; sprach man dagegen Verbum und
Pronomen unter zwei Accenten, so verfiel das *ę* des ersteren der
Elision: *apél(e) ón* wie *cél(e) óre, truév(e) íl* wie *novél(e)íre*. —

In welchem Umfange es im Altfranzösischen möglich
gewesen sei, ein *ę*, das ein *s* hinter sich hatte, zu eli-
dieren, wenn vokalischer Anlaut folgte, ist noch nicht festgestellt. Irgend sorgfältige Dichter kennen dies nicht; s. Gött.
Gel. Anz. 1877 S. 1606 und BOUCHERIE, Rev. des l. rom.
1877 XI 216 und 1878 XIV 203, der über das richtige
Maſs hinausgeht, wenn er die Möglichkeit solcher Elision
ganz uneingeschränkt läſst. PMEYER scheint von der in Aye
S. 129 geäuſserten Meinung, sie sei statthaft, zurückgekommen
zu sein, s. Romania XVI 603 A. 2, wird sicher auch das
zu Barl. u. Jos. 34, 22 Bemerkte im Hinblick auf 35, 4
nicht aufrecht halten. Daſs solche Elision aber vorkommt,
ist kaum zu bezweifeln: *Gaufrei ont fet avant a dis mile
homme[s] aler*, Gaufr. 13; *Et laissa tant d'autre[s] en
estant*, WATR. 90, 220; *As dames plainnes de merci, Ki
sont belles et bone[s] ausi*, Bern. LHs. 54, 5 (vgl. Oxf. LHs.
im Arch. XCVIII 372, wo *bone* neben *belles* auch geschrieben
ist); *Ma soupouture delivrer Et des mains sarrasine[s] oster*,
MOUSK. 4783; *Batus de verge[s] et deplaiés*, eb. 10765[1]). Auch
neufranzösische Dichter lassen sie hie und da zu, pflegen
dann aber das *s* auch für das Auge zu tilgen: *Soit que tu
vueille espouse me nommer*, RONSARD, Auswahl von BECQ
DE F. 205; *La grâce, quand tu marche, est toujours au-
devant*, DESPORTES bei DARMESTETER U. HATZFELD 259; *Tu
vois et remedie aux malheurs de la France*, D'AUBIGNÉ,
Misères 598 und dazu die Anmerkung der Herausgeber von
1896; *Que tu laisse un chacun* (seit 1642 korrigiert: *laisses
chacun*) *pour plaire à ses soupçons*, REGNIER, Élég. I; Beispiele gleicher Art, welche zeigen, daſs das auf *ęs* ausgehende
Wort nicht grade eine Verbform zu sein braucht, hat
EWEBER, Zts. f. nfz. Spr. u. Lit. II 527 und IX 260 aus

---

[1]) Hieher gehört wohl auch *Des verge[s] Aaron et Moisy*, Peler.
V 1624 und vielleicht einige Stellen des Sone, von denen im Arch. f.
d. Stud. d. n. Spr. CVII 121 die Rede ist, über die aber GPARIS,
Romania XXXI 117 Anm. 4 anders denkt.

Dichtungen VHugo's beigebracht; auch A. de Musset sagt *Que tu ne puisse encor sur ton levier terrible Soulever l'univers*, Pr. Poés. 229 und A. de Vigny *Suisses, piqueux, page, arbalétriers*, Mme de Soubise. Von einer andern Wirkung des Verstummens des' auslautenden *s* wird aus Anlaſs des Reimes zu sprechen sein .

Verschleifung; d. h. Aussprache eines auslautenden und eines anlautenden Vokals in der Weise, dafs sie beide innerhalb blofs einer Silbe zu Gehör kommen, ist der neufranzösischen Dichtung fremd, kommt dagegen in der alten bisweilen vor, wenn gleich nur in Werken von geringerer Formvollendung. Am häufigsten begegnet sie bei Einsilbigkeit des ersten Wortes: *Sour un estanc, d'aige i⌢avoit a fuison*, Alisc. 13; *plus de dis mile; n'i⌢a celui, n'ait baniere*, eb. 19; *Et li⌢enbati el cors dusqe au poumon*, eb. 12; *Dusque ens ou pis li⌢est l'espee glacie*, eb. 65; *Icele gens ki⌢a-oure Tervagant*, eb. 13; *Tele est almodne e⌢a tant ateint*, SJean aum. 45; *Issi⌢esteint almodne peché*, eb. 47; *Qu'il 'ny⌢avra si fort capeline*, Myst. SAdrien 2469. Talbert findet in dem poitevinischen Leben der h. Katharina einige Fälle gleichartigen Verfahrens, Anm. zu 1517; im Lyon. Ys. finden sich *Une chose lonc tens avient* 359, womit gemeint ist *lonc tens a, avient* (= *avint*); *Lo croc comance a araignier Et de paroles aplaignier* d. h. *a apl.*, eb. 784; *Or suis je bien menez atainte*, 830 ist vielleicht *acainte* zu lesen und mit diesem *a aceinte* gemeint, s. Verm. Beitr. I² 227 Anm.; vielleicht durfte auch in der eben erwähnten Katharinenlegende 70 *Grava a la donna e si s'en rist* ungeändert bleiben.

II.

Wo nun aber im Innern des Wortes Vokale (vom *e* abgesehen) nebeneinander treten, fragt es sich, ob sie verschiedenen Silben angehören, also im Hiatus zu einander stehn (und diesen Hiatus, den innerhalb eines Wortes, meidet auch die neufranzösische Dichtung nicht), oder ob sie der

nämlichen Silbe angehören, also einen Diphthong (fürs Neufranzösische könnte man auch sagen: die Verbindung eines
vokalischen Lautes mit einem halbvokalischen Vorschlage)
bilden[1]). Für die alte Zeit, namentlich bis zum zwölften
Jahrhundert, ist diese Frage leichter zu beantworten, oder
es ist der Sachverhalt in den einzelnen Fällen leichter auf
wenige Regeln zurückzuführen als für die neufranzösische,
in welcher zahlreiche Abweichungen von *jenen* Regeln durch
falsche Analogie, nachlässigere Artikulation u. dgl. herbeigeführt sind. Eine lehrreiche Zusammenstellung der einander und der Praxis der Dichter vielfach widersprechenden
Aussagen der Grammatiker über die Aussprache der hieher
gehörigen Wörter gibt THUROT, De la prononciation française depuis le commencement du XVIᵉ siècle, Paris 1881,
I 495 ff.

1. Vokale, zwischen denen ein Konsonant geschwunden ist, gehören verschiedenen Silben an:
pri|a, pri|ais, pri|er, pri|ez, pri|ons, pri|ère, chari|ot, mendi|er
(und die zugehörigen Formen), *jou|er, jou|et, né|ant* (aber afz.
niẽnt neben *ni|ent*, s. z. B. SUCHIER, Reimpred. S. XXXII,
WALBERG, PHTHAON Best. S. XXXII, wie auch *neis, nis*
neben *neïs*); *fi|er* u. s. w., *confi|ance* (aber *L'autre, que son
fiancé ne s'en embarrassa,* LA FONTAINE, LA Fiancée du Roi
de Garbe Z. 19), *ri|ant, ri|ez, lou|er, alou|ette, trahir, envi|er,
envi|eux, su|er, cru|el, ou|ir, remerci|er; li|er, li|en, ni|elle*

---

[1]) Man gestatte in dieser Schrift, die mit altem und mit heutigem
Sachverhalte zu tun hat, den Gebrauch des Ausdrucks ‚Diphthong‘
(‚steigend‘ und ‚fallend‘ nach Götting. Gel. Anz. 1872 S. 888, *croissant*
und *décroissant* nach HAVET, Romania 1874 S. 323). Auch wer mit
HAVET, Rom. VI 323, BEYER, Franz. Phonetik² § 43, NYROP, Manuel
phon. § 108 und andern dem Neufranzösischen ‚steigende Diphthonge‘
aberkennt, kann doch nicht im Zweifel darüber sein, was mit diesem
Ausdruck gemeint ist, der größere Kürze erlaubt und Verlegenheiten da
erspart, wo man von Elision oder von Bindung vor *hier, yeuse, yeux*
und dergleichen zu sprechen hat.

‚Kornrade‘ aus *nigella* (aber *nielle*, Coppée, Olivier 8), *pa|ys*
(spr. *pè|yis*, aber zeitweise *pay-san*, s. Quicherat 320, wie
auch *pays* 321), *fri|and*; *Gui|enne* (spr. *gi-ène*; aber falsch
einmal Voltaire: *Dans le Haut-Maine, en Guïenne, en Pi-
cardie,* Puc. XVI), *oubli|er, oubli|eux, cri|er, hardi|esse,
No|èl, vou|er, dou|er* (aber *Je ne vous dirai pas quelle fut
la douairière,* A. de Musset, Pr. Poés. 113; *Toutes ont des
enfants, impudiques douairières,* Augier, l'Aventurière II 5),
ha|ïr, tu|er, mu|et, vertu|eux, abbaye (spr. *abé|ie,* wie Littré
angibt, *Prenez femme, abbaye, emploi, gouvernement,* La
Font. F. III 1, nicht *abé^i* mit dem Ton auf *e,* wie Sachs
lehrt); *ou|ailles, Lou|is* (afr. *Lo|o|is*). Und hier reihen sich
auch die Wörter an, welche an ursprünglich vokalisch auslautenden Stamm vokalisch anlautendes Suffix fügen, wie
dé|esse, bleu|et, chou|ette (*Me font rire. Piaillez, mesdames
les chou|ettes,* VHugo, QVents, Lison Sc. 1; aber derselbe
Pas de corbeau goulu, pas de loup, pas de chouette, bei
Weber 526).

Ausnahmen: *biais* (nicht ganz sicherer Herkunft,
afz. durchaus zweisilbig, dagegen *Voyons, voyons un peu par
quel biais, de quel air Vous voulez soutenir un mensonge
si clair,* Misanthr. 1351). *liard* (noch bei Marot zweisilbig
und so wieder bei VHugo, s. Weber 525; ohne Zweifel iden-
tisch mit afz. *li|art* ‚weifs‘ [wie ja auch *blanc* Name einer
Münze geworden ist], dies von *lié* aus *lætum,* vgl. *pion* aus
ped-onem). *miette* (afz.: *Et les croutes et la mi|ete,* Barb. u.
M. I 300, 913; dagegen *La cigogne au long bec n'en put at-
traper miette,* La Font. F. I 18; *La moindre miette de
vrai pain,* SPrudh. III 122). *mioche* (vom selben Stamm;
Je me debarrassai du mioche en l'éloignant, VHugo, QVents,
Marg. Sc. 1; *Blanchir l'âtre, écumer le pot, moucher des
mioches,* eb. Lison Sc. 1). *pioche* (afz. *pi|oche,* Barb. u. M.
I 131, 594; dagegen *pioches : mioches,* VHugo a. a. O.;
un piocheur fouille un champ, ders. Lég. d. siècl. II 149;
Debout, libres du poids des bêches et des pioches, Manuel,

Poëm. pop. S. 17). *poêle* f. Pfanne (afz. *pa|ele*). *moelle*
(afz. *me|ole*, über die Umstellung s. Ztschr. f. vgl. Sprachf.
N. F. III 417; Beispiele dreisilbigen Gebrauchs noch im sech-
zehnten Jahrhundert häufig, s. QUICHERAT 309, vereinzelt noch
heute, s. WEBER 526. *fouet* (afz. *fou|et*, und so neuerdings
vereinzelt: *Marqué du fou|et des Furies*, A. DE MUSSET,
Poés. N. 174; aber *J'oserais ramasser le fouet de la satire*,
eb. 164; *Et les cheveux livrés au vent qui les fou|ette*,
FCOPPÉE, Olivier 4; aber gleich darauf: *Qui nomme, en
le montrant du fouet, chaque clocher*; *Or il vous; prend
Macrobe et lui donne le foit* (: *conçoit*), REGNIER Sat. X; *fouet*:
sou|hait, LA FONT. F. VI 18; *fouet : net*, RAC. Plaid. II 13;
auch das stammverwandte *fouailler* zieht den Vokal des
Stammes mit dem des Suffixes zu einsilbiger Artikulation
zusammen, s. WEBER 526; wie es scheint von *fagum*, afz.
fou . rouet (*Ne chercherait-on pas le rouet de Marguerite*,
A. DE MUSSET, Poés. N. 9; aber *Et baisant tout bas son
rou|et*, eb. 170; *Il est dans l'atrium, le beau rou|et d'ivoire*,
VHUGO, Contempl. I 117; (afz. nur zweisilbig). *gouailler*
(*Un chenapan, vois-tu, c'est un sage gouailleur*, VHUGO
QVents, Marg. Sc. 1). *écuelle* (afz. *S'escüele li fait porter
Et plaine coupe de vin cler*, CPoit. 35; lat. *scütella*). *juif*
(afz. *ju|ieu*). *piètre* (afz. *pe|estre*, s. Ztschr. f. vgl. Sprachf.
a. a. O. 419, von *pedestrem*). *serviette* (noch im sechzehnten
Jahrhundert viersilbig, s. LITTRÉ, aber *Deux marmitons cras-
seux revêtus de serviettes*, BOILEAU, Sat. III; das Wort ist
wohl Deminutiv zu einer Participialbildung *servie*, die man
dem Sinne nach mit *couvert* vergleichen kann). *viande* (alt-
ital. *bidanda* von *vita*, afz. fast nie anders als dreisilbig,
ebenso noch gewöhnlich im sechzehnten Jahrhundert, s.
QUICHERAT S. 288, aber *Il se réjouissait à l'odeur de la
viande*, LA FONT. F. I 18 und jetzt *La viande, voyez-vous,
c'est ça qui fait la chair*, VHUGO, QVents, Lison Sc. 1;
Se gorgeaient à grand bruit de viande et de boisson, SPRUDH.,
Écuries d'Aug.). *fuir* jetzt durchweg mit diphthongischem

u i (*Les pâtres ayant fui vers l'ombre de la ville*, S Prudh.
a. a. O*.), altfranzösisch noch überall, wo in der Endung ein
betontes *i* zu Grunde liegt, mit davon getrenntem *u* oder
o, also **fugíre füir*, **fugítum füi*, **fugívi füi*; dagegen wurde
fúgio fui, *fúgiam füie*, *fúge fui*, aus *fúgere* die Nebenform
für den Infinitiv *fuire* (s. Renclus S. CXX) und, welche
Infinitivform auch daneben bestehe, im Futurum *jedenfalls
fuirai*: *Qu'il ne li pot plein pié föir*, Troie 16 123; *Tu
m'ies füiz, dolente en sui remese*, Alex. 27 b; *Si fu iriés
et li füi Li sans*, Ch. II esp. 4108[1]); aber *S'or ne m'en fui,
molt criem que ne t'en perde*, Alex. 12 e; *Fui, fet ele,
leisse m'an pes*, Ch. lyon 1645; *Ne m'an fuirai por tes
menaces*, eb. 4431; *Li quiex de nous premier fuira*, Claris
7063. Zu dem Verse Corneille's: *Je ne te puis blâmer
d'avoir fui l'infamie*, Cid III 4 machte die Akademie noch
die zurechtweisende Bemerkung: *„fui‘ est de deux syllabes*;
und so ist denn in der Tat auch bei Malherbe *À fu|ir
ou mourir* in No. 111 Z. 96 ein sechssilbiger Vers, *Fu|ir
d'être son esclave* ein siebensilbiger in No. 119 Z. 11 (Ausg.
von Becq de F.); anders urteilen die bei Thurot I 550 angeführten Gewährsmänner. *o u i* (*Oui, vous m'avez sauvée; oui,
je vous dois la vie*, Volt. Adél. II 5); afz. *o|il*; noch im sech-
zehnten Jahrhundert ist *ou|i* das gewöhnliche: *L'aymes tu
encores? — ou|y*, Cl. Marot, Dial. de deux amoureux; *S'il
dit ou|y, je dis ou|y*, Jodelle, Eugène I 2, freilich in dem-
selben Stücke *Je voy entrer tout furieux Mon Arnault. ouy,
ouy, que seroit ce?* III 1; *Ou|y. — lui mesme? — ou|y,
lui mesme, allez*, Ronsard, Œuvres éd. Blanchem. VII 287.
Malherbe bemerkt aus Anlafs der verschiedenen Silbengeltung, die das Wort bei Desportes an verschiedenen Stellen
hat, es wäre *„plus raisonnable‘* es immer zweisilbig zu

---

[1]) Dem hiermit übereinstimmenden Verfahren Villon's stellt
Bijvanck S. 38 das der heutigen Volksdichtung gegenüber, in der die
Verba auf -*ouir* diphthongisch gesprochen werden dürfen.

brauchen, indessen habe der Dichter sich dem Gebrauche zu fügen, s. Œuvres éd. LALANNE Bd. V S. 86. Einige weitere Fälle von einsilbiger Aussprache zweier Vokale, die dem Gesetze nach zwei Silben angehören sollten, verzeichnet EWEBER IX 257. Die Endungen *-ions*, *-iez* im Imperf. Indic. und demnach auch im Condicionalis sind ursprünglich ihrer Herkunft von *-ebamus* und *-ebatis* gemäfs ganz richtig zweisilbig gewesen, während sie altfranzösisch da, wo sie auf *-iamus*, *-iatis* beruhen (in manchen Præs. Conj.) und wo sie durch Formübertragung für älteres *-ons*, *-ez* eingetreten sind, in der Mehrzahl der Præs. Conj. und in den Impf. Conj., ebenso richtig einsilbig waren. Also *a|vi|iens a|vi|ons, a|vi|iez* und *a|vri|iens a|vri|ons, a|vri|iez* neben *a|iens, a|iez, ë|us-siens, é|us|siez*. Aber schon in altfranzösischer Zeit ist diese wohl begründete Scheidung in der Weise verloren gegangen, dafs weniger sorgfältige und spätere Dichter die zweisilbigen Endungen einsilbig brauchen[1]); und dies ist denn auch für das Neufranzösische geltend, mit der dem Altfranzösischen noch ganz fremden Besonderheit, dafs, wo diesen Endungen muta cum liquida vorangeht, sie zweisilbig gebraucht werden. Es gibt also auch neufranzösisch zweisilbiges und einsilbiges *-ions*, *-iez* nebeneinander; aber nicht mehr die je nach Modus und Tempus verschiedene lateinische Grundlage der Endungen ist dabei mafsgebend, sondern die Beschaffenheit der vorangehenden Laute, indem heute das *Organ* sich scheut, muta cum liquida samt einem steigenden Diphthong zu einer Silbe zu vereinigen; also *Là même où vous aussi les voyiez autrefois*, SPRUDH. II 226, dagegen *Fleurs de France, un peu nos parentes, Vous devri|ez pleurer nos morts*, eb. 221. Die gleiche Scheu haben wir nachher in *ouvri|er* neben *levier*, *gri|efí* neben *bien* zu konstatieren (in Bezug auf die beiden Verbalendungen gibt QUICHERAT S.

---

[1]) S. darüber Genaueres bei SUCHIER in Zeitschr. f. rom. Philol. II 281 ff.

296, 307, soweit das Altfranzösische in Betracht kommt, Unrichtiges). Erst im siebzehnten Jahrhundert ist das heute geltende Verfahren Regel geworden; noch MALHERBE braucht -iez in *livriez* und *voudriez* einsilbig (s. Œuvr. éd. LALANNE V p. 84); ROTROU sagt: *Et vous-même ... Ne vous connaîtriez pas sous ce faux vêtement*, Laure pers. I 9; *Vous la devriez presser*, eb. IV 9; *Vous l'avez vu, mes yeux, et vous craindriez sans honte Ce que tout sexe brave et que tout âge affronte*, SGenest II 5; *Nous souffrions plus que lui par l'horreur de sa peine*, eb. V 6 (aber auch *Voudri|ez-vous souffrir que dans cet accident Ce soleil de beauté trouvât son occident?* eb. II 6); einige Beispiele des nämlichen Verfahrens geben aus MOLIÈRE's ersten Stücken QUICHERAT S. 296 und DESPOIS zu L'Étourdi Z. 49, Dépit am. Z. 1083.

2. Vokale, die schon im Lateinischen ungetrennt nebeneinander standen, aber verschiedenen Silben angehörten, bleiben auch im Neufranzösischen im Hiatus zu einander, wenn nicht der erste geradezu untergegangen ist oder konsonantischen Charakter angenommen oder infolge von Attraktion seine Stelle verändert hat, wie es in volkstümlichen Wörtern das Gewöhnliche ist. *di|amant, di|alogue, étudi|er, remédi|er, odi|-eux* (vgl. diese Lehnwörter mit folgenden Wörtern der ununterbrochenen Überlieferung: *appuyer, ennuyer, jour, assiéger*)[1]*); provinci|al, consci|ence, esci|ent, pati|ent, initi|er, appréci|er* [2]), *facti|on, nati|on, suspici|on, christi|anisme, besti-*

---

[1]) Wenn die entsprechenden altfranzösischen Formen *apui-ier, asse-gier* lauten, so ist in dem *i* vor *e* nicht ohne weiteres das *i* der lateinischen Formen zu sehn; dieses *i*, das durchaus keine eigene Silbe bildet, macht vielmehr mit dem *e* einen Diphthong aus, der unter gewissen Umständen aus dem betonten lateinischen *a* entsteht: es ist daher auch das *i* gar nicht vorhanden, sobald ein *o, a, ę* folgt: *apuierai, apuia, assegons*; dasselbe gilt von den altfranzösischen Formen für die nachher anzuführenden neufranzösischen *chasser, annoncer, priser* u. dgl.

[2]) Richtig bezeichnet LITTRÉ das Verbum (Lehnwort) *justicier* als

aux (vgl. *chasser, provençal, soupçon, façon, chanson, mé-*
priser, poison, raison; afz. *chacīer,* *mesprisīer* u.dgl. s.S.78
Anm. 1); *contagi|on, prodigi|eux, chirurgi|en* (vgl. *essayer,* afz.
essai|ier); *li|on, fili|al* (vgl. *meilleur, filleul, tailler, huileux*);
calomni|er, ingéni|eux, mini|ature (vgl. *songer, baigner, té-*
moigner, espagnol, mignature in vier Silben bei MOLIÈRE,
Sgan. 145, afz. *chalengier, engignos*); *pi|été, europé|en, sapi|-*
ence (vgl. *sachant, pitié*); *inqui|et* (vgl. *quitter*); *contrari|er,*
matéri|el, pluri|el[1]), *histori|en, curi|eux, glori|eux, intéri|eur,*
Mario|n, mari|onnette, vari|été (vgl. *contraire, matière, vérole*);
ecclési|astique, passi|on, fusi|on (vgl. *baiser, foison*); *pluvi|eux*
(vgl. *sergent*); ferner: *évanou|ir, persu|ader, su|ave* (auch afz.
so|ef), *du|el, somptu|eux, ru|ine, su|icide, po|ète* (welches Wort
freilich vorübergehend im sechzehnten und im siebzehnten
Jahrhundert auch mit diphthongischem *oè* gesprochen wurde,
was durch die damalige Aussprache von *oi* nahe gelegt war;
poetique braucht sogar CHRISTINE DE PISAN schon dreisilbig,
Chem. d. l. est. 42, spätere Belege bei QUICHERAT 308, LITTRÉ
unter *poëte* in der Remarque); vgl. dagegen *janvier, février*[2]),
veuvage. Es ist sogar teilweise das germanische *w*
einem eine Silbe bildenden Vokale gleichgestellt
worden: *Su|ède, Suisse,* beide auf eine Zeit gleichmäfsig
schwankend, letzteres nun entschieden mit diphthongischem
ui; die Interjektion *ouais* (aus deutsch *wai* ‚weh‘) war nicht
ursprünglich zweisilbig, wie QUICHERAT 310 behauptet, sondern

---

viersilbig, das gleich geschriebene Substantiv (Erbwort) als dreisilbig;
doch lese ich bei JNORMAND in Rev. polit. et littér. 1885 II 348 *Be-*
sogne de vengeur et de justici|er. –

[1]) *pluri|el* gehört streng genommen nicht hieher; lateinisch *plural-*
gab *plurel*; hieraus wurde unter dem Einflusse von *singuler (singular-)*
plurer, dann durch dieselbe Suffixvermengung, der *singulier* zu ver-
danken ist, *plurier,* endlich wieder unter der Einwirkung des lateinischen Terminus oder durch Dissimilation *pluriel,* dessen letzte Silbe
man nach dem Muster von *matéri|el, véni|el* u. dgl. in zwei spaltete.

[2]) Jetzt freilich dreisilbig, indem *ier* beim Vorangehn von muta
cum liquida in *i|er* sich teilt.

altfranzösisch nur einsilbig: *Mors müera ta joie en wai*,
RENCL. Mis. 1080; *wai vus ki estorez Les leis de felonie*,
SThom. 3067 (auch *guai* geschrieben) und so noch lange
fast ausschliefslich, sogar bei MOLIÈRE: *Quais, ceci doit donc
être un important secret*, Dépit am. II 1, wo das nicht in
allen Ausgaben stehende *donc* sicher echt ist, und an andern
Stellen, s. DESPOIS und MESNARD in ihrem Lexique. *ouest*
erscheint altfranzösisch (*west*) meist einsilbig, doch scheint im
Horn 105 *norwest* drei Silben einzunehmen; bei VHUGO trifft
man es wieder einsilbig trotz vokalischen Anlautes: *A cause
du vent d'ouest tout le long de la plage*, QVENTS II 62; ebenso bei JNORMAND: *La brise est nord-nord-ouest, très forte,
et la jetée Résonne sous les coups*, Rev. polit. et littér. 1885
II 349.

Ausnahmen. Auch für diese Regel sind sie zahlreich;
und aufserdem wird leicht wahrgenommen, dafs manche
Wörter, deren Silbenzahl für die ernste Dichtung so feststeht, wie die Regel es will, in Komödien, Chansons u. dgl.
(von eigentlichen Volksliedern gar nicht zu reden) um eine
Silbe kürzer gebraucht werden: *véni | el* ist dreisilbig, doch
sagt AUGIER: *De s'excuser d'un tort véniel en vérité*, Philiberte II 7; dem entsprechend braucht A. DE MUSSET *matériel*
dreisilbig: *Le père ouvre la porte au matériel époux, Mais
toujours l'idéal entre par la fenêtre*, Pr. Poés. 286. *pi | aulei*
ist dreisilbig, doch liest man bei COPPÉE: *Par l'étroit pont
de pierre, où la volaille piaule*, Olivier 8; entsprechenden
Gebrauch von *piailler* zeigt die eine oben S. 74 angeführte
Stelle. *viol* müfste zweisilbig sein, aber A. DE MUSSET sagt:
Sur des murs chauds encor du viol de son enfant, Pr.
Poés. 342; und ihm schliefsen sich andere an: *Tous les
coups du malheur et tous les viols des lois*, PRUDHOMME III
117; *Dont l'âme inaccessible au viol des capitaines,* 159;
J'inventai six moyens de violer l'azur vierge, ROSTAND, Cyrano III 11. *fiole*, seltsam entstellt aus *phiala*, ist altfran-
zösisch immer dreisilbig (RENCL. C 35, 5; GCOINS. 111, 18;

Vd1Mort 53, 8), aber Rostand sagt: *Le caparaçonner de fioles de cristal*, Cyrano III 11. du|el gilt für zweisilbig, nichtsdestoweniger sagt Augier: *Un duel? tu n'iras pas; réfléchissons un peu*, la Jeunesse II 7, sagt Coppée: *Et qu'on prît pour un duel un simple assassinat*, Grève des Forg., und so braucht nach Weber II 526 und IX 256 VHugo das Wort, wenn nicht immer, doch häufig. su|icide ist viersilbig, aber Béranger sagt: *Suicide affreux, triste objet de stupeur*, le Suicide, und A. de Musset: *Mon enfant, un suicide! ah, songez à votre âme*, Pr. Poés. 126. Im sechzehnten Jahrhundert ist dergleichen auch in ernster Dichtung nicht eben selten: *je ne croy mie Que sois menteur, car ta phixionomie Ne le dit point*, Marot, l'Enfer; *Ait de Nostradamus l'enthousiasme excité*, Ronsard VII 45. Für einige Wörter ist dies nun überhaupt Regel geworden, so für *diable* (*diabolique* bei A. de Musset, Poés. nouv. 12, und *diantre* dem entsprechend), das, altfranzösisch noch fast durchaus dreisilbig, im vierzehnten Jahrhundert schwankend zu werden beginnt: *Ne pout en lui di|ables de nule part entrer*, SThom. 2551; *Diables, dont vienent ore ichès bontés?* Aiol 1222 (s. Suchier in Zts. f. rom. Philol. II 282 und dagegen GParis in SGile S. XXIII); *Et dist: diables les engigna*, Watr. 389, 272; *L'ame de lui au deable soit*, JBruyant II 5 b, also noch früher als von Quicherat 284 nachgewiesen ist. *fiacre*, eigentlich der Name eines Heiligen, nach dem ein grofses Gebäude *hôtel saint Fiacre* benannt war, in welchem die ersten Pariser Mietwagen untergebracht waren; der Name des Heiligen ist altfranzösisch fast nie anders als dreisilbig, s. z. B. zum Vrai Aniel 334; jetzt *Et n'allait plus qu'en fiacre au boulevard de Gand*, A. de Musset, Pr. Poés. 113. *diacre* kennt man altfranzösisch nur dreisilbig: *Pruveires et di|acres plusurs en i out pris*, SThom. 1111; erst im fünfzehnten Jahrhundert begegnen Stellen, wo es zweisilbig ist; jetzt *Comme un diacre à Noël, à côté du curé*, A. de Musset, Pr. Poés. 124. *miasme*

braucht VHugo bald drei-, bald zweisilbig; letzteres zeigt
Weber 525. *bréviaire* ist, wie man zu Quicherat 286
nachtragen kann, altfranzösisch nie anders als viersilbig:
Qui n'a brevi|aires ne livres, GCoins. 509, 144; *La mort
en son viez brevi|aire Toz nos fera chanter vegiles,* Barb.
u. M. II 438, 294, und so trifft man es bei Neueren noch
gelegentlich, s. Weber 526. Wenn *familier* jetzt dreisilbig ist, so beruht dies auf einer Verwechselung zweier
Ausgänge: *familiarem* mufste erbwörtlich **familli͡er* oder
*fameilli͡er, nfz. **familler* werden, und in lehnwörtlicher
Behandlung mit Schonung des *i* : *famili-ier*, neufranzösisch
*famili|er; das heute übliche *familier* dagegen weist auf ein
nicht vorhandenes **famil-arius*; die richtigere Form *famili-ier*
findet sich Rou III 4770, Mousk. 24765 und öfter. *plusieurs* hat erst in verhältnismäfsig später Zeit ein *i* hinter *s*
aufgenommen, während *plusor* oder auch *pluisor*, die Form
mit attrahiertem *i*, altfranzösisch allein vorkommen; eine
Silbe mehr hat das Wort darum nie gehabt. *académicien*
(*Ci-gît Piron, qui ne fut rien, Pas même académici|en,* aber
Nu comme le discours d'un académici͡en, A. de Musset,
Pr. Poés. 311), *ancien,* *bohémien* (*des gens à qui l'on
tienne Et dont on ne soit pas traitée en bohémi͡enne,* Augier,
l'Aventurière II 1, richtiger *Que me dist, jeune enfant, une
bohémi|enne,* Regnier, Sat. VIII), *chrétien,* *comédien* (*Des
tartufes de mœurs, comédi͡ens insolents,* A. de Musset, Pr.
Poés. 209; *Ne savais-tu donc pas, comédi͡enne imprudente,*
Poés. N. 91), *Égyptien* (*Seriez-vous la vieille Égypti͡enne,*
Béranger, L'Égyptienne), *gardien* (*Ont chassé le travail,
gardi͡en de la pudeur,* Ponsard, Lucr. III 2; richtiger *Que
du berger la veue gardi|enne,* Jodelle, Cléop. II), *parois-
sien* (*En fait de livre ici je n'ai qu'un paroissi͡en,* VHugo,
QVents, Lison Sc. 1), *quotidien* (*Mais après un bon mois
de neveu quotidi͡en,* Augier, Philiberte I 4; aber *Le pain
quotidi|en de la pédanterie,* Regnier S. X und *Pour gagner
notre pain, tâche quotidi|enne,* FCoppée, Olivier 5) sind in

älterer Zeit um eine Silbe länger als heute und haben den Ausgang *i-ien*, auch wo nur *ien* geschrieben wird. *ancien* findet man altfranzösisch nur sehr selten zweisilbig (der Seltenheit wegen ein paar Beispiele: *Des rois anciens e des tempoires*, GMonm. 3712; *En une chartre anciene el parfunt seront mis*, Juise 341; *Anchien sont preceus par costume*, GMuis. I 66; *un traitre Riche et ancien jadis estoit*, Fabel in Gröber's Zeitschr. VI 351, 207; *anchienement*, BSeb. XV 149; *anchienetés*, GMuis. I 300), und dreisilbig braucht es noch Corneille: *J'ay sçu tout ce détail d'un anci|en valet*, Menteur III 4, wozu Voltaire bemerkt: *autrefois un auteur selon sa volonté faisait hier d'une syllabe et ancien de trois; aujourd'hui cette méthode est changée; ancien de trois syllabes rend le vers plus languissant, ancien de deux syllabes devient dur.* On est réduit à éviter ce mot, quand on veut faire des vers où rien ne rebute l'oreille*, Voltaire, Œuvres IX 472; ebenso *Prince, je vous ay veu tantost comme ennemy Et vous voy maintenant comme anci|en amy*, Sophonisbe IV 2, und so La Fontaine: *Nous devons l'apologue à l'anci|enne Grèce*, F. III 1. Inzwischen hatte bereits die diphthongische Geltung des *ie* in diesem Worte Aufnahme gefunden; sie weist Quicherat 303 seit dem fünfzehnten Jahrhundert nach, und sie ist *jetzt* wohl allein anerkannt. Auch *crestien* ist altfranzösisch der Regel nach dreisilbig, nur daſs es doch vereinzelt auch zweisilbig vorkommt, so daſs also keineswegs der 1564 verstorbene Jean Le Maire es zuerst so gebraucht hat, wie Quicherat S. 301 annimmt. Zwar mag das zweite Glied eines Alexandriners *entre crestiene gent* im Leben des heiligen Thomas 80 a Z. 14 (Bekker) von Hippeau S. 212 mit Recht in *en cresti|ene gent* geändert sein, da der Dichter sonst wohl überall das Wort dreisilbig braucht; auch *Compeignie de boens crestiens* bei Rustebuef wäre leicht in *Compaigne de boens cresti|ens* geändert I 275; aber auch bei Mousket steht *De gent crestiene pour capler*, 25450 (neben *cresti|enerent* 3930), und BSeb. XII 757 *S'en*

irons en Surie a le crestiene gent muſs man wohl hinnehmen, da
XII 255 *crestienee* viersilbig steht; sicher hat die Synärese
schon oft GIR. Ross. z. B. in dem Alexandriner: *Soient mis*.
crestiennement en noble sepulture, 180; ähnlich verhält es
sich bei den andern oben angeführten, s. QUICHERAT 305[1]).
circuit (afz. *circu|ite* f. viersilbig ein paarmal bei GGUIART:
A la circu|ite des queles, II 10676) war noch bei MAROT
dreisilbig, ist aber heute zweisilbig; entsprechend werden *jé-
suite, pituite* und *fortuit* behandelt. *Confesseurs, mas-
sacreurs, tueurs, bourreaux, jésuites*, VHUGO, QVents I 16;
Que de ce cas fortuit dépende notre gloire, MOL. Éc. Femm.
IV 8; *Ou n'est-ce qu'un hasard, la fortuite harmonie*, SPRUDH.
HI 249. *ruine* ist altfranzösisch wohl immer, heute fast
durchaus dreisilbig, doch erlaubt sich *cette ruine où vous
êtes*, ROSTAND, Cyrano III 1, der auch *Seul, ruiné, je me
pends* für zulässig hält und dafür sich auf GMuis. I 160 berufen kann: *Empris bien les avoient de tout en tout ruiner.*

In anderer Weise, und zwar für die alte wie für die
neue Zeit, bilden Ausnahmen von der obigen Regel die
Wörter, in denen von zwei im Lateinischen nebeneinander
stehenden Vokalen der erste der vorherrschende wird und
den zweiten als nachklingendes Element an sich zieht, so
dafs ein fallender Diphthong für das Altfranzösische sich ergibt, der dann neufranzösisch zum steigenden Diphthong
oder auch zum einfachen Vokal wird: afz. *cui* (woraus durch
Verwechselung *qui*), daher dann auch *lui, autrui* u. s. w.;
fui, nfz. *fus*; *-uisse*, nfz. *-usse*; *dieu*; *hébreu*; afz. *piu,
lieupart* (auch *liepart, lepart, lupart*); von altfranzösischen
Diäresen in Eigennamen wie *Ëurope, Nëustrie* u. dgl. war
schon oben S. 52 die Rede.

3. Vokalverbindungen, die sich aus Zerlegung
eines einfachen Vokals oder aus Attraktion eines
tonlosen Vokals in die vorangehende Silbe ergeben

---

[1]) Über die Bildung von *anciien* und *crestiien* s. jetzt THOMAS,
Mélanges d'étymol. frç. 1902 S. 16.

haben, gehören derselben Silbe an. Dies trifft namentlich die Verbindung *ie*, wenn sie aus *ĕ* hervorgegangen
ist, wie in *bien, fier, pied, sied, rien*, auch in *mien* (und
nach Analogie dieses Wortes *tien, sien*), das nicht auf *me-
anus* zurückgeführt werden darf, wie Diez Gr. II³ 109 meinte,
da es sonst zweisilbig sein müfste, *assiette* (das übrigens
gelegentlich auch viersilbig auftritt: *De te voir à ce point
hors de ton assi|ette*, Augier, la Jeunesse II 7), *miel* (das
seltsamerweise bisweilen zweisilbig, wie *mielleux* drei-, *em-
mieller* viersilbig vorkommt: *Tant te repais de mi|el amou-
reus*, LLabé, Son. 22: *mi|eleuse*, s. Romania XIV 454; *Que
la mouche du Grec leurs lèvres emmi|elle*, Regnier Sat. IX;
Emmi|ella les graces immortelles, Ronsard, Poés. chois.
S. 2; *Pour mieux brouter la fueille emmi|ellée*, eb. S. 7; da-
neben aber auch *Un parler emmiellé de sa lèvre couloit*,
eb. 328 und bei Regnier, Sat. X: *O muse, je t'invoque,
emmielle moy le bec* und heute *Que ta main douce emmielle
et dore*, SPrudh. III 44), *lierre* (jetzt wieder richtig mit
Diphthong: *Quelques lierres, cloués aux murs, y végétaient*,
Manuel, P. pop. 156, wie das altfranzösische *iere*, aus dem
es durch Anwachsen des Artikels entstanden ist, während
die Dichter des sechzehnten Jahrhunderts *i* und *e* trennten:
De moy puisse la terre Engendrer un li|erre, Ronsard bei
Darmesteter u. Hatzfeld, S. 222; *Son laurier est séché,
son li|erre est destruit*, Ronsard, Poés. chois. 311; *Je plante
mon li|erre au pied de tes lauriers*, schliefst Regnier's erste
Satire, die an König Heinrich IV gerichtet ist), *piéton* (altfranzösisch immer und neufranzösisch meist zweisilbig, jedoch
dreisilbig in *Les marronniers ⁻. Embaumaient, énervants,
et sur les pi|étons Jetaient leurs fleurs*, FCoppée, Olivier 2);
ebenso *ie* aus *æ*: *ciel, acquiers*; *ie* aus betontem *a* in offener
Silbe unter gewissen Umständen, heute noch in *amitié, ini-
mitié, moitié, pitié, chien*, altfranzösisch in bei weitem zahlreicheren Wortformen, in deren Mehrzahl nun *e* dafür eingetreten: *prisier, anoncier, chier* u. s. w.; ferner *ie* aus *a+i*,

so namentlich in dem Suffix -*ier* (*arium*): *pommier, premier, portier, chevalier, meunier* u. dgl.[1]), auch vielfach durch Vertauschung mit anderen Ausgängen, *singulier, pluriel*[2]), *soulier, pilier* u. dgl.[3]); *ie* aus *e+i matière, tiers, nièce* (ein Beispiel der Diärese aus MAROT bei QUICHERAT 300), und in der schwer zu erklärenden Endung -*ième* der Ordinalzahlen (nur vereinzelt Diärese: *Et ja voici le treixi|ème esté Que mon cœur fut par Amour arresté*, LLABÉ, Élégie IIIe; *quel système Choisites-vous des six, monsieur?* -*un septi| ème*, ROSTAND, Cyrano III 11); *oi* aus *ĭ, ē* (ebenso das alte *ei* gleichen Ursprungs): *poire, soir, boivent, moi, toile*[4]); auch *poêle* m. ‚Ofen‘ gehört hieher; es hat sich in diesem Worte eine Schreibung behauptet, die der älteren Aussprache des *oi* entspricht (v. *pénsile*); *oi* aus *o+i, au+i, u+i*: *gloire, joie, coiffe, boîte* u. s. w. Die Nomina auf -*oir(e)* findet man im sechzehnten Jahrhundert oft mit *oue, oe* geschrieben, jedoch ohne dafs darum dieser Ausgang anders als einsilbig wäre: *Que maudit soit le miroer qui vous mire Et vous fait estre ainsi fiere en beauté*, RONSARD, Poés. chois. 14 (andere Belege bei QUICHERAT 312). Ganz anders aufzufassen ist es, wenn man die nämlichen oder gleich gebildete Wörter altfranzösisch mit *oue, oe* geschrieben findet; sie zählen dann eine Silbe mehr, und die Lautgruppe *ouë* ist zu betrachten als entstanden durch Umstellung aus *eoi*, ähnlich wie oben *möelle* für *meole*, s. Ztschr. f. vgl. Sprachf. N. F. III 417; *dolöere : clere*, GGUI. I 3620; *ovröer : jöer*,

---

[1]) Ein Beispiel der Diärese des Suffixes in *hospitalier*, wo es die Dichter früher nur einsilbig kannten, gewährt FCOPPÉE, Olivier 1: *Sur la ville pourtant bien hospitali|ère*.

[2]) Siehe S. 79 Anm. 1.

[3]) Wiederum sind die hergehörigen Wörter im Altfranzösischen zahlreicher, da später nach *ch, ǵ, ill* das *i* vielfach aufgegeben ist: *vach(i)er, berg(i)er, conseill(i)er*.

[4]) Das niemals anders als zweisilbig war, denn das von QUICHERAT 310 angeführte dreisilbige altfranzösische *töele* ist ein ganz anderes Wort, das neufranzösische *touaille*.

NDChartr. 55 u. dgl. [1]). *ue* aus *ŏ* und *eu* aus *ō* sind nur im Altfranzösischen Diphthonge; das Neufranzösische hat einfache Laute dafür eintreten lassen (einen anderen Diphthong in *foerre* oder *foarre* für altfranzösisches *fuerre*, neufranzösisch auch *feurre*). *ui* aus *o+i* oder *u+i*: *huile*, *hui, huis, appui, puis* (**postius*)[2]); *je fuis, puits, juin* u. dgl.

Ausnahmen. Das Zusammensein von muta cum liquida vor *ie* bewirkt, wie oben von der Verbalendung *iez* (und *ions*) gesagt wurde, Diärese, also *potíer*, aber *meurtri|er; píed*, aber *gri|ef*[3]); *troisíème*, aber *quatri|ème*; dies trifft auch einige Wörter, in denen *ier* durch Vertauschung steht, wie *baudri|er*, *étri|er*. Diese durch vorangehende Konsonantengruppen herbeigeführte Diärese ist dem Altfranzösischen noch völlig unbekannt, ebenso dem sechzehnten Jahrhundert. Erst im siebzehnten, und zwar, wie es scheint, nach JODELLE's und REGNIER's Vorgang besonders durch CORNEILLE, greift sie um sich, wird von der Akademie zunächst verworfen, kommt aber mit BOILEAU und RACINE zum Siege, s. QUICHERAT 291, Œuvres de CORNEILLE, éd. MARTY-LAVEAUX T. XI p. 94, LITTRÉ unter R[4]). Wenn heute gemessen wird: *Le sangli|er lancé comme un rocher qui roule*, SPRUDH. Éc. d'Aug.; *Il travaillait sans plainte, ouvri|er solitaire*, eb.; *J'aime. Philée ainsi parla le quatri|ème*, eb.; *Sous les verts marronniers et les peupli|ers blancs*, A. DE MUSSET, Poés. N. 72, so mifst noch LA FONTAINE, F. II 19, VIII 27 *sanglíer*, ROTROU sagt *Son ordre est un bouclíer à la main qui le sert, Et ce même*

---

[1]) Beispiele der Zweisilbigkeit des *-ouer* in *mirouer* und ähnlichen Wörtern gibt noch aus dem 15. Jahrhundert BIJVANCK, Essai critique sur les œuvres de F. Villon S. 37.

[2]) WEBER weist IX 258 das damit gebildete *puîné* bei VHUGO dreisilbig gebraucht nach.

[3]) *L'usurpateur jaloux fit taire ses gri|efs*, PONSARD, Lucrèce II 1.

[4]) Wenn bei JODELLE derartiges schon vorkommt, so ist es jedenfalls das Seltenere gegenüber der diphthongischen Behandlung von *ie* nach *dr, gr* u. dgl.; *meur|drier* zweisilbig, Ancien Théâtre français IV 92, 122, 152, *grief* einsilbig 138, *vou|driez* zweisilbig 120.

bouclíer tient ma tête à couvert, Laure pers. I 1; J'en pare-
rai les coups du bouclíer de la foi, SGenest III 2; J'ai
reçu deux meurtríers pour témoins d'un parjure, Laure IV 1.
Auch andere Diphthonge der alten Sprache haben nach muta
cum liquida Diärese erfahren: dafs sie bei *groin* und bei *truie*
vorkommt, hat WEBER 526 bemerkt; *troëne* (von noch nicht
ermittelter Herkunft) läfst sich altfranzösisch nur zweisilbig
nachweisen, die neuere Dichtung scheint es nur dreisilbig zu
kennen: *Quand Virgile suspend la chèvre au blanc tro|ëne,*
VHUGO, QVents I 3; *Blancs tro|ënes et genêts d'or,* SPRUDH.
III 180; *Et moi, tranquille, Qui chantais le long du chemin,*
Tro|ëne en main, MANUEL, P. pop. 163. Eine seltsame Aus-
nahme ist *hier*: die alte Sprache braucht es nur einsilbig,
wie nach den Lautgesetzen zu erwarten war; erst im sechzehnten Jahrhundert - tritt ein Schwanken ein, das im siebzehnten noch fortdauert, aber auf das Überwiegen des zweisilbigen Gebrauches hinausläuft. CORNEILLE hat nicht blofs
im Menteur *hier* einsilbig gebraucht, wie man nach QUICHE-
RAT 297 denken könnte, sondern nach MARTY-LAVEAUX's Lexique auch im Cid, Horace, überhaupt nie anders, BOILEAU und
RACINE aber nur zweisilbig, und dies wird heute von den
Dichtern verlangt[1]), ohne dafs sie übrigens immer entsprechen:
le chemin Que ferait pas à pas, hier, aujourd'hui, demain
L'effroyable tortue, VHUGO, QVents I 16; *Or je me deman-*
dais hier dans la solitude, A. DE MUSSET, Poés. N. 194;
Hier même, quand les luths, les chants et les propos D'un
bruit accoutumé réveillaient vos échos, PONSARD, Lucr. III 2;
Eh bien, comment vous va depuis hier, mon ami? AUGIER,

---

[1]) *C'est d'hi|er seulement qu'on peut mourir ainsi,* A. DE MUSSET,
Poés. N. 18; *Hi|er, toute la nuit, une chienne a hurlé,* PONSARD,
Lucr. IV 1; *De revenir après tes duretés d'hi|er,* AUGIER, Paul Fores-
tier IV 4; *J'étais au désespoir depuis hi|er en proie,* derselbe, Jeu-
nesse IV 3; *On prend pour de l'amour le désir né d'hi|er,* SPRU-
DHOMME II 116; *Oui, ce fut hi|er soir, quand elle me parla,* COPPÉE,
Olivier, 8; *je n'avais pas hi|er Tant d'amis,* ROSTAND, Cyrano II 7.

la Jeunesse IV 3; *De sa vue, hier encor, je faisais mon délice,* FᶜCoppée, Olivier 14; *Hier, dans sa cellule enfumée Je l'ai revue; elle est en noir,* Manuel, Poëm. pop. 220; *Hier. Je veux vous servir auprès de lui. - Grand Dieu!* Rostand, Cyrano II 7. — Daſs die Diärese von *l'autr'ier* ,vorgestern' aus, wo sie durch die Natur der vorangehenden Konsonanten gerechtfertigt wäre, sich auf das einfache *hier* ausgedehnt habe, wie Stengel in Gröbers Grundriſs § 85 meint, würde sich hören lassen. Hat aber *l'autr'ier* überhaupt noch bestanden, als *tr* Diärese zu bewirken anfing? ist dreisilbiges *l'autrier* irgend nachzuweisen?

Diphthonge, die in einer fremden Sprache aus einfachen Vokalen sich entwickelt haben, können in französischen Lehnwörtern Diärese erfahren: sp. *dueña* gibt VHugo wiederholt mit zweisilbigem *duègne* wieder (s. Weber IX 259), SPrudhomme macht ein dreisilbiges Wort daraus: *J'honore en secret la du|ègne,* III 91; der Name des Flusses Duero ist bei VHugo dreisilbig: *Comme le Du|ero coupe Léon en deux,* Lég. d. S. I 119. Aber sp. *suelto* hat wie im it. *svelto* (das von dem Participium von *svellere* verschieden ist) so im frz. *svelte* (woher wiederum das spanische Lehnwort *esbelto*) einsilbigen Stamm bewahrt.

4. **Vokalverbindungen, die sich ergeben, indem hinter einem Vokal ein Konsonant sich in einen Vokal auflöst, sind altfranzösisch durchaus Diphthonge oder auch Triphthonge; neufranzösisch werden bisweilen einfache Laute daraus, niemals aber weder in alter noch in neuer Zeit bildet ein aus einem Konsonanten hervorgegangener Vokal für sich allein das vokalische Element einer Silbe.**

Es trifft dies namentlich diejenigen altfranzösischen fallenden Diphthonge und diejenigen Triphthonge, deren letztes Element ein aus *l* vor Konsonanten hervorgegangenes *u* ist: *maus, vaut, teus, sorcius, fous; biaus, iaus, cieus, viaus* (=nfz. *tu veux*), bei welchen Triphthongen das mittlere Element das vorherrschende ist, so dafs sie nach der Mitte hin steigen und nach dem Ende hin fallen. Das Neufranzösische hat hier meist einfache Vokale an Stelle der Diphthonge oder Triphthonge, so dafs jeder Zweifel hinsichtlich der Silbenzahl fortfällt. Wo dem im Neufranzösischen nicht so ist, in einigen der Fälle nämlich, wo altfranzösische Triphthonge vorliegen, bleiben steigende Diphthonge, wie in *cieux, yeux, yeuse, épieu, mieux, vieux, essieu*; der altfranzösische Triphthong *iau* ist ein einfaches *o* geworden; nur in einigen Wörtern, wo ihm ein Vokal vorherging, hat sein erstes Element *i* sich als erstes Element des steigenden Diphthongs *ió* erhalten: *bo|el bo|iaus=boyaux*; *tu|el tuiaus =tuyaux* u. dgl. [1]), wo das *i* freilich auch in die vorangehende Silbe eingedrungen ist. Die fallenden altfranzösischen Diphthonge, die sich aus Vokal mit dahinter in *u* aufgelöstem Lippenlaute ergaben, sind gleichfalls einfache Vokale oder steigende Diphthonge, die entsprechenden Triphthonge steigende Diphthonge geworden: *clou, Anjou, joue*; *ruisseau*; *étrier* (früher zweisilbig, jetzt, da der Diphthong muta cum liquida vor sich hat, dreisilbig, afz. *estrieu* = pr. *estreup*); *suifi* (afz. *sieu* oder *siu* von *sēbum*). Weiter gehören hieher die altfranzösischen Diphthonge aus Vokal und Gutturalis vor Konsonanten in *fait, lait, nuit, fruit, bruit* (sp. *bruch*), *toit, droit, estroit*, für welche neufranzösisch teils einfache Vokale, teils steigende Diphthonge eintreten, vgl. *suit* aus *siut=sekvt*. Ausnahmen kommen hier schwerlich vor; eine vereinzelte Abweichung ist etwa das dreisilbige *yeuse* bei VHugo: *Le vent ride sous l'y|euse Le sombre miroir des eaux*, Contempl. II 13; *Du figuier, du palmier, du cèdre et de l'y|euse*, Lég. d. S. I 4; in gleicher Messung bei Delille, s. die bei Littré citierte Stelle. Wenn Dichter der Gegenwart den im Altfranzösischen nur einsilbigen Stamm von *bruire* zweisilbig brauchen, wie z. B. Coppée: *La chute du*

---

[1]) Vgl. Sitzungsber. d. Akad. d. Wiss. zu Berlin 1893 S. 20.

moulin bru|it comme autrefois, Olivier 6 oder SPRUDHOMME: *on entend Le dôme vert bru|ire et d'instant en instant Tomber une goutte isolée,* H 123; *La rue est un fossé de pierre, Où bru|it un ruisseau vivant,* III 207, so hängt dies wohl mit dem Schwanken in seiner Flexion zusammen (*bruissait, bruissement*); ein gleichbedeutender Infinitiv *brüir* kommt im Altfranzösischen auch vor, hat aber kein *e* am Ende; aufserdem mag das Vorangehen des *br* den Eintritt einer Diärese begünstigt haben. Dafs ein aus *l* hinter einem Konsonanten im Italienischen hervorgegangenes *i* (tatsächlich *j*) bei den Franzosen in Lehnwörtern Vokal einer besonderen Silbe werden konnte (*Pareil au pi|ano de valse et de quadrille,* COPPÉE, *Oliv.* I), hat nichts Überraschendes.

Innere Gliederung des Verses.

Es ist der Natur des französischen Verses zuwider, wenn man von einer Mehrzahl von Füfsen oder Metren spricht, aus denen er sich aufbaue, also z. B. den Alexandriner einen Vers von sechs Füfsen oder einen *vers hexamètre*, den zehnsilbigen einen von fünf Füfsen oder *pentamètre* nennt; derartige Bezeichnungen tragen in die Lehre vom französischen Verse etwas hinein, was ihr fremd bleiben soll. Von Füfsen zu reden würde einen Sinn haben, wenn die vermeintlichen Füfse an gleichen Stellen in ihrem Innern gleichmäfsig lange und an andern gleichen Stellen in ihrem Innern gleichmäfsig kurze Silben hätten, oder wenn die einzelnen ‚Füfse‘ in übereinstimmender Weise in ihrem Innern betonte und unbetonte Silben aufeinander folgen liefsen. Da dem aber so nicht ist, wie *jede* Betrachtung einer beliebigen Zahl sei es alter sei es neuer Verse lehrt, so enthält man sich dieser Benennungen besser; denn Fufs würde bei dem tatsächlichen Sachverhalt nichts anderes bedeuten als Silbenpaar, und es gewährt keinerlei Vorteil die Verse nach Silbenpaaren statt nach Silben zu messen; es ist im Gegenteil, der Verse mit ungerader Silbenzahl wegen, entschieden minder bequem. Noch verkehrter ist es, von Iamben[1]) oder Trochäen zu sprechen. Warum sollte *Rien n'est beau que le*

---

[1]) ‚Iambes‘ haben GILBERT, ACHÉNIER, ABARBIER, VHUGO polemische Dichtungen aus Versen von abwechselnd 12 und 8 Silben um der inhaltlichen Verwandtschaft willen genannt, die sie mit iambischen Gedichten des ARCHILOCHOS und des HORATIUS haben; die formale Übereinstimmung mit diesen liegt lediglich in dem Wechsel längerer und

vrai, le vrai seul est aimable ein iambischer Vers sein? er könnte immer noch eher für einen anapästischen gelten; aber innerhalb des Gedichtes, dem er angehört, dieser Vers doch auch nur zufällig und neben vielen ganz anders gebauten. Auch wenn in altfranzösischer Zeit die Theorie sich des Wortes *pied* bedient hat, hat sie es nicht in jener sachwidrigen Weise gebraucht, sondern gleichbedeutend mit Silbe, so wenn EDESCHAMPS sagt: *toute fois que le derrain mot du premier ver de la balade est de trois sillabes, il (le premier ver) doit estre de onze piez,* wozu er das Beispiel gibt: *Je hez mes jours et ma vie dolente,* Œuvr. compl. VII 274; und der altfranzösische Übersetzer der Ve-tula sagt einleitend: *j'entens a proceder de vers de VIII piez ou sillabes, ou de IX a la fois, rimez en françois,* S. 10, und seine Übersetzung besteht denn auch in der Tat aus achtsilbigen männlichen und weiblichen Versen.

Gleichwohl ist nun nicht für jede Art von Versen die Silbenzahl das alleinige bestimmende Princip, sondern einige Versarten haben eine innere Gliederung, die durch die Cäsur zu stande kommt. Cäsur ist ein im Innern des Verses eintretender Einschnitt, welcher in verschieden-artigen Versen an verschiedenen Stellen, innerhalb einer und derselben Versart aber immer an derselben Stelle d. h. nach einer bestimmten Zahl von Silben liegend, deren letzte eine betonte ist, sich dadurch ergibt, dafs die Art des Zusammenhangs zwischen den einzelnen Wörtern, die den Vers bilden, an jener Stelle ein kurzes Innehalten des Sprechenden nahe legt oder doch ermöglicht[1]). In gleicher Weise hat die

---

kürzerer Verse, welche iambischen Trimetern und Dimetern allerdings nahe stehen, mit ihnen jedoch keineswegs zusammenfallen, wie z. B. BECQ DE FOUQUIÈRES in seiner Ausgabe ACHÉNIER's S. LXXII an-nimmt.

[1]) Das Wort wird hiernach in der Lehre vom französischen Vers-bau in ganz anderem Sinne gebraucht als in der vom Versbau der

lateinische Dichtung des Mittelalters, die Wortton und Silbenzahl zu den Grundlagen ihres Rhythmus macht, die mehr
als acht Silben umfassenden Verse durch Pausen an bestimmten Stellen gegliedert, s. WMEYER, Ludus S. 49. Die
Teile, in welche die Cäsur den Vers scheidet, nennt man
französisch da, wo sie gleichen Umfanges sind, *hémistiches*,
d. h. Vershälften, so im Alexandriner, wo sie aus je sechs
Silben bestehen: *Ma fille, Dieu vous garde | et vous veuille
bénir*, oder in demjenigen (seltener vorkommenden) zehnsilbigen Verse, der die Cäsur in der Mitte hat: *Vous qui
m'aiderez | dans . mon agonie, ‖ Ne me dites rien; ‖ Faites
que j'entende | un peu d'harmonie, ‖ Et je mourrai bien.*
Für die Fälle, wo die beiden Teile ungleichen Umfanges
sind, wie im zehnsilbigen Verse gewöhnlich, ist es ratsam sich
eines anderen Ausdruckes, etwa Versglieder, zu bedienen:
Mort en seront | maint chevalier hardi, Mitth. 3, 5; *Amis,
che dist li ostes, | or entendés*, Aiol 1178.

Die Unterbrechung der Rede, die bei der Cäsur eintritt,
kann eine ebenso starke sein, wie die am Versende eintretende; sie kann aber auch so schwach sein, wie es für das
Versende nicht statthaft sein würde. Die alte Dichtung,
welche im allgemeinen die Cäsur kräftiger sein läſst als die
heutige, hat sie, wenigstens in der Epik, dem Versende insofern gleichgestellt, als sie die Natur des Verses dadurch
nicht verändert erachtet, wenn hinter der betonten Silbe,

Griechen und der Römer, wo man damit das in gleichartigen Versen
an durchaus verschiedenen Stellen mögliche Hineinfallen von Wort-
enden und von Redepausen in das Innere von Versfüſsen bezeichnet.
In dem oben im Texte angegebenen Sinne brauchen die Franzosen
selbst fast ausnahmslos *césure*, wo sie von ihrem Versbau handeln.
Wozu von dem Worte abgehen? Wer den von mir nicht versäumten
Hinweis auf die abweichende Bedeutung beachtet, die es in der antiken Metrik besitzt, ist vor Miſsverständnis gesichert. ‚Reihenschluſs‘,
was STENGEL vorzieht, scheint mir den Zeilenschluſs ebenso gut bezeichnen zu können; eher noch würde ich mich mit RAJNA für ‚Pause‘
entscheiden.

nach welcher die Cäsur eintreten soll, noch eine
tonlose Silbe steht, während das zweite Versglied doch
seine gewohnte Silbenzahl bewahrt: *Bons fut li sie-cles* |
al tens ancïenor, Alex. 1 a; *En une chambre en en-tre* | *de
marbre bis*, Aiol 2146; *Cele ne fut pas sa-ge*, | *folement
respundiét*, Karls R. 12 [1]). Es folgt daraus, dafs ein Vers mit
Cäsur unter Umständen zwei Silben mehr hat, als sein Name
besagt, dann nämlich, wenn er zugleich weibliche Cäsur und
weiblichen Schlufs hat, welche beiden Dinge übrigens nicht
etwa immer gleichzeitig eintreten; es kann also ein epischer
Vers mit Cäsur in vier verschiedenen Formen auftreten
(s. oben S. 10). Die neufranzösische Verskunst kennt
die weibliche Cäsur nur scheinbar; sie duldet eine tonlose Silbe als Zusatz zu der betonten, hinter welche die Cäsur
fällt, nur insofern, als die tonlose mit dumpfem *e* endigt, und
das zweite Versglied mit einem Vokale anfängt, so dafs
durch Elision des *ẹ* die scheinbare Verlängerung des ersten
Versgliedes wieder rückgängig wird: *J'admire ton courage*, |
et je plains ta jeunesse, Cid II 2; *Approuvez ma fai-
blesse*, | *et souffrez ma douleur.* || *Elle n'est que trop juste* |
en un si grand malheur, Horace I 1. Dieses neufranzösische
Verfahren ist seit dem Anfang des sechzehnten Jahrhunderts
aufgekommen; nicht als böte nicht schon die ältere Zeit Beispiele genug von Versen mit weiblicher Cäsur, in denen ein
ẹ am Ende des ersten Versgliedes einen vokalischen Anlaut
des zweiten Versgliedes hinter sich hat: *Pois li bons pedre* |
ad escole le mist, Alex. 7 c; *Avoc ta spose* | *al comant deu
del ciel*, eb. 11 c, und so in allen altfranzösischen Dichtungen,
deren Verse Cäsur haben, hie und da; aber die weibliche
Cäsur nur mit der angegebenen Beschränkung zuzulassen,
ist eine Regel, welche, wie es scheint, als einer der ersten

---

[1]) *Dient les rymeurs et versifieurs françois que ceste sillabe
femenine ne se compte point, quant elle advient a la fin du milieu
d'un baston*, Jacobus Magnus (um 1400) bei ELanglois, De artibus
rhetoricæ rhythmicæ, Paris 1890, S. 20.

Jean Le Maire de Belges, ein 1473 geborener Gelehrter
und Dichter, und zwar zunächst nur für den zehnsilbigen
Vers, wenngleich nur mündlich, aufgestellt und in seinen
eigenen Gedichten fast durchweg auch selbst beobachtet hat[1]).
Wenigstens erklärt uns Cl.Marot in der 1532 geschriebenen
Vorrede der 'Adolescence clementine', einer Sammlung seiner
Jugendwerke, die Übersetzung der ersten virgilischen Ekloge,
die man an der Spitze der Sammlung finde, sei von ihm in
früher Jugend verfaſst; man werde dies an verschiedenen
Dingen, namentlich an den *couppes feminines* erkennen, *que
je n'observois encore alors, dont Jehan Lemaire de Belges
(en les m'aprenant) me reprint*, Œuvres éd. Guiffrey II 15.
In der Tat findet man hier noch: *Accompaignees | d'ai-
gneaulx et brebiettes . . O Melibee, | je vey ce jeune enfant . .
Et des ruines | fort je m'estonneray . . O Melibee, | plante
arbres a la ligne.* Étienne Pasquier hat in seinen seit
1560 erschienenen 'Recherches de la France' sich gleichfalls entschieden für die Neuerung ausgesprochen; noch vor
ihm Pierre Fabri (Le grand et vray art de pleine Rhetorique,
Rouen 1521)[2]) und, nicht minder für den zwölfsilbigen Vers
als für den zehnsilbigen, Sibilet (Art poét. frç., Paris
1548). Im Jahr 1875 hat PMeyer in der Vorrede zu seiner
Ausgabe eines Abenteuerromans in Alexandrinern, des Brun
de la Montagne, dieses aus dem vierzehnten Jahrhundert
stammende Werk als ein solches bezeichnet, in welchem

---

[1]) S. darüber auch Ph. Aug. Becker, Jean Lemaire, Straſsburg
1893, S. 330.

[2]) Der Widerspruch, an dem Zschalig, Die Verslehren von Fabri,
du Pont und Sibilet, Dissert. v. Heidelberg, 1884, S. 46 Anstoſs nimmt,
besteht nicht. Fabri verlangt die Elision (*synalimphe*) des ę vor der
Cäsur, wenn dieses eine betonte vierte Silbe vor sich habe, verbietet
sie für den Fall, wo die vorangehende betonte Silbe die dritte des
Verses sei. In diesem Falle, dem der gleich zu besprechenden lyrischen Cäsur, der schwer völlig zu vermeiden sei, will er lieber Hiatus
dulden, als durch Elision den Vers zu kurz werden lassen. Diesen
Gedanken hat auch ELanglois, a. a. O. S. 79 verkannt.

schon hundert Jahre vor JEAN LE MAIRE die weibliche Cäsur
in der heute üblichen Weise behandelt wäre; von den 3925
Versen des Werkes wäre nur einer (82 *Ou les fees repai-
rent,* | *sachiez certainement*), der den für die Cäsur heute
geltenden Vorschriften nicht entspräche. MUSSAFIA hat nun
freilich in der Ztschr. f. rom. Phil. I 98 gezeigt, dafs MEYER
nicht hinlänglich genau zugesehen hat, sonst hätte er 16
Verse gefunden, wo die Elision des ę nicht möglich ist; aber
zugleich hat MUSSAFIA hervorgehoben, dafs unverkennbar sei,
wie der Dichter dem zustrebe, was MEYER als von ihm durchgeführt hingestellt hat: einmal hat er, da jene Elision herbei-
zuführen etwelche Schwierigkeit bot, überhaupt verhältnismäfsig
selten der ersten Vershälfte weiblichen Ausgang gegeben (von
100 Versen haben durchschnittlich nur 8 weibliche, 92 männliche Cäsur); und sodann hat er in der Tat von den 314
Versen, deren erstes Glied weiblich schliefst, nur 16 so zu
gestalten nicht vermocht oder so zu gestalten versäumt, dafs
Elision einträte. Dieser Sachverhalt kann sich nicht zufällig
ergeben haben, sondern mufs die Frucht eines bestimmten
Strebens sein. MUSSAFIA macht es sogar wahrscheinlich, dafs
dieses Streben an einigen Stellen zu Abweichungen von dem
natürlichen und korrekten Ausdruck geführt habe, sei es den
ursprünglichen Verfasser, sei es einen Überarbeiter. So früh
aber auch dergleichen Bestrebungen aufgetaucht sein mögen,
erst das sechzehnte Jahrhundert hat sie siegreich werden
sehen; die ältere Zeit gibt Beispiele in Menge von echter,
d. h. durch keine Elision gemilderter weiblicher Cäsur bei
betonter vierter oder sechster, und zwar nicht allein in
den Chansons de geste, sondern auch in der Lyrik, wo
man erwarten sollte, die Notwendigkeit an gleichen Stellen
verschiedener Strophen oder an gleichen Stellen einander ent-
sprechender Strophenglieder stehende Verse auf die nämlichen
Noten zu singen hätte es verwehrt einen Zuwachs um eine,
wenn auch nur tonlose, so doch immer auszusprechende Silbe
eintreten zu lassen. Man sehe die zahlreichen Beispiele,

welche ROCHAT in einem lesenswerten Aufsatze, ‚Étude sur le vers décasyllabe', Jahrb. XI 79 zusammengestellt hat (nur von zehnsilbigen Versen, die aber von den Versen mit Cäsur für die Lyrik fast allein in Betracht kommen) und die Statistik OTTEN's, Über die Cäsur im Altfranzösischen, Dissert. v. Greifswald 1884. Darunter sind freilich sehr viele, wo die hier in Rede stehende Cäsur durch ganz leichte, zum Teil auch durch ohnehin ratsame Änderung des meist nach blofs einer Handschrift gedruckten Textes zu beseitigen ist; daneben jedoch sehr viele, die man als richtig wird annehmen müssen, wie *Sor toutes au-tres | röine de biauté*, Bern. LHs. VII 3; *N'est pas merveil-le, | se me truis effraé*, VII 4; *Ains ke ma da-me | m'eüst en sa poissance*, eb. XXIII 2. In auffällig grofser Zahl trifft man solche Verse bei OTON DÉ GRANSON, s. Romania XIX S. 420, 429.

Nicht minder häufig in der Lyrik, aber auch der Epik, wie es scheint, nicht völlig fremd, ist diejenige Bildung des zehnsilbigen Verses, wonach von den vier Silben des ersten Gliedes die dritte betont und die vierte tonlos ist: *Et a Lengrẹs | seroie malbaillis*, Mitth. 17, 24; *Et dist Huedẹs: | or oi plait de folage*, eb. 183, 30 (bei einigen anderen gleichartigen Versen desselben Gedichtes ist vielleicht Verderbnis anzunehmen); *Et as autres | la voi si de bon aire*, MÄTZNER, Afz. L. III 11; *Ma promesse | m'est tournee a faillir, || Esperance | s'en est de moi alee*, eb. IV 9, 10; *Douce dame, | pour cui plaing et souspir*, eb. IV 25; *C'onques tourtre | qui pert son compaignon . . ,* eb. VII 3. GPARIS hat in der Romania VII 334 darauf aufmerksam gemacht, dafs der Dichter des Auberon die weibliche Cäsur dieser letzteren Art sich anfangs zur Regel gemacht, im Laufe seiner Arbeit aber die andere (bei betonter vierter) anzubringen sich immer öfter erlaubt habe. Man kann die männliche Cäsur nach betonter vierter die gewöhnliche, die weibliche Cäsur bei betonter vierter die epische nennen, da sie in der Lyrik doch nur eine Ausnahme bildet, und die

weibliche bei betonter dritter die lyrische, da sie in der
Epik nur vereinzelt vorkommt und in dieser auf Nachlässigkeit zurückzuführen sein mag. Die Lyrik strebt offenbar im
ganzen danach die Zahl von zehn Silben gleichmäfsig inne
zu halten, wie dies ja auch der sich gleich bleibenden Beschaffenheit der Singweise entspricht. Die gewöhnliche Cäsur
und die lyrische tun diesem Streben Genüge.

Es fragt sich, ob vielleicht auch Verse mit weiblicher
Cäsur bei betonter vierter und mit um eine Silbe
verkürztem zweitem Versgliede gebildet worden seien,
die ja eine Gesamtzahl von zehn Silben ebenfalls aufweisen
würden. Verse, die diesem Schema entsprechen, findet man
allerdings (in der Epik sind sie kaum anzuerkennen, auch
im provenzalischen Boethius sind sie möglicherweise nur durch
Verderbnis vorhanden) in der Lyrik, s. ROCHAT a. a. O. S.
89[1]): *Qu'encor ne die | je ma desirance* (wo auf *je* ein rhetori-
scher Accent liegt), MÄTZNER, Afz. L. XXII 26; *Selonc
maniere | de loial ami*, eb. XLIV 18; *Qui de s'amie |
respite sa joie*, Bern. LHs. XXIII 6; *Qu'elle te face | bien
sovent chanteir*, eb. XXIX 5; *Et lor donroie | dou mien
largement*, eb. CLXXXIX 4 u. s. w. Man wird aber besser
tun derartige Verse, die sich immer nur vereinzelt zwischen
regelmäfsig gebildeten vorfinden, einfach als solche anzusehn,
die ganz ohne Cäsur sind und dem Gesetze des regelmäfsigen zehnsilbigen Verses nur noch durch die Betonung
der vierten (und natürlich der zehnten) Silbe Genüge tun.
Gibt es doch in gleicher Vereinzelung auch andere zehnsilbige Verse, die sich noch weiter von dem zu Grunde
liegenden Schema entfernen; denn auch diejenigen lyrischen
Verse, welche, vereinzelt auftretend, die Cäsur nach betonter
sechster zu haben scheinen, wird man besser als Verse ohne
Cäsur betrachten, da es dem Wesen der strophischen Dich-

---

[1]) Wo freilich wieder ein beträchtlicher Teil der citierten Beispiele (z. B. die aus dem Alexius) zu beseitigen ist.

tung zuwiderläuft Verse verschiedenen Baues anders als nach
bestimmtem Schema miteinander zu verbinden; Beispiele auch
davon bei Rochat S. 81, andere: ·*Moult deveroit | a ma dame
desplaire,* || *Se ceste amors m'ocist,* | *bien l'en covaigne,*
Bern. LHs. CCXXII 2; *Quant plus me fait de mal,* |
et plus m'agree, eb. CCXXVIII 4; *Ensi me moinne amors,* |
ne sai coment, CCXXIX 2; *Par la soubtilleté* | *qu'elle
comprent,* Froiss., Poés. I 53, 10. Allerdings scheinen derartige Verse völlig identisch mit der weniger oft begegnen-
den Art des epischen zehnsilbigen Verses mit Cäsur
hinter der betonten sechsten, welche in einem Teile der
Chanson de geste von Aiol und Mirabel zur Verwendung
gekommen ist, ferner in der unflätigen Parodie der epischen
Chanson, Audigier (bei Barb. u. M. IV 217), in einer Ro-
manze *Lou samedi au soir* | *faut la semaine* (Rom. u. Past.
I 5; auch in dem Fragment eb. I 16) und vorübergehend in
Jehan Bodel's Jeu de S. Nicolas (Th. frç. au m. â.) S. 199[1]).
Aber hier ist diese Versart nach bestimmtem Grundsatze
durchgeführt; hier zeigt sich auch neben der männlichen die
weibliche, den Vers um eine Silbe verlängernde Cäsur, gerade
wie beim epischen zehnsilbigen Verse mit Cäsur nach der
vierten: *Et li preudom fu sages* | *et porpensés,* Aiol 1255;
En la bouche la baise, | *qu'ele ot baveuse,* Audigier 67;
Sains Nicolas porcache | *ta delivrance,* Th. frç. 199, während
dort es sich nur um vereinzelte Zeilen handelt, auch die vor-
gebliche Cäsur immer männlich sein würde[2]). Zehnsilbige
Verse ohne Cäsur ist man ja ohnehin als vereinzelte Er-

---

[1]) Was alles sonst noch Stengel in Gröber's Grundrifs § 110 hieher rechnet, fahre ich fort anders anzusehen.

[2]) Über die recht zahlreichen zehnsilbigen Verse des Aiol, wo bei
weiblicher Cäsur nach der sechsten dem zweiten Gliede eine Silbe
fehlen würde (*Ens es parens Makaire s'est mellés*), und doch Cäsur
nach der vierten anzunehmen oft ebenfalls ausgeschlossen ist (*Et dames
et pucheles et garchon*) sind die Herausgeber ungleicher Ansicht,
s. Normand u. Raynaud S. XV ff., Foerster S. XXXIII.

scheinung anzuerkennen genötigt: *Mes homes ameroie loial-
ment, Mes bons chevaliers pres de moi tenroie . . . Bons
compains lor seroie loiaulment*, Bern. LHs. CLXXXIX 4;
Il me semble en imagination, Froiss., Poés. I 54, 23; *Quant
je l'ai a l'orloge comparee*, eb. 54, 36; von ihrer Häufigkeit
im Auberon spricht GParis, Romania VII 334; so nimmt
man sie denn auch in den oben berührten Fällen an. Es
ist dabei unverkennbar, dafs die Verse, in denen eine Cäsur
nach der (betonten oder unbetonten) vierten nicht anzunehmen ist, eine fast verschwindende Minderzahl bilden, und
dafs eine Neigung die vierte mindestens betont sein zu lassen
vorwaltet, so dafs denn diese Verse ohne Cäsur mit den bei
den Italienern ganz gewöhnlichen und von ältester Zeit an
gestatteten Endecasillabi ohne Cäsur, aber mit betonter vierter
oder sechster, zusammenfallen. Voltaire hat, wohl ganz allein
unter den neueren Dichtern, in seinen Komödien zwischen
die zehnsilbigen Verse aus ungleichen Gliedern der heutzutage allein vorkommenden Art (4+6) hie und da solche mit
umgekehrter Anordnung der Glieder (6+4) treten lassen, s.
Quicherat 181 [1]).

∙Erhält der zehnsilbige Vers seine Cäsur nach betonter fünfter Silbe, so nimmt er dadurch, dafs er dann

---

[1]) So z. B. *Exceptez-nous du moins | de la sentence*, la Prude
I 1; *Un tel mérite est rare, | il me surprend*, eb. I 2, oder deutlicher:
Nous en sommes fort près, | et notre gloire ‖ N'a pas le sou, eb. I 3;
Il n'est pas mal fait. — Ah. — | C'est un jeune homme, eb. II 1; *Il
est si sérieux.— | Si plein d'aigreur*, eb. II 1; *Il dit que je suis belle
— | Il n'a pas tort*, eb. II 7; *Il ne repose point, | car je l'entends*,
eb. III 4; *Vous en êtes capable. — | Assurément*, Nanina I 1; *De
trois cents louisd'or; | n'y manquez pas*, eb. I 9; *Crève tous les che-
vaux. | Vous voilà pris*, eb. II 1. Wenn Clair Tisseur (1894) zwischen
Verse der bei Voltaire abwechselnden Arten auch noch solche treten
läfst wie *Paré de fleurs divines un autel* oder *Une source frigide, mur-
murante*, so ergibt sich eben das oben als bei den Italienern jederzeit
üblich gewesen bezeichnete Verfahren. S. dazu auch Jeanroy in Romania XXXI 437.

in zwei gleiche Teile zerfällt, einen ganz anderen Charakter
an. Schon die altfranzösische Dichtung hat von diesem Verse
Gebrauch gemacht und hat dann, wie bei dem in ungleiche
Teile (4+6 oder 6+4) zerfallenden Verse, bisweilen auch
weibliche Cäsur, hier also bei betonter fünfter Silbe eintreten
zu lassen sich erlaubt; allerdings in eigentlich lyrischen
Stücken nur selten. Beispiele der Anwendung dieses Verses
sind die Romanze ganz volkstümlichen Charakters *Quant ce
vient en mai,* | *ke rose est panie,* Rom. u. Past. I 33; der
Anfang des Lai III bei JEANROY, BRANDIN, AUBRY; die
Nummern 31, 38, 131, 132, 148 der Balletes der Oxf. LHs.
(Archiv f. d. St. d. n. Spr. IC S. 347 ff.); das Lied *En
tous tens se doit* | *fins cuers esjöir,* Bern. LHs. CLVIII,
wo an drei Verse von dem Baue dieses ersten sich ein fünf-
silbiger weiblicher und ein Refrain aus zwei fünfsilbigen
männlichen und einem fünfsilbigen weiblichen anschliefsen;
das Lied *Lonc tens ai esté* | *en ire sans joie,* eb. CCC, wo
das Reimen der vor der Cäsur stehenden Wörter für einen
Teil der Strophen Fünfsilbigkeit der Zeilen würde annehmen
lassen; weitere Beispiele aus alter Zeit s. bei ROCHAT S. 84,
bei QUICHERAT 178 Anmerkung, ein ferneres bietet das ko-
mische Stück ‚Le Savetier Baillet‘ (mit sehr zahlreichen weiblichen Cäsuren), gedruckt in Romania III 103 und bei MONT.
Fabl. II 24. Nach längerer Unterbrechung im siebzehnten
Jahrhundert wieder aufgebracht, ist diese Art von Versen
durch VOLTAIRE im Artikel *Hémistiche* seines Dictionnaire
philosophique zu unbedingt als eintönig verworfen worden;
neuere Dichter haben den so geteilten Vers mit Glück verwendet, untermischt mit anderen, namentlich mit fünfsilbigen;
BÉRANGER in Les Révérends Pères: *Et que vos enfants* |
suivent nos leçons; ‖ *C'est nous qui fessons* ‖ *Et qui refessons* ‖
Les jolis petits, | *les jolis garçons* (♪♪♪♪| ♩♪♪♩| ♩ ist
in der zugehörigen Singweise der Rhythmus für die zehnsilbigen Verse), in La Messe du Saint Esprit, in Le Tourne-
broche; BRIZEUX (*Écrase à tes pieds* | *la mélancolie,* ‖ *Cette*

fleur du nord | et d'un ciel souffrant, || Dont le froid calice, |
inondé de pluie, || S'exhale en poison, | et trouble Ophélie ||
Le long du torrent), A. DE MUSSET, SPRUDHOMME, FCOPPÉE[1]).

Für den zwölfsilbigen Vers, dem man, wenn nicht
früher, in der ersten Hälfte des fünfzehnten Jahrhunderts
wegen seiner Verwendung in Alexander - Dichtungen den
Namen Alexandriner gegeben findet in den *Regles de la*
seconde Rhetorique (s. ELANGLOIS, De artibus rhetoricae
rhythmicae S. 30 und STENGEL a. a. O. § 60), ist kaum je
eine andere Art der Cäsur üblich gewesen als die in der

---

[1]) Accentuierende lateinische Verse stellen sich den meisten Arten
dieser zehnsilbigen Verse an die Seite. Cäsur nach der vierten, männ-
lich: *Pois icel tens | que deus nos vint salver* = *O natio | nefandi gene-*
ris, || *Cur gratiæ | donis abuteris,* s. WMEYER, Ludus 158; episch: *Bons*
fut li siecles | al tens ancïenor = *Beata eris | ex mulieribus* (Umbil-
dung des alkäischen Verses *Vides ut alta stet nive candidum*), eb.
99; lyrisch: *Et a Lengres | seroie malbaillis* = *Sed quid loquor,* | *qui*
loqui nescio, eb. 158; ohne Cäsur bei weiblichem Versschlufs: *Qu'en-*
cor ne die je ma desirance = *Terra marique victor honorande* (Umbil-
dung des sapphischen Verses *Jam satis terris nivis atque diræ*), eb. 92,
bei männlichem Versschlufs *Selonc maniere de loial ami* = *O viri fortes,*
vobis dabimus, eb. 158. Cäsur in der Mitte: *En tous | tens se doit |*
fins cuers esjöir = *Portæ claviger | aulæ cœlicæ,* eb. 153; bei weib-
lichem Versschlufs: *Quant ce vient en mai | que rose est panie* = *De*
pollicito | mea mens elata || *In proposito | vivit animata,* eb. 154. Für
die Voranstellung des sechssilbigen Gliedes scheinen lateinische Seiten-
stücke zu fehlen; nur der weiblich schliefsende ist mit dem accentuierend umgebildeten phaläcischen eb. 99 zusammen zu stellen: *Je*
vous commant a dieu, | *le fil Marie* = *Inter innumeros | quos misit*
sanctos. Die viel erörterte Frage nach dem Ursprung der zehnsilbigen
Verse will ich damit nicht beantwortet haben. Neuere Äufserungen darüber
sind die von PRAJNA, Le origini dell'epopea francese, Firenze 1884, cap.
XVIII, VHENRY, Contribution à l'étude des origines du décasyllabe roman,
Paris 1886 (dazu LHAVET und GPARIS in Romania XV 125 und 137),
THURNEYSEN in Zts. f. roman. Philol. XI 305, STENGEL § 34, EICK-
HOFF, Der Ursprung des rom. germ. Elf- und Zehnsilblers aus dem
von Horaz in Od. 1—3 eingeführten Worttonbau des Sapphischen Verses,
Wandsbeck 1895 (dazu PABECKER in Lit. Bl. 1896, 133).

Mitte[1]); ROCHAT nimmt zwar S. 75 an, es seien zwölfsilbige
Verse auch aus zwei Stücken, von acht und von vier
Silben, gebildet worden; aber die von ihm beigebrachten
Beispiele lehren dies keineswegs: in dem Gedichte Nr. 391
Bern. LHs. (= Nr. 1971 RAYN.) ist die letzte Zeile jeder
Strophe überhaupt nicht zwölfsilbig, sondern neunsilbig, und
die ihr jedesmal vorangehende Gruppe von drei Silben bildet
eine eigene Zeile, die noch dazu ihren besonderen, von
ROCHAT blofs übersehenen Reim hat: *Ne ja mais,* || *S'a ceste*
amor fail, ne soie amez, wie in Strophe 1 *Por coi (je) lais* ||
La fausse plaine de crualtex; die übrigen Beispiele sind
sämtlich dem Renart le Nouvel entnommene Liederfragmente,
von denen man keinen Grund hat anzunehmen, dafs sie je
eine Liedeszeile bilden: *A dieu comant vieles amours,* |
noveles ai und *Ja mais amours n'oublïerai,* | *n'onques ne*
fis wird man in zwei Zeilen zu zerlegen haben, wie z. B.
BARTSCH, Rom. u. Past. IH 28, 49 mit einem eben solchen,
aus einem fremden Liede entlehnten Strophenschlufs getan
hat: *A dieu comant je mes amors* || *Qu'il les me gart,* oder
II 102, 19 *Mignotement la voi venir,* || *Cele cui j'aim.* Auch
das bei JEANROY S. 495 gedruckte Lied (= Nr. 983 RAYN.)
zeigt in seinen zwölfsilbigen Zeilen wechselnde oder gar keine
Cäsuren. Endlich *Ja ne serai sans amor en jour de ma*
vie wird nach *amor* zu teilen sein, also in 7+5, wie die sämt-
lichen Verse des von JEANROY S. 355 und Romania XXII
65 zu Z. 90 erwähnten Liedes und mit Ausnahme der zweiten
Strophe die der Ballete in der Oxf. LHds. V 130 im Archiv

---

[1]) Der lateinische accentuierende Vers, der sich ihm an die Seite
stellt, ist der aus dem asklepiadeischen (*Mæcenas, atavis edite*
regibus) hervorgegangene: *Sit deo gloria* | *et benedictio,* || *Johanni pariter,* |
Petro, Laurentio, s. WMEYER, Ludus 100. Seitdem PELLISSIER in seinem
Le mouvement littér. au 19ᵉ siècle, 1890 und in Essais de litt. contemp. 1893, FWULFF, La rythmicité de l'alexandrin français, Lund 1900
(dazu GRAMMONT in Rev. d. langues rom. XLIV 84, Tobler in Arch.
f. d. Stud. d. n. Spr. CVI 221).

IC 372 (s. auch Tisseur S. 74 Anm. und in seinen Pauca paucis S. 290: *Pas un atome ne peut, dans l'ardente flamme, S'anéantir; rien ne meurt, tout se recompose*). Dagegen hat Mussafia in Romania XV 423 bis 428 in zweien der kleineren Werke Beaumanoir's Zwölfsilbler der Form 8+4, zum Teil 4+4+4 nachgewiesen, die freilich bisweilen schlecht überliefert waren, auch gewisse Unregelmäfsigkeiten zeigen; auch in der Ballete 93 der Oxf. LHds. würden Verse aus 8+4 Silben neben achtsilbigen sich leicht herstellen lassen. Streng durchgeführt erscheint die Gliederung 8+4 in dem Volkslied *Allons au bois, charmante brune, allons au bois* bei Crane, Chansons popul. S. 1,[1]) und ziemlich streng, wenigstens immer mit Accent auf der vierten, der achten und der zwölften Silbe, wenn gleich nicht ausnahmslos mit Pause hinter diesen Versstellen bei dem unternehmungslustigen ClTisseur in Pauca paucis S. 256: *Et la tunique diaphane, et ses tiédeurs Qui dans les airs semblaient répan\dre les ardeurs, Et le flot d'or ambrosien des molles tresses, Où dont sont-ils?*

Elfsilbige Verse sind im ganzen selten zur Anwendung gekommen; doch fehlt es weder in der altfranzösischen noch in der neufranzösischen Dichtung (in der Lyrik) völlig an Beispielen davon. Die neuere scheint ihrer nur mit der Cäsur entweder nach der fünften oder nach der sechsten Silbe zu kennen, innerhalb eines Gedichtes aber nur mit der einen oder der andern; ersteres ist namentlich in solchen Versen vorgekommen, die den Sapphicus minor $- \smile - - \smile \parallel \smile \smile - \smile - -$ (*Jam satis terris nivis atque diræ*) nachbilden sollen: *Vous qui les ruisseaux ⌋ d'Hélicon fréquentez, ‖ Vous*

---

[1]) Provenzalisch findet sich der zwölfsilbige Vers mit männlicher Cäsur entweder nach der vierten oder nach der achten Silbe in der Übersetzung der Chirurgie des Roger von Parma; s. darüber Thomas, Romania X 63, XI 210. Der iambische Trimeter des Altertums erscheint hier accentuierend nachgebildet, aber anders gegliedert als er in der lateinischen Dichtung des Mittelalters auftritt (*Audi me, deus, peccatorem nimium*).

*qui les jardins | solitaires hantez, ‖ Et le fond des bois, |
curieux de choisir ‖ L'ombre et le loisir,* RAPIN, Ode auf
RONSARD bei GRAMONT S. 95; aber auch sonst und in ganz
neuer Zeit kommt dieser Vers vor, namentlich in Dichtung,
die für den Gesang bestimmt ist: *Non, non, ce n'est point |
comme à l'Académie* (♪♪♪♪| ♩.♪♪♪♪♪| ♩♩), BÉRANGER,
L'Académie et le Caveau; *Je veux bien, dit il, | que le diable
m'emporte,* derselbe, Le bon Dieu. S. QUICHERAT S. 546, wo auch
Beispiele der Form 6+5. Neueste Versuche, wie die von PVER-
LAINE, EAUBÉ, mengen Zeilen der Formen 4+7 und 5+6 oder
7+4 und 6+5; in solchen des Schweizers WARNÉRY (Sur l'Alpe)
findet man Reihen aus 6+5 mit denen aus 5+6 untermischt,
während CL TISSEUR in Pauca paucis S. 286 sich an 7+4 hält.

Die altfranzösische Dichtung scheint diesen Vers ohne Cäsur gebraucht zu haben, und gerade in volkstümlichen Liedern:
*L'autrier tous seus chevauchoie mon chemin; ‖ A l'issue de
Paris par un matin ‖ Öi dame bele et gente en un jardin*
u. s. w. Rom. u. Past. I 64, wo man zwar vielfach, aber doch
nicht immer eine Cäsur nach der siebenten würde annehmen
können. So auch in zwei Liedern des GONTIER DE SOIGNIES
bei SCHELER, Tr. Belg. II 6 und 21, dort mit männlichem,
hier mit weiblichem Schlusse, in Nr. 329 der Bern. LHs.
(= Nr. 428 RAYN.), in den Nummern 18, 50, 127, 128, 134,
138 der Balletes der Oxf. LHs. und in den Lais bei JEAN-
ROY, BRANDIN, AUBRY Nr. III und XXV; s. ferner JEANROY
S. 344, BÉDIER, De Nic. Museto S. 77. Unzweifelhafte Cäsur
nach der fünften bei weiblichem Versschlusse zeigt Bern. LHs.
Nr. 384 (= Nr. 1301 RAYN.) Man begegnet der ersteren Form
auch in einzelnen Versen, die aus fremden Liedern herübergenommen sind: *Vos direz quanque voldrez, mais j'amerai,* Rom.
u. Past. I 39, 23; I 40, 8; *Tel mari n'avés vos mie ke jou
ai, ‖ Il dist k'il me batera ou j'amerai,* eb. I 67; wiederum
regelmäßig in den vier Schlußzeilen jeder Strophe von I 68:
*Moult doucement li öi dire et noter: ‖ Honis soit qui a vilain
me fist doner! ‖ J'aim moult mieus un poi de joie a deme-*

ner ‖ *Que mil mars d'argent avoir et puis plorer.* S. Bartsch, Rom. u. Past. Anmerkung zu I 24, 2 und Zts. f. roman. Philol. II 195, III 359; dagegen GParis, Romania IX 188, WMeyer, Ludus 90 und 145, dessen Typus *homo, leo,* | *vitulus et aquila* die französischen Elfsilbler nur zum allerkleinsten Teile sich anschliefsen. Zu wirklicher Cäsur kommt es bei diesem Verse nicht immer, selbst wo seine siebente Silbe regelmäfsig betont ist; häufig ist diese von der tonlosen achten untrennbar, und erscheint dann das zweite Glied auf drei Silben beschränkt. In andern Fällen ist nicht einmal die Betonung der siebenten vollzogen: *S'est bien drois que j'en face sa volenté,* Colin Muset II 7; doch liefse sich hier noch von ,lyrischer Cäsur' reden. Aber man mag das Wort ,Cäsur' mifsbrauchen wie man will, schwerlich wird man es anwenden können auf etwas, das nach der siebenten einträte in Versen wie *Ja de joie faire ne serai eschis,* eb. II 11 oder in *Mes je croi bien qu'il le me rende et recroie,* bei Jeanroy, Textes VII 12 oder in den von Jeanroy S. 345 Anm. 1 angeführten Versen. Nur der Unverstand des Herausgebers hat elfsilbige Verse hergestellt in der ,Deuxième Chanson' bei GCoins. 385: *Ma viele vieler veut un biau son* ‖ *De la bele qui seur toutes a biau non,* ‖ *En cui diex devenir hon vout jadis,* ‖ *Dont chantent en paradis* ‖ *Angre et archangre a haut ton,* was zu schreiben ist: *Ma viele* ‖ *Vieler veut un biau son* ‖ *De la bele* ‖ *Qui seur toutes a biau non,* ‖ *En cui diex devenir hon* ‖ *Vout jadis* . .

Neunsilbige Verse sind ebenfalls ziemlich selten, und nur in der Lyrik üblich gewesen: *Je ne sai dont li maus vient que j'ai, Mais adès loiaument amerai,* Rom. u. Past. I 65, 10 (entlehnte Verse); ebenso je die fünfzehnte Zeile jeder Strophe eb. I 38, die erste Refrainzeile von Nr. 34, die letzte Zeile jeder Strophe von Nr. 391 der Bern. LHs. (=Nr. 1422 und 1971 Rayn.); Z. 62 und 64 des Descort von Colin Muset Nr. VI bei Jeanroy, Brandin, Aubry; Z. 41 und 42 desjenigen des Gautier de Dargies eb. Nr. III; die geraden

Zeilen der vierten Strophe in dem Dou chievrefueil Nr. XXII
und in dem danach gebildeten Nr. XXIX; BARTSCH, Langue et litt. Sp. 516 Nr. 4; Nr. 25 der Balletes der Oxf.
LHds. s. auch JEANROY 353. Hat er hier nur selten eine
Cäsur und zwar nach der fünften, so scheint er dagegen in
der neufranzösischen Dichtung, wo er übrigens auch selten
ist, fast nur mit der Cäsur nach der dritten vorzukommen,
so bei MALHERBE Nr. LXXVI: *Sus debout, la merveille des
belles, || Allons voir sur les herbes nouvelles* u. s. w.; *On
languit, on meurt près de Sylvie*, LA FONT., Chanson;
*D'Adonis c'est aujourd'hui la fête, || Pour ses jeux la jeu-
nesse s'apprête*, VOLTAIRE, Samson III 1; weitere Beispiele
bei TISSEUR S. 116 ff. und bei KEDUARD MÜLLER, Über
accentuierend-metrische Verse, S. 58 (hier immer anapästische
Bewegung wie in einigen der eben angeführten) und S. 71
(wo VAN HASSELT bei weiblichem Schlusse die Accente auf
die Silben 1, 4, 6, 9 legt). PVERLAINE hat es auch mit diesem
Verse versucht und dabei die Cäsur bald hinter der dritten
bald hinter der vierten Silbe eintreten lassen [1]).

Der achtsilbige Vers, der in altfranzösischer Dichtung
neben dem zehn- und dem zwölfsilbigen am häufigsten vorkommt, indem er das gewöhnliche Mafs der zum Vorlesen
(nicht zum Singen) bestimmten metrischen Erzählung (Roman,
Conte, Fablel), der didaktischen Dichtung, der Reimchronik,
der Bühnendichtung ist, aber auch in der Lyrik seine Stelle
hat (s. die Romanzen bei BARTSCH, Rom. u. Past. I 10, 11,
15, 25, 36, 42 u. s. w., die Pastorellen eb. II 28, 38, 41, 50,
57, 60 und III 13 oder die Lieder in der Bern. LHs. Nr.
216, 289, 405, 407, 249, 361 u. s. w. = Nr. 389, 207, 310,
1934, 1649, 1894 RAYN.) hat in der neufranzösischen Dichtung an Boden verloren, indem er kaum mehr anders als in
den leichten und scherzhaften Gattungen Anwendung findet,
und zwar namentlich in Dichtungen geringeren Umfangs.

---

[1]) S. dazu auch LANG, Das Liederbuch des Denis von Portugal,
Halle 1894 S. CXI.

Dieser Vers ist cäsurfrei, wie es bei seinem geringen Maſse natürlich ist, oder man müſste aufeinander folgende viersilbige miteinander reimende Verse zu achtsilbigen mit Binnenreim verbinden wollen (*En un flori* ‖ *Vergier joli* ‖ *L'autre jor m'en entroie;* ‖ *Dame choisi* ‖ *Leis son mari,* ‖ *Qui forment la chastoie,* Rom. u. Past. I 35; ganz ebenso I 63 oder II 58, oder bei Béranger: *Amis, c'est là,* ‖ *Oui c'est cela,* ‖ *C'est cela qui m'enrhume, L'enrhumé; Leurs vers badins,* ‖ *Francs et malins* ‖ *Aux moins joyeux faisaient battre des mains.* ‖ *Ah, rappelons à Marguerite* ‖ *Leurs vieux airs et leurs gais refrains, Bouquet à une dame;* und auf die gleiche Melodie: *Et pour choquer,* ‖ *Nous provoquer,* ‖ *Le verre en main, en rond nous attaquer,* ‖ *D'abord nous trinquerons pour boire* ‖ *Et puis nous boirons pour trinquer,* Trinquons). GParis nimmt an, daſs in der ältesten Zeit (jedoch schon im elften Jahrhundert nicht mehr) auch der achtsilbige Vers eine Cäsur und zwar in der Mitte gehabt habe, und ten Brink pflichtet ihm darin bei, s. Ét. sur le rôle de l'accent S. 128 Anmerkung und des letzteren Conjectanea in histor. rei metr. S. 25, ferner GParis in seiner Ausgabe der Passion und des Leodegar Rom. I 292 und II 295 sowie in der Vorrede zur französischen Übersetzung dieses Büchleins S. XI, Rajna, Orig. dell'epopea franc. S. 500, PMeyer, Alexandre dans la litt. du moyen âge II S. 74, Jeanroy S. 351 Anm. 2, Stengel § 93. Die vierte Silbe von den acht des im Leodegar immer männlichen, in der Passion teilweise weiblichen Verses ist in der Mehrzahl der Fälle betont und die letzte eines Wortes: *Domine deu* | *devemps lauder* ‖ *Et a sus sancz* | *honor porter;* ‖ *In su' amor* | *cantomps dels sanz*; aber daneben fehlt es doch auch an solchen nicht, welche trotz der Betonung der vierten eine Cäsur gleich hinter ihr nicht erlauben, da die vierte nicht die letzte des Wortes ist: *Quae por lui áugrẹnt granz aanz,* noch an solchen, in denen die vierte tonlos, dagegen die dritte betont ist, so daſs sich eine Cäsur von der Art der oben lyrisch genannten des zehnsilbigen Verses ergäbe: *Que il áuurẹt | ab dûos seniors* oder *Il lo présdrẹnt | tuit a conseil.* Da nun auch von denen der ersten Gattung viele so beschaffen sind, daſs der Zusammenhang der Rede eine Unterbrechung nicht erlaubt (*Qui lui a grand | torment occist,* 2 f; *Quandius al suo | consiel edrat,* 12 c; *Por deu nel volt | il observer,* 23 d), so erscheint es sehr fraglich, daſs auch für die älteste Zeit die Cäsur im achtsilbigen Verse mehr als das Ergebnis des Zufalls oder bèsser mehr als etwas aus der Natur des Verses und der Sprache ungesucht und ungewollt Hervorgehendes gewesen sei. In der Passion stellen sich die Verhältnisse der Annahme einer Cäsur nach betonter vierter Silbe etwas günstiger; eine beträchtliche Zahl von Versen, wo die dritte betont und die vierte tonlos, eine Unterbrechung aber möglich ist, steht daneben. Es fehlt *jedoch* auch an solchen nicht, die keine Cäsur haben können, indem die vierte Silbe von der fünften nicht getrennt werden kann[1].)

Es sind gelegentlich auch Verse vorgekommen, die über das Maſs des Alexandriners hinausgehen, drei- zehn- und vierzehnsilbige, neufranzösisch indessen schwerlich anders als in Dichtungen, die für den Gesang bestimmt sind; sie erhalten ihre Cäsur je nach der Gliederung der Musik. Quicherat gibt S. 547 Beispiele von dreizehn- und von vierzehnsilbigen Versen Scarron's und Béranger's; der dreizehnsilbige weibliche des letzteren *Le peuple s'écrie: oiseaux, | plus que nous soyez sages* besteht aus 7+6⌣ und hat in der Musik eine Pause nach *oiseaux* ♪ ♪ ♪ ♪ | ♪ ♪ ♪ ♩ ♪ | ♪ ♪ ♪ ♪ | ♫ ♪ ⸯ | [2]). Tisseur S. 130 führt

---

[1]) Aus der zweiten und der dritten Auflage wiederholt! Wer nicht übersehen hat, wie S. 93 ‚Cäsur‘ definiert ist, wird nicht verlangen, daſs ich eine Cäsur im achtsilbigen Verse anerkenne. Jeanroy beklagt sich über die *ambiguité* des Wortes. Früher wuſste jedermann, was darunter verstanden sei; wenn dem heute nicht mehr so ist, so habe wahrlich nicht ich das verschuldet. Vielleicht entschlieſsen sich, die von anderem als Cäsur reden wollen, künftig auf das Wort Cäsur zu verzichten.

[2]) Vgl. *Scribere proposui | de contemptu mundano. || Jam est*

dreizehnsilbige von BANVILLE an, die nach der fünften
Silbe ihre Cäsur haben, und andere von RICHEPIN, die aus
6+7 bestehen; er selbst hat in Pauca paucis S. 288 es mit
solchen aus 4+9 versucht: *O Père saint,* | *si tu détenais*
dans ta main droite || *Ce pur trésor* | *qu'éternellement l'homme*
convoite, || *La vérité!* | *puis dans l'autre main l'ardent dé-*
sir. || Die aus VERLAINE und MORÉAS beigebrachten gewähren
die Möglichkeit einer Pause bald an einer bald an einer anderen Stelle und werden infolgedessen schwerlich von irgend
einem *Ohre* als Reihen gleicher Länge empfunden werden,
so genau die Rechnung stimmt, wenn man an den Fingern
nachzählt. Vgl. Archiv f. d. Stud. d. neu. Spr. LXXXIX
110. Beispiele aus alter Zeit gibt JEANROY S. 152, doch
weist hier, was er als siebensilbiges erstes Glied genommen
wissen will, öfter Endreim auf und wird daher besser als
selbständiger Vers gefafst.

Einem eigentümlichen vierzehnsilbigen Verse begegnet man an einigen Stellen der Vie de S. Auban und
schon in der Reimchronik des JORDAN FANTOSME (zwölftes
Jahrhundert), also bei anglonormannischen Dichtern; desgleichen in Strophe 127 ff. und an späteren Stellen des an
Unregelmäfsigkeiten aller Art überreichen Gedichtes De Venus la deesse d'amor. Er hat *jedenfalls* die Cäsur nach der
achten Silbe, oft aber zerlegt sich das achtsilbige Stück ganz
von selbst in zwei viersilbige Stücke mit betonter vierter Silbe;
so z. B.: *Ne flechirai* | *pur nule mort,* | *tant [seit] crüele e*
dure. || *Mahom reni,* | *k'en enfer trait,* | *ki lui sert e honure;* ||
En Jesu crei, | *Jesu reclaim,* | *Jesus m'haid e sucure,* SAub.
607; *Ki prechera* | *des ore mais* | *de cele lei nuvele,* || *Acurer*
frai | *u enfundrer* | *de teste u de cervele,* eb. 1262; *Après*
chanta | *li roietel* | *a haute vois serie,* Venus 127. Doch
trifft man diese Nebencäsur nach der vierten Silbe nicht

---

hora surgere | *de somno mortis vano,* DU MÉRIL, Poés. pop. lat. 1847
S. 125.

überall, und die Verse sind auch sonst voller metrischer Fehler[1]). In neuerer Zeit hat CLAIR TISSEUR mehrfach Verse dieses Baus gedichtet: *Le souvenir,* | *comme un serpent,* | *mordit le cœur d'Hélène* ‖ , Pauca 263; *L'odeur de sang* | *était mêlée* | *à la chaude poussière* ‖ , 273; *Celui qui sait* | *les voluptés* | *de la divine paix* ‖ , 292. Vierzehnsilbige aus zwei gleichen Teilen (7+7) bestehende, bisweilen mit weiblicher (epischer) Cäsur, findet man in Nr. 94 und 124 der Balletes der Oxf. LHs. (Archiv IC 364, = RAYN. 2028, 1926) und andre führt JEANROY S. 345 ff. vor; sie mit ihm fünfzehnsilbig zu nennen, weil die Form 7 ⌣ +7 begegnet, seh ich keinen Grund; etwas anderes wäre es, wenn daneben auch die Form 7+8 vorkäme, die BAÏF (s. TISSEUR S. 135) gewagt hat. Die sechzehnsilbigen Verse, die SUCHIER (Über die MPARIS zugeschriebene Vie de S. Auban, Halle 1876) bei FANTOSME finden will, entschliefst man sich schwer als solche anzuerkennen. Unzweifelhafte Verse solches Mafses aber, mit der (epischen) Cäsur nach der achten Silbe findet man zu vierzeiligen einreimigen Strophen verbunden in einem Gedichte über die fünfzehn Zeichen vor dem *jüngsten* Gericht, dessen Anfang im Jahrb. für rom. u. engl. Lit. VII 403 abgedruckt ist, ebensolche gegen Ende des Gedichtes De Venus, Str. 306 und 307, und paarweise gereimt in einer Plainte nostre dame, Romania XV 309[2]).

Stärke der Cäsur. Es liegt in der Natur der Sache, dafs, ganz so wie bei Anwendung kürzerer Verse die am Versschlufs eintretende Unterbrechung der Rede eine weniger be-

---

[1]) Von dem entsprechenden lateinischen Verse *Tunc postulantur tesseræ,* | *pro poculis jactatur* oder *Nunc comprimas* | *has lacrymas* | *et luctum qui te urget,* dessen Cäsursilben freilich gereimt werden, spricht WMEYER, Ludus 172.

[2]) *Pur ceus et celes qui n'entendent,* | *quant oient lire le latin* ‖ ... *Car ausi bien les dei amer* | *cume les clercs en charité* ‖ . Bei männlichem Ausgang beider Versglieder stimmt der Vers mit der von WMEYER, Ludus 94 unter VIII 1 erwähnten Langzeile.

deutende sein darf als bei der Anwendung längerer Verse,
wie also bei kürzeren Versen Redeglieder durch den Versschluſs getrennt sein dürfen, die in längeren Versen nicht
durch ihn getrennt werden könnten, ohne daſs ein tadelns-
wertes Enjambement sich ergäbe (s. z. B.: *Gardiens de nos* ||
Arsenaux, || *Cédez-nous les tonneaux* || *Où vous mettiez vos
poudres,* Béranger, la grande Orgie), so auch die Cäsur eine
schwächere werden, d. h. enger zusammengehörige Redeglieder trennen darf, wo die zu trennenden Versglieder geringeren Umfang haben. Indessen geht doch die Länge der
Versglieder über ein gewisses Maſs (vier oder drei Silben)
nicht hinunter, während es Verse von einer einzigen Silbe
gibt; und so kann denn für die Cäsur noch eher als für den
Versschluſs bestimmt werden, welche Arten des Redezusammen-
hangs durch sie nicht unterbrochen werden dürfen.

1. Es dürfen, da die Cäsur hinter betonter Silbe eintritt, keine solchen Wörter ihr unmittelbar vorangehen, die
in zusammenhängender Rede ohne eigenen Accent sind
und proklitisch sich mit einem nachfolgenden Worte verbinden: also nicht Artikel, possessive und demonstrative Ad-
jectiva, die tonlosen Pronomina vor dem Verbum (auch nicht
diejenigen, die einen andern Vokal als *ę* haben), einsilbige
Präpositionen.

2. Es gibt andere Arten von Wortzusammenhang, welche
im allgemeinen auch für zu eng gelten können, als daſs sie
durch die Cäsur geschieden werden dürften, die man *jedoch*
dessenungeachtet da oft durch sie geschieden findet, wo das
zweite Versglied an keiner Stelle eine Unterbrechung
der Rede mehr gestattet. Solcher Art ist die Verbindung zwischen einem Hilfsverbum und einem unmittelbar
folgenden Participium perfecti oder die zwischen einem Verbum der Modalität und einem unmittelbar folgenden In-
finitiv; man findet daher gut: *Hé bien, mes soins vous ont |
rendu votre conquête,* Racine, Androm. III 2; *C'est ma
mère, et je veux | ignorer ses caprices,* Britann. H 1; *Mes*

plaintes ont déjà | précédé vos murmures, eb. I 3, wo noch *déjà* dazwischen tritt und die Trennung erleichtert; *Agrippine ne s'est | présentée à ma vue,* eb. III 9; *Je m'en souviens. J'avais | perdu toute mémoire,* PONSARD, Lucrèce IV 3. Gleicher Art ist die Verbindung zwischen *être* und dem prädikativen Adjektiv oder Substantiv, wenn dieses unmittelbar folgt: *La vertu n'était point | sujette à l'ostracisme,* BOILEAU, Sat. XI; *point de portail | où jusques aux corniches ‖ Tous les piliers ne soient | enveloppés d'affiches,* eb. Sat. IX. Der enge innere Zusammenhang des zweiten Versgliedes ist auch hier nicht erforderlich, wofern durch Inversion *être* von dem prädikativen Adjektiv getrennt wird: *Votre nom est dans Rome | aussi saint que le sien,* RACINE, Britann. I 1. Eine aus *de* und einem Substantiv bestehende adnominale Bestimmung soll gleichfalls das ganze zweite Versglied füllen, wenn sie durch die Cäsur von dem durch sie bestimmten Worte getrennt werden soll: *Néron naissant ‖ A toutes les vertus | d'Auguste vieillissant,* eb. I 1. Strengere Theoretiker mifsbilligen daher Cäsuren wie die folgenden: *plus de bien me feroit ‖ Que je n'aurois | de mal à voir sortir ‖ Mon sang pourpré | et mon âme partir,* JODELLE, Cléop. III; *Et Bacchus qui le cœur | des hommes reconforte,* RONSARD, Œuvres VII 56; *luy donner ‖ Une mitre et pasteur | des peuples l'ordonner,* eb. VII 66; *Vray fils de la valeur | de tes pères, qui sont ‖ Ombragez des lauriers | qui couronnent leur front,* REGNIER, Sat. I. Gleiches gilt von adnominalen Bestimmungen, die aus Adjektiven bestehen, wenn das Bestimmte im ersten Versglied steht, von Objekten und von andern adverbialen Bestimmungen, wenn das Verbum vorangeht und am Schlusse des ersten Versgliedes steht, vom Verbum, wenn das Subjekt unmittelbar vor der Cäsur steht: *Qu'il s'en prenne à sa muse | allemande en françois,* BOILEAU, Sat. IX; *Il se souvient du jour | illustre et douloureux,* RACINE, Bérén. I 3; *Ils nous feront | une France à leur taille,* BÉRANGER, les

10000 francs; *Il n'est que trop instruit | de mon cœur et du vôtre,* RACINE, Britann. III 7; *Mes yeux alors, mes yeux | n'avaient pas vu son fils,* ders., Phèdre II 1; *Non, madame, les dieux | ne vous sont plus contraires,* eb. II 1. Auch die zweisilbigen, mit betonter Silbe endigenden Präpositionen können unter gleichen Umständen durch die Cäsur vom Substantiv getrennt werden: *Vous ne pippex sinon | le vulgaire innocent,* RONSARD VII 61; *Le feu sort à travers | ses humides prunelles,* BOILEAU, Épitre IV; aus Klassikern des siebzehnten Jahrhunderts gibt QUICHERAT S. 17 Beispiele; ein modernes: *Que la chose aille avec | cette simplicité,* AUGIER, Ciguë I 3. Der in all diesen Fällen leitende Grundsatz ist dieser: die Cäsur darf auch solche Satzglieder voneinander trennen, die in engerem Zusammenhange stehen, wofern nur nicht hinter ihr eine stärkere Unterbrechung der Rede eintritt, da sonst, namentlich wenn auch am Versschlufs nur ein geringer Einschnitt vorhanden sein sollte, Gefahr wäre, die Natur des Verses könnte verkannt werden. Eine kunstgemäfse Behandlung der Cäsur gehört zu den schwierigsten Aufgaben der dichterischen Technik, besonders in Dichtungen, die von Anfang bis zu Ende denselben Vers festhalten: die Cäsur tritt hier immer an gleicher Stelle ein, sie hat heute tatsächlich immer dasselbe Geschlecht, sie soll auch immer einigermafsen fühlbar bleiben; dabei aber soll doch die Eintönigkeit eines immer gleichen Wechsels zwischen vier- und sechssilbigen Redestücken bei zehnsilbigem Verse und die einer ununterbrochenen Folge sechssilbiger Redestücke bei zwölfsilbigem soviel wie möglich vermieden werden. Es ist dies nur bei der sorgsamsten Verteilung stärkerer und schwächerer Cäsuren in Verbindung mit gut berechneter Abwechselung zwischen schwereren und leichteren Einschnitten am Versschlufs und am Schlusse der Reimpaare erreichbar. Aufserdem steht ja dem Dichter immer noch frei, an anderen Stellen des Verses gleichfalls Einschnitte eintreten zu lassen, und zwar auch sehr starke, wofern nur daneben

die vorgeschriebenen Einschnitte fühlbar bleiben[1]): *Observez
l'hémistiche | et redoutez l'ennui || Qu'un repos uniforme |
attache auprès de lui. || Que votre phrase heureuse | et claire-
ment rendue || Soit tantôt terminée | et tantôt suspendue. ||
C'est le secret de l'art. | Imitez ces accents || Dont l'aisé
Jéliotte* (Opernsänger) *| avait charmé nos sens. || Toujours
harmonieux, | et libre sans licence, || Il n'appesantit point |
ses sons et sa cadence. || Sallé, dont Terpsichore | avait con-
duit les pas, || Fit sentir la mesure | et ne la marqua pas,*
lehrt VOLTAIRE im Dict. philos. unter Hémistiche.

Verschiedene Behandlung der Cäsur je nach dem
Geschmacke oder dem Bedürfnisse der Zeit, je nach der besonderen Ansicht von dichterischer Kunst und je nach den
Gattungen, um die es sich handelt, ist ebenso natürlich und
leicht nachweisbar, wie das verschiedene Verhalten hinsichtlich des Enjambement. Die Verfasser der Chansons de geste
scheinen mit ihren Versen den Eindruck der Eintönigkeit
nicht hervorgebracht zu haben, den diese *jetzt* bei lautem
Lesen auf uns machen[2]). Schon ACHÉNIER, dann aber seit
dem dritten oder dem vierten Jahrzehnt des neunzehnten Jahrhunderts zahlreiche andere haben grofsenteils auch hinsicht-

---

[1]) Dafs auch im 17. Jahrhundert die Verse mit starken Pausen
neben derjenigen, die man Cäsur nennt, gelesen wurden, bezeugt aus-
drucklich (im Gegensatze zu der irrigen Meinung der Ausländer)
LRacine in einer Äufserung, die EFaguet in der Rev. pol. et litt.
1894 I 311 a aus Souriau, L'évolution du vers français au XVIIᵉ siècle
(1894) mitteilt.

[2]) Foerster's Anmerkung zu Aiol 749 *Car me rendés ma lance . .,
N'en voil nule de vos | neues planees* (an welcher Stelle entweder *des*
für *de* zu schreiben oder aber ein Vers ohne Cäsur anzuerkennen ist)
läfst die Cäsuren des Gedichtes leichter scheinen, als sie wirklich sind.
Man darf nicht vergessen, was flektiertes *tout* im Französischen für
ein Satzglied ist (Gött. gel. Anz. 1875 S. 1077), und in *ceus tous guer-
roier* (wofür auch *ceus g. tous* stehen könnte) *ceus* nicht als attribu-
tives Demonstrativum bezeichnen. Auf die äufserst leichten Cäsuren
in *De ses membres et de | sa terïene honur,* SThom. 2463 und in *N'en
mustier, puis qu'en la | justise i fust venuz,* eb. 2478 hat schon Diez,

lich der Cäsur aufgehört sich den früher gültigen Vorschriften zu fügen[1]): sie lassen zwar die vierte, beziehungsweise die fünfte oder die sechste Silbe (je nach der Stelle, hinter welche in verschiedenen Versarten die alte Regel die Cäsur verlegt) immer noch regelmäfsig die betonte letzte eines Wortes sein; aber sie verlangen nicht mehr, dafs hinter ihr eine Unterbrechung der Rede eintrete, legen dagegen oft an andere Stellen des Verses starke Pausen[2]). Da sie der strengeren, älteren Weise der Versgliederung sich darum nicht zu entschlagen brauchen, so ist ihnen unzweifelhaft mehr Spielraum gegeben. Beispiele dieses Hinausreichens eines schwer zerlegbaren Redegliedes über das Ende des ersten Versgliedes, was man ebenfalls *enjambement* oder *rejet* nennt[3]): *Je te perds. Une plaie | ardente, envenimée || Me ronge; avec effort | je respire, et je crois || Chaque fois respirer | pour la dernière fois,* ACHÉNIER S. 50; *Mon père . . Oh! s'il n'est plus | que lui qui te retienne,* eb. 83; *Pas de prunelle*

Altrom. Sprachdenkm., Bonn 1846, S. 106 hingewiesen; s. auch *Et grant livre de vraie | confession escrire,* Poème mor. 206b; *Poindant pulre et ardanz | herbes sus asseoir,* eb. 401 d; *Tot est perdut de quant | c'um donne en vaniteit,* eb. 524 a. Andere, nicht lauter gut gewählte Beispiele gibt SOUZA S. 60 ff. aus altfranzösischen Dichtern.

[1]) *Je répugne aux vieux dogmes tristes; Je veux en deux efforts égaux Tirer l'art des mains des puristes Et Dieu des griffes des cagots,* VHUGO, QVents II 200.

[2]) Auf die seltsame Schüchternheit, die bis vor kurzem nicht zugelassen hat, dafs an die sechste Stelle eine unter allen Umständen tonlose Silbe trete, während man sich doch oft erlaubte eine Silbe dahin zu bringen, die zwar unter gewissen Umständen betont sein kann, im Zusammenhang des Verses aber durchaus tonlos ist, hat BECQ DE FOUQUIÈRES S. 150 hingewiesen. Wenn *Ayez pitié, je n'ai | pas mangé, je vous jure* noch ein Alexandriner ist, sollte *Ayez pitié, j'en a|vais mangé, je vous jure* nicht auch noch als einer gelten dürfen?

[3]) *L'enjambement est, en général, l'empiétement fait, soit dans un même vers sur un hémistiche, soit d'un vers sur le suivant, par une ou plusieurs syllabes que la division spontanée du discours dispute à celle du rythme,* SPRUDHOMME, Réflexions sur l'art des Vers, Paris 1892, S. 82.

abjecte | *et vile, que ne touche* ‖ *L'éclair d'en haut, parfois* | *tendre et parfois farouche,* VHUGO, Lég. des Siècles XIII 2; *Vous aussi, vous m'avez* | *vu tout jeune, et voici* ‖ *Que vous me dénoncez,* Contempl. I 26; *L'alexandrin saisit* | *la césure, et la mord,* eb.; *J'ai disloqué ce grand* | *niais d'alexandrin,* eb.; *Et souriait au faible* | *enfant et l'appelait,* III 23; *Libre, il sait où le bien* | *cesse, où le mal commence,* eb. VI 26; *Sombre sous les rois, comme* | *une mer sous les vents,* QVents, Marg. Sc. 1; *Quant à mélancolie,* | *elle sent trop les trous* ‖ *Aux bas, le quatrième* | *étage et les vieux sous,* A. DE MUSSET, Pr. Poés. 49; *Je n'aperçus plus rien* | *alors.* *Mon assassin* ‖ *Avait fui, me laissant* | *un glaive dans le sein,* PONSARD, Lucrèce IV 1; *Et venu pour frapper* | *son esprit, c'était moi* ‖ *Qui d'un respect nouveau* | *reconnaissais la loi,* eb. IV 4; *Moi, j'ai dit n'avoir pas* | *craint la mort; je le prouve,* eb. V 3; noch stärker: *L'habilleuse avec des* | *épingles dans la bouche,* FCOPPÉE, Olivier 13; *Un peu plus tard, lorsqu'il* | *se sentit fatigué* ‖ *Des grisettes qui lui* | *trouvaient l'air distingué,* eb. 1; *Où l'on jouait sous la* | *charrette abandonnée,* eb. 4; *Et se trouvait à la* | *hauteur de votre main,* eb. 8; *Le submergent comme un* | *assaut de mille loups,* LECONTE DE LISLE, P. trag. 14; *Malheureuse, qu'as-tu* | *jeté là? — Rien, dit elle,* MANUEL, P. pop. S. 119; *Ayez pitié, je n'ai* | *pas mangé, je vous jure,* eb. 138 (dergleichen findet man aber auch nur, wo der Dichter den Eindruck schlicht erzählender oder aber fassungslos sich überstürzender Rede bezweckt); sehr häufig begegnet man bei VHUGO dem Alexandriner aus drei viersilbigen Teilen: *Vivre casqué, suer* | *l'été, geler l'hiver,* Lég. des S. Le petit Roi de Galice 6; *Marcher à jeun, marcher* | *vaincu, marcher malade,* eb.; *J'ai vu le jour, j'ai vu* | *la foi, j'ai vu l'honneur,* eb. 10; ebenso bei anderen: *Je l'ai reçu. C'était* | *un hôte. O malheureuse,* PONSARD, Lucrèce V 3; etwas anders gleich darauf: *Je m'éveille. Il avait* | *une épée et me dit . . . ,* eb. Hat man bis vor kurzem immer noch darauf gehalten, daß die sechste Silbe des Alexandriners die letzte eines Wortes und wenigstens nicht eine unter allen Umständen völlig tonlose sei, so hat man nunmehr die Scheu abgetan, die von dem letzten Schritte zurückhielt, und bildet den zwölfsilbigen Vers oft so, dafs ein mehrsilbiges Wort die sechste und die siebente Silbe in sich fafst, zwischen denen nach früherer Regel die Cäsur zu liegen hatte. M GAUCHER verhält sich in der Rev. polit. et litt. 1885 II 604 noch durchaus ablehnend gegen Verse wie *Il distillait ses par-|fums doux et pénétrants*, auch SPRUDHOMME, Réflexions sur l'Art des Vers S. 81 verwirft sie im allgemeinen, will sie aber zulassen, wenn die an sechste Stelle gebrachte Silbe eine solche sei *que la diction puisse rendre forte au profit de l'expression, sans ridiculiser le mot*, z. B. zulassen in *Elle filait pensi|vement la blanche laine* (BANVILLE). Aber andere noch sind weniger ängstlich: *Vis avec lui! Cherche a|vec lui! Pense avec lui!* ders.; *Vers l'Orient! vers l'é|toile! vers la lumière!* EVITTA; *Puis franchement et sim|plement viens à ma table*, VERLAINE; *D'oublier ton pauvre a|mour-propre et ton essence*, ders.; *D'une joie extraor|dinaire; votre voix*, ders.; *Brouille l'espoir que vo|tre voix me révéla*, ders.; *Tu files à ton rou|et le triste écheveau*, H. DE RÉGNIER; *Mais de l'automne re|naîtra l'été plus beau*, ders.; *Faire danser de fol|les ombres sur la route*, GVICAIRE; *Un ramier bleu sur cha|que couple bat des ailes*, ders.; *Fais que ton âme, harmo|nieuse à ce qui change, || Vierge de son passé, sourie à l'avenir, || Et dépouillant, comme | l'eau calme toute fange, || S'étende sous le ciel azuré pour bleuir*, BOSCHOT; *Ce dieu se meurt; je sais que ce n'est̄que moi-même || Qui m'aime sous le mi|rage de ce faux dieu*, ders.; s. auch PSICHARI in Rev. polit. et. litt. 1891 I 724 und E. D'EICHTHAL, Du Rythme dans la Versific. franç., Paris 1892, S. 44 und 53.

Dies alles sind durchaus nicht Nachlässigkeiten oder mutwillige Überschreitungen der Regel, sondern bewufste, gewollte, vielleicht gesuchte Abweichungen von ihr, zu denen der Künstler sich entschliefst, weil er damit an bestimmten Stellen eine bestimmte Wirkung erreichen will [1]). In der Komödie hat übrigens auch schon die frühere Zeit mit Bewufstsein sich oft über die Cäsurregeln hinweggesetzt; man sehe die Rede CHICANEAU's in RACINE's Plaideurs: *Voici le fait. Depuis | quinze ou vingt ans en çà ... Nous sommes renvoyés | hors de cour. J'en appelle ... Le cinquième ou sixième | avril cinquante-six* . . I 7; oder *puis donc | qu'on nous permet de prendre || Haleine, et que l'on nous | défend de nous étendre,* eb. III 3; beide Male soll der Versbau die Wirkung unaufhaltsam und rastlos fliefsender Rede hervorbringen. Auch sonst aber verfährt die Komödie etwas freier, blofs um die Bühnensprache der Sprache des täglichen Lebens näher zu bringen: *Mais comme. si c'en eût | été trop bon marché,* MOLIÈRE, Fâch. I 1, 65; *Et vous n'en riez pas | assez, à mon avis,* ders., Éc. des Femmes III 4; *Monsieur, qui vous ramène | en ces lieux? — Vos sottises,* Éc. des Maris II 13; *c'est très bien dit. Mon gendre | a du bon, et j'espère || Morigéner bientôt | cette tête légère,* VOLTAIRE, la Femme qui a raison II 1; *Parlez d'eux, comme si | je ne les aimais pas,* AUGIER, Ciguë II 1. Ähnliches Verfahren hat SOUZA S. 79 bei LA FONTAINE nachgewiesen und unlängst GRAMMONT in Rev. d. lang. rom. XLVI 5 ff.

Es bleibt noch zu bemerken, dafs die Inversion den Zusammenhang syntaktisch eng verbundener Satzglieder lockert, also durch die Cäsur voneinander trennbar sehr wohl solche werden läfst, die bei gewöhnlicher Wort-

---

[1]) Dafs ein Übermafs der Abweichungen die Wirkung jeder einzelnen abschwäche, sagt RIGAL mit Recht S. 159 des trefflichen Buches VHUGO poète épique, in welchem er auch ausführt, dafs Hugo eine Mittelstellung zwischen den Klassikern und den Parnassiens, Décadents u. dgl. einnimmt, dafs die Überschreitungen der alten Regel bei ihm verhältnismäfsig selten und nie ohne bestimmte Absicht und Wirkung eingeführt sind. S. auch PELLISSIER, Le mouvement litt. contemp. (1901) S. 198 ff. und 208, wo eine hierauf bezügliche Stelle aus einem Briefe des Dichters mitgeteilt ist.

folge keine Unterbrechung zwischen sich dulden würden: *De leurs champs dans leurs mains | portant les nouveaux fruits,* Racine, Athalie I 1 ist tadellos, während bei Umstellung der Vershälften die Cäsur unzureichend sein würde; *Je fuis de leurs respects | l'inutile longueur,* Racine, Bérén. I 4; *Toujours de ma fureur | interrompre le cours,* ders., Androm. I 1. Der hinter dem zu bestimmenden Worte weggenommene und anderswo angebrachte adnominale präpositionale Ausdruck hört (was auch die logische Analyse dazu sagen mag) auf adnominal zu sein und wird Bestimmung zur gesamten Aussage; zwischen ihm und dem vermeintlich ihn regierenden Substantiv besteht eine besondere Beziehung nicht mehr.

Die sogenannten tonlosen Personalpronomina gewinnen, wofern sie hinter dem Verbum stehen und etwelche Unterbrechung der Rede hinter ihnen möglich ist, eigenen Tones genug um in die Cäsur treten zu können: *Me refuserez-vous | un regard moins sévère?* Racine, Androm. I 4; *Est-ce là, dira-t-il, | cette fière Hermione?* eb. II 1; *Tes yeux refusent-ils | encor de me connaître?* eb. II 5; *Va le trouver, dis-lui | qu'il apprenne à l'ingrat,* eb. IV 4; *Arsace, laisse-la | jouir de sa fortune,* Bérén. I 3 [1]). So setzte die alte Dichtung auch *je* als betonte Silbe vor die Cäsur: *Por ce crien ge, | se entr'eus vos metez,* Nymes 526; *Que vous diroie je? | tous furent pris en champ,* Gaufr. 205; *De cheus vous dirai je | comment il ont ouvré,* eb. 246; *Que vous diroie je? | retenu sont et pris,* BComm. 506; *Que vous iroie je | plus la chose alongier?* eb. 2363. Die neue tut es nicht mehr; ihr bleibt *je* unter allen Umständen tonlos und kann nur im Falle der Elision in der Cäsur stehen: *Étran-*

---

[1]) Wenn der nämliche Dichter sogar das proklitische Pronomen durch die Cäsur von seinem Verbum trennt: *Il se tourmente; il vous .. | fera voir aujourd'hui ‖ Que l'on ne gagne rien | à plaider contre lui,* Plaideurs II 3, so wird dies nur dadurch möglich, dafs der begonnene Satz unvollendet bleibt oder nach einer Pause anders fortgesetzt wird, als anfängliche Absicht war.

gère, que dis-je? | *esclave dans l'Épire,* Andróm. II 5. —
Gleich wie *je* stellte man in der alten Zeit oft auch *le* als
betonte Silbe vor die Cäsur: *Serveie le* | *par feid e
par amur,* ChRol. 3770; *Recevez le,* | *nobile chevalier,* Ny-
mes 396; *Et leur dit: liez le* | *tost et estroitement,* SQuentin
191 (auch provenzalisch *lais lo,* ,ich lasse ihn' im Reime auf
ó, MAHN, Ged. d. Troub. 355, 3); und bezüglich dieses Pronomens ist auch die Dichtung der neueren Zeit vielfach bei
einem Verfahren beharrt, welches angesichts der oben S. 63
erwiesenen Möglichkeit der Elision des e von *le* etwas Über-
raschendes hat: *Allez, assurez-le* | *que sur ce peu d'appas . . .,*
ROTROU; *Privez-le, privez-le* | *de cette grâce insigne,* SCUDÉRI
bei JULLIEN II 12 angeführt; *coupe-lui* || *La gorge, et tire-
le* | *par les pieds jusqu'ici,* A. DE MUSSET, Pr. Poés. 59;
L'univers, sachez-le, | *qu'on l'exècre ou qu'on l'aime,* || *Cache
un accord profond* | *des destins balancés,* SPRUDHOMME III
241; *les sages et les braves,* || *O Khalife! apprends-le,* | *ne
parlent pas deux fois,* LECONTE DE LISLE, P. trag. 11.

Auch *que* vermag, was nach dem von *le* Gesagten kaum
überraschen kann, die Stelle vor der Cäsur einzunehmen:
j'avais·la gorge en feu || *Et la fièvre, lorsque* | *tout à coup
je remarque* || *Que . .,* FCOPPÉE, Le Naufragé; *Et souviens-
toi, lorsque* | *tu seras couronné* und *Et plus nombreuses que* |
vos baisers froids et faux || *Les têtes tomberont sur les noirs
échafauds,* ders. Jacobites, s. Rev. pol. et litt. 1885 II S. 695 a;
vgl. WEBER IX 260. Es liegt auf der Hand, dafs das e von
je, le, que, auch von *lorsque* ganz anders behandelt werden
darf, als etwa das von *pâle,* das freilich von VERLAINE eben-
falls vor die Cäsurstelle gebracht ist: *Oiseau, sur ce pâle* |
roseau fleuri jadis (angeführt von PSICHARI am oben angegebenen Orte).

Hiatus.

Dafs ein ə am Ende eines Wortes vor vokalischem Anlaut im Verse keine Geltung hat, und in welchem Mafse
diese Regel der neufranzösischen Dichtkunst in der alten Zeit
schon beobachtet wurde, ist S. 55—70 gezeigt; ebenso in
welchem Umfang laute Vokale im Innern der Wörter in getrennten Silben nebeneinander stehen. Es ist noch zu sprechen
von dem Zusammentreffen eines auslautenden betonten Vokals, der nicht elidiert werden kann (also abgesehen von *la,
si* und früher *ma, ta, sa* u. s. w.), mit einem vokalischen
Anlaute des innerhalb des nämlichen Verses darauf folgenden
Wortes. Die altfranzösische Dichtung läfst den hieraus sich
ergebenden Hiatus ohne weiteres bestehen; er scheint damals
ebenso wenig unangenehm empfunden worden zu sein, wie
der Hiatus im Innern des Wortes es heute ist (in *clouer,
trahir, haïr, créer, chaos*), also Ch. lyon: *Li un* 12, *Li autre*
13, *preu et* 3, *fu a* 7, *La ou* 10, *Qui a* 41, *s'oblia et en-
dormi* 52, *si i* 57, wozu dann erst noch die Hiate der S. 56
aufgezählten einsilbigen Wörter auf ə kamen, wenn Elision
unterblieb. **Neufranzösisch**[1]) **ist der Hiatus zwischen
betontem auslautendem Vokal und vokalischem Anlaut verboten;** es dürfen im Verse Verbindungen nicht vorkommen wie *tu as, tu avais, tu eus, tu auras* u. s. w.; *tu
es, tu étais; il a eu, a été; si elle, si on; à un ami, à elle;
il y entre, là où, déjà une fois, lui ou elle, arrivé une fois,*

---

[1]) S. hierüber auch MARCOU, The origin of the rule forbidding
hiatus in french verse in Public. of the Mod. Lang. Assoc. of America
XI 3 S. 331.

sera un jour u. dgl., und Molière mufs Éc. d. Femmes II
5 das Sprichwort *ce qui est fait est fait* abändern in *ce qui
s'est fait est fait,* La Fontaine F. VII 1 sagen *La douce
et l'innocente proie,* wo der zweite Artikel mehr als überflüssig ist, Racine, Plaid. I 5 *Il la ruinera, si l'on le laisse
faire,* wobei der Vers an Wohlklang sicher nicht gewonnen
hat. Mit Recht wird nämlich auch die Konjunktion *et,* deren
t ja blofs fürs Auge vorhanden ist, und für die es keine ‚Bindung' gibt, den vokalisch auslautenden Wörtern zugerechnet,
so dafs *et il, et elle, et un jour* untersagt sind, und Molière
a. a. O. III 4 nicht hätte sagen dürfen *Et à* (statt *dans*)
l'événement mon âme s'intéresse, La Fontaine F. II 2 nicht
hätte sagen sollen *au haut et au loin* (was übrigens nach
französischer Auffassung nicht, wie Lubarsch meint, drei-
fachen Hiatus ergibt). Dagegen werden Wörter, die auf
n a s a l e V o k a l e ausgehen, nicht den vokalisch auslautenden
zugezählt, und zwar auch dann nicht, wann es bei der nasalen Aussprache bleibt; es ist also nicht blofs gestattet zu
sagen *un autre, un habit, on aime, bien heureux, en un mot*
u. dgl., sondern auch: *Néron est amoureux,* Racine, Britann.
II 2; *Hé bien, il faut partir,* eb. III 7; *Néron en colère,*
eb. III 7; *Orcan et les muets attendent leur victime,* Bajaz.
V 3. In gleiche Linie gehören Wörter, die hinter dem nasalen Vokal noch einen Konsonanten haben, der stumm bleibt:
si grand en apparence, Britann. III 6; *Quels desseins
maintenant occupent sa pensée,* Bajaz. V 1; *Cependant on
m'arrête,* eb. V 1; *Plus l'effet de mes soins et ma gloire
étaient proches,* V 4; *Nos intérêts communs et mon cœur
le demandent,* Mithrid. I 3[1]); nur dafs es sich empfiehlt das

---

[1]) Tisseur behauptet S. 234, in allen diesen Fällen trete Bindung
ein, liege also kein Hiatus vor, und seiner Aussage lege ich billig Gewicht bei; doch bemerke ich, dafs Koschwitz, Les Parlers parisiens[2]
beim Vortrag von Versen keine Bindung wahrgenommen hat in *Sif-
flant et bourdonnant,* 148, 6; *Leurs derniers printemps ont pour hi-
rondelles,* 138, 13; *Ou plutôt de ce long et dur pèlerinage,* 110, 3; *Ces*

Zusammentreffen zweier identischen nasalen Vokale zu vermeiden, was freilich auch sorgsame Dichter nicht immer beachtet haben: *Du jour que sur mon front on mit ce dia-
dème*, Mithrid. IV. 4. Andererseits gelten Wörter, die mit
aspiriertem *h* anlauten, als konsonantisch anlautende, so
dafs *le héros, la hauteur, elle le hait, au haut* u. dgl. den
Wohlklang nicht beeinträchtigen. — Wörter, die auf Konsonanten ausgehen, dürfen auch dann vor vokalisch anlautende gestellt werden, wenn *jene* Konsonanten unter allen
Umständen stumm bleiben, trotzdem dafs tatsächlich ein
Hiatus hier entsteht: *Les députés, eux et leur suite*, LA
FONT., F. VI 14; *Vous l'abhorriez: enfin, vous ne m'en par-
liez plus*, RAC., Androm. I 1; *La fléchir, l'enlever, ou mourir
à ses yeux*, eb. 1; *Partez, allez ailleurs vanter votre con-
stance*, eb. IV 3; *Mais que vois-je? vous-même, inquiet,
étonné*, Britann. II 2; *Son esprit inquiet et de trouble agité*,
PERRAULT, Contes 28; sogar wenn der stumme Konsonant ein
ę vor der Elision schützt: *Ah! que ne suis-je né dans l'âge
où les humains, Jeunes, à peine encore échappés de ses mains..,*
LAMARTINE, Médit. Dieu; *Il est génie, étant, plus que les
autres, homme*, citiert EWEBER a. a. O. 527 aus VHUGO;
*Entendre la chanson des laveuses, et voir Les chevaux de
labour*, COPPÉE, les Aïeules; *Les amants constants gardent,
et très tard, Sur leur lèvre pâle un jeune sourire*, ders. bei
KOSCHWITZ, Parlers paris.[2] 138, 6; *Et les hommes entre eux
s'aiment, et la Nature Réprime ses rigueurs*, JNORMAND in

---

monts pyrénéens et ce fatal vallon, 110, 8 und in manchen ähnlichen
Fällen. Was *si grand en apparence* betrifft, mag TISSEUR recht haben.
Weniger gern gebe ich zu, dafs das *r* von *enlever* in dem weiter
unten aus RAC. Iphig. angeführten Verse gesprochen werde. Dafs ein
solches *r* vor Vokalen manchmal laut wird, wissen aufser ‚allen Franzosen' auch einige Ausländer; vielleicht aber stimmen einige Franzosen
mir bei, wenn ich für *jene* Stelle, wo der Infinitiv von dem nächsten
Worte fürs Auge durch ein Komma und fürs Ohr durch eine Pause
getrennt ist, das Verstummen des *r* für richtig halte.

Rev. pol. et litt. 1885 II 349; *Sa barbe et ses cheveux rayonnent; il chevauche La créature auguste*, LECONTE DE LISLE, P. trag. 15. [1]) Ebenso wenig gilt für fehlerhaft der Hiatus, der sich bei der Elision eines *ę* ergibt, das einen Vokal vor sich hat: *Elle s'en attribue uniquement la gloire*, LA FONT. F. VII 9; *Il y va de ma vie, et je ne puis rien dire*, RAC. Bajazet V 8; *Sois bénie, île verte, amour du flot profond*, VHUGO, QVents II 62. — Eine besondere Stellung nehmen die Interjektionen, *ah, eh, oh, euh, oh là, holà* ein, auf die man unbedenklich vokalischen Anlaut folgen läfst, wohl weniger um des *h* willen, das ja keinesfalls hörbar werden kann, als darum, weil hinter ihnen immer eine Pause gemacht wird: *Oh là, oh, descendez!* LA FONT. F. III 1; *Hay.* — *Un cœur . .* , MOL. Sgan. 16; *En criant: holà! ho! un siège promptement*, Fâcheux I 1, 18; *ah ah, quel homme!* RAC. Plaideurs III 3; *Je finis.* — *Ah.* — *Avant la naissance du monde*, eb. III 3. Ähnlich ist *oui* bisweilen als ein mit einem Konsonanten anlautendes Wort behandelt worden: *Pourquoi?* — *Oui.* — *Je ne sai*, MOL. Éc. d. mar. I 2; *Oui, oui, votre mérite, à qui chacun se rend*, eb. II 6; *Cela s'entend.* — *Oui, oui, je vous quitte la place*, eb.; *Oui, oui, tu le savais*, A. DE MUSSET, P. Nouv. 92. Daher denn natürlich auch, wo jene Interjektionen mit *oui* zusammentreffen: *J'irais trouver mon juge.* — *Oh oui, monsieur, j'irai*, RAC. Plaideurs I 7; *Hé! oui.* — *Vous me voyez, ma sœur chargé par lui*, MOL. Femmes sav. II 3. s. oben S. 58. — Endlich ist noch zu erwähnen, dafs die Komödie und andere Gattungen, die in der Sprache sich der gewöhnlichen Rede nähern, aus dieser einzelne Redensarten herübergenommen haben, in denen ein Hiatus sich befindet: *Tant y a qu'il n'est rien que votre chien ne prenne*, RAC. Plaideurs III 3; *Je suais sang et eau*, eb. III 3; *Le juge prétendait qu'à*

---

[1]) Über die Möglichkeit der Vermeidung dieser Art des Hiatus durch Elision über *s* hinweg s. oben S. 71.

tort et à travers On ne saurait manquer, condamnant un pervers, LA FONT. F. II 3; *Çà et là ses regards en liberté couraient,* ders. Le cas de conscience[1]); *On voyait çà et là des bœufs maigres errer,* SPRUDHOMME II 71; s. auch WEBER IX 256.

Zu der heutigen Strenge der Hiatusregel ist es nur sehr allmählich gekommen. Die Dichter des sechzehnten Jahrhunderts vermeiden zwar den Hiatus schon gern, wenn das erste Wort ein mehrsilbiges ist, wie denn RONSARD in seinem kurzen Art poét. (1565) Œuvres VII 327 sagt: *tu éviteras autant que la contrainte de ton vers le permettra, les rencontres des voyelles et diphthongues qui ne se mangent* (elidieren) *point; car telles concurrences de voyelles sans être élidées font les vers merveilleusement rudes en nostre langue, bien que les Grecs sont coustumiers de ce faire comme par élégance. Exemple: Vostre beauté a envoyé amour. Ce vers icy te servira de patron pour te garder de ne tomber en telle aspreté, qui escraze plustost l'aureille que ne luy donne plaisir.* — Dies hindert aber weder ihn noch seine Genossen zahlreiche Hiate in ihren Werken zu dulden, namentlich die der tonlosen einsilbigen Wörter *tu, qui, y, et, ou* u. dgl. mit vokalisch anlautenden Wörtern; auch scheinen sie den Hiatus bei der Cäsur weniger anstöfsig gefunden zu haben: *Estre un Narcisse, et elle une fontaine,* RONSARD (Auswahl von BECQ DE FOUQUIÈRES) 4; *Fleuves et fleurs et bois tu enchantois,* 5; *fleurs et herbes rousoyantes,* 9; *Qui or pignant les siens jaunement lons,* 5; *avoit à son tetin Son fils pendu,* | *en qui le vray image Du grant Hector estoit peint au visage,* 172; *Autres, chargés de grands bouclers, baloient Un branle armé,* | *autres de voix aiguës . . . ,* 173; *Il lui souffla* | *un horreur dans les yeux,* 177. Strenger war MALHERBE, der in seinen Bemerkungen zu DESPORTES'

---

[1]) Zahlreiche Hiate aus LA FONTAINES Contes führt die Rev. de métr. et de versif. I 38 an.

Gedichten sogar *Fait son nid aux jeunes boscages* und *À cheval et à pied en bataille rangée* und *Pieds nuds, estomac nud, ignorant qu'il estoit* tadelt, weil ja hier *d* doch nicht ausgesprochen werde. Seine Praxis ist denn auch entsprechend; LALANNE (s. dessen Ausgabe V S. 87) findet in den sämtlichen Gedichten nur sieben Hiate, davon einer auf einem Druckfehler beruhen kann, drei in Erstlingswerken begegnen, und drei in einem Gedichte, das auch sonst MALHERBE'S so wenig würdig ist, dafs man es ihm entweder ganz abspricht oder als eine unvollendete Arbeit betrachtet. REGNIER schien eine solche Ängstlichkeit zu weit zu gehen; in der 9. Satire, welche die älteren Dichter, RONSARD, DESPORTES, DU BELLAY, BELLEAU, gegen die zu weit gehende Kritik der *j*üngeren Schule in Schutz nimmt, sagt er: *Cependant leur sçavoir ne s'estend seulement Qu'à regratter un mot douteux au jugement* (?), *Prendre garde qu'un „qui" ne heurte une diphthongue.* Doch sind die Hiate, die man bei ihm findet, weder zahlreich noch schwer zu ertragen: *où est ore ta bride,* Sat. 9; *Et ainsi que mon corps, mon esprit est errant,* Élég. 1; *Ha, Dieu! que fusses-tu | ou plus chaste ou moins belle,* eb.; *Que froidement reçu | on l'écoute à grand' peine,* Sat. 2; *Puis donc que je suis là | et qu'il est près d'une heure,* Sat. 10[1]). Es blieb indessen bei MALHERBE'S Bestimmungen, nur dafs stumme Konsonanten am Ende der Wörter hinter

---

[1]) A. DE MUSSET freut sich schon über diese mäfsige Unbotmäfsigkeit des alten Meisters: *Aurait-il là-dessus versé comme un vin vieux Ses hardis hiatus, flot jailli du Parnasse, Où Despréaux mêla sa tisane à la glace?* Poés. Nouv. 197; sein eigenes *folle que tu es,* Pr. Poés. 327, über das er sich in der nächsten Stanze ironisch ereifert, ist auch nicht schlimm. Bei MOLIÈRE findet man ein paar Stellen, wo die Hiatus bildenden Wörter von verschiedenen Personen gesprochen werden: *Avec qui? — Avec . . là,* Éc. d. Femmes II 5; *Et . . — Où donc allez-vous?* Éc. d. maris I 2 Wenn er sagt *les doctes Tablettes || Du conseiller Matthieu, | ouvrage de valeur,* Sganar. 35, wo erst spätere Ausgaben *l'ouvrage est de valeur* eingeführt haben, so milderte hier die Cäsur den Fehler.

Vokalen als Hiatus aufhebend gelten[1]); auch D'ALEMBERT's
und VOLTAIRE's Ausstellungen an der Regel (in ihrer Korre-
spondenz, 11. und 19. März 1770) und die MARMONTEL's
(Encyclopédie unter ‚Hiatus‘ und ‚Vers‘) haben zwar überzeugt, aber lange keine Änderung der Praxis herbeigeführt.
Vielleicht werden BECQ DE FOUQUIÈRES' (S. 219 und 301)
und' TISSEUR's (S. 240) sehr verständige Äufserungen und
FAGUET's feine Verteidigung des Hiatus und kräftige Zu-
stimmung zu dem Urteil der Mlle DE GOURNAY über MAL-
HERBE's Eifern (Rev. pol. et litt. 1897 II 154 b) mehr vermögen. Gewifs ist, dafs manche von den Neueren die Ängstlichkeit früherer Zeiten abgetan haben. Es gehört noch kein
besonderer Mut dazu mit ROSTAND zu sagen: *Écoutez, il y
a, près d'ici dans la rue . . ,* Cyrano III 2; *Comme lui je
suis triste et fidèle. — Et tu es ‖ Beau comme lui,* eb. III
9 (s. ASCHENK, L'hiatus chez MROSTAND in Zts. f. franz.
Spr. XXIV² 209); gewagter ist schon *Dieu de bonté, pour
quoi, au cri qui te réclame Depuis qu'on souffre et meurt,
rester toujours muet?* BOSCHOT, Poèmes dialogués (1901),
auch wegen der feierlichen Haltung des Gedichtes.

---

[1]) Sie werden denn auch gelegentlich von Neueren im Widerspruch
zu der sonst üblichen Schreibweise eingeführt, damit wenigstens das
Auge des Verstofses nicht gewahr werde, wie EWEBER 526 zeigt: *C'est
hideux! Satan nud et ses ailes roussies.*

Reim.

Reim[1]) zweier Wörter ist der Gleichlaut ihrer betonten Vokale sowie dessen, was hinter diesen steht. Ist der betonte Vokal auch der letzte des Wortes, so nennt man den Reim männlich; steht noch ein tonloser hinter ihm, der ja im Französischen kein anderer als ę sein kann, weiblich[2]).

Assonanz ist ein Gleichlaut, der sich nur auf die betonten und etwa dahinter stehende tonlose Vokale erstreckt,

---

[1]) Aufeinander folgende Redeglieder hat man durch Reim ihrer Schlüsse bisweilen auch in Prosa verbunden. Reimprosa, die schwerlich blofs aus dem Parallelismus des hebräischen Stils sich erklärt, bemerkt man im Prologe des alten Gedichtes über den h. Alexius, welches Stückes Anfang Ph. Aug. Becker, Ursprung der rom. Versmafse S. 53 in Sequenzenform glaubt bringen zu dürfen, und in LRois S. 6 (Cant. Annæ); Beispiele aus Predigten bringt Boucherie bei, Le dial. poit. S. 299 ff., ferner Lecoy de la Marche, La chaire franç. S. 188, 263; PMeyer, Romania XV 331 Nr. 30 erwähnt des Vorkommens solcher Form in Schriften wahrsagenden Inhalts. Zahlreiche Sprichwörter zeigen die nämliche Erscheinung. Lateinische Texte, in denen sie begegnet, verzeichnet WMeyer, Ludus S. 66 und 115; ausführlich handelt über das Auftreten des Reimes in der rhetorischen Prosa und sodann in der Hymnendichtung der römischen Kaiserzeit Norden, Die antike Kunstprosa vom 6. Jahrhundert vor Christo bis in die Zeit der Renaissance, Leipzig 1898, 2. Bd. S. 810 bis 908. Von allerneuesten französischen Versuchen spricht Tisseur S. 146.

[2]) Dafs Wörter mit ę in der letzten Silbe mit solchen im Reime gepaart werden, die eine tonlose letzte nicht haben, ist eine in älterer Zeit fast nicht und nur bei der Sprache nicht recht mächtigen Dichtern vorkommende Erscheinung (z. B. in der Chronik von Floreffe, deren Sprache und Verse Peters in Gröber's Zts. XXI 1 ff. behandelt).

mit welchem Gleichlaute aber derjenige von hinter dem betonten Vokale stehenden Konsonanten nicht verbunden ist; auch sie kann männlich oder weiblich sein. In allen Fällen, wo der für den Reim entscheidende Vokal keine Konsonanten hinter sich hat, fallen Reim und Assonanz zusammen: *foi*: *moi*, *dieu*: *lieu*, *craie*: *haie*, *joue*: *moue* sind sowohl dies als jenes[1]). Die heutige Kunstdichtung verwendet nur den Reim[2]); die alte liefs auch in gereimten Dichtungen gelegentlich Assonanz zu: *jambes, cambres,* BCond. 8, 220 (über dergleichen bei diesem Dichter und seinem Sohne s. KRAUSE S. 32); Beispiele aus verschiedenen Werken bei ANDRESEN, Über den Einflufs von Metrum, Assonanz und Reim auf die Sprache, Bonn 1874, S. 17 ff.; aus dem Roman de Thèbes bei CONSTANS in seiner Ausgabe II S. LXVII; aus CONON DE BETHUNE in Romania IX 143 (aber dagegen WALLENSKÖLD'S Ausgabe S. 123 ff.), aus COLIN MUSET in BÉDIER'S Ausgabe S. 73, aus BEAUMANOIR in SUCHIER'S Ausgabe I S. CLIII; aus dem Comte de Poitiers in Zts. f. rom. Phil. VI 194, aus andern Werken eb. 212, aus Claris in ALTON'S Ausgabe S. 840, aus GERBERT DE MONTREUIL bei BIRCH-HIRSCHFELD, Sage vom Graal S. 112, der irrig darin

---

[1]) Über das erste Auftreten gereimter lateinischer Dichtung s. WMEYER 46, 47, 65. Die Kategorien des ein-, des zwei-, des dreisilbigen Reims und der ein-, der zwei-, der dreisilbigen Assonanz, die MEYER aufstellt, würden fürs Französische schwer verwendbar sein; sie scheinen selbst fürs Lateinische nicht sonderlich wertvoll, da ohne Angabe der Accentverhältnisse ausreichende Charakteristik des Reimes auch hier nicht möglich ist. — Die von GPARIS, Romania XXIII 97 Anm. 3 gewünschte Unterscheidung zwischen unvollkommenem Reim (Gleichheit des Auslautes bei Ungleichheit ihm vorangehender, dem Tonvokal folgender Konsonanten, *large*: *sage*; *cors*: *os*) und Assonanz (Ungleichheit auch des Auslauts, *larges*: *sage*; *cors*: *mort*) scheint mir unwichtig.

[2]) Oder wagt doch nur selten Paarungen wie die H. DE RÉGNIER'S *glaive*: *lèvres*; *citerne*: *referme*; *salvâmes*: *ânes*, die FKALEPKY im Arch. f. d. St. d. n. Spr. CIX 447 anführt, oder wie *falote*: *emporte* oder Gruppen wie *lune, musiques, calines, nuques* (AROUQUÈS).

eine picardische Besonderheit sieht, und FKRAUS in seiner
Dissertation über diesen Dichter S. 50, aus PHTHAON bei
WALBERG LV, aus Sone in GOLDSCHMIDT's Ausgabe 557 und
563, aus GDole in SERVOIS' Ausgabe XLI ff.; s. auch FOER-
STER, Einleitung zu Rich.Bel S. XI, über die ungenauen
Reime des Guillaume de Palerne MUSSAFIA, Ztschr. f. rom.
Phil. III 248, über die nicht ganz sichern einiger Lyriker
WALLENSKÖLD im Lit. Bl. 1894 Sp. 16; sehr zahlreich sind
die Assonanzen in dem von BARTSCH, Langue et litt. 461
herausgegebenen Theophilus. Gleichartiges aus dem vierzehnten und dem fünfzehnten Jahrhundert weisen PIAGET in
Romania XIX 447 Anm. 2 und ULBRICH, Zts. f. rom. Philol.
II 545 nach. Der Gleichklang kann sich auch von dem betonten Vokal aus weiter rückwärts erstrecken, auf Konsonanten, die jenem zunächst vorangehen, ja auch auf Vokale
der Silbe, die der betonten voransteht, oder noch weiter; doch
ist im allgemeinen dies für die Korrektheit oder Zulänglich-
keit des Reimes nicht erforderlich.

Der Gleichlaut, welcher die dem Tonvokal vorangehenden
Konsonanten der Tonsilbe mit umfaßt, gibt den reichen
Reim: *fer*: *enfer*; *brûlant*: *coulant*; *canard*: *renard*; *habitue*:
évertue; *vice*: *service*; *praline*: *orpheline*; auch Reime wie
troubler: *aveugler*: *consoler*, d. h. solche, wo die Tonsilbe
mit muta cum liquida beginnt, die Übereinstimmung aber nur
die liquida mit umfaßt, gelten noch als reiche. Reime, in
welchen der Gleichlaut der Wortausgänge mit dem Vokal
beginnt, der der Tonsilbe vorangeht, hat man leoninische,
auch *superflues*, *doubles* genannt: *abonder*: *inonder*; *jouis-
sance*: *licence*; *offensée*: *pensée*; s. FREYMOND in der Zts. f.
rom. Phil. VI 6—18, der die verschiedenen Arten des reichen
und des leoninischen Reimes sorgfältig sondert. Übrigens hat
man den Namen des leoninischen Reims im Mittelalter
auch noch in anderem Sinn gebraucht.

Gegenüber einem tatsächlichen Gleichlaut kommt die
Verschiedenheit der schriftlichen Darstellung zunächst nicht in

Betracht; der Reim soll für das Ohr, mufs nicht für das Auge bestehen: *embrasse : enlace*; *air : mer*; *fait : effet*; *commerçant : innocent : éblouissant*; *tombai : emjambé*; *recueillerai : sacré*; *guerre : vulgaire*; *sourcils : noircis*; *disje : tige*; *dominicain : mesquin*; *nom : non*; *mille : facile*; *cause : chose* u. dgl.[1]). Diese Regel, welche übrigens MALHERBE nach der Angabe seines Freundes RACAN (s. Ausgabe von BECQ DE FOUQUIÈRES S. 29) nicht hätte gelten lassen, indem er *grand : prend*; *innocence : puissance*; *apparent : conquérant* tadelte[2]), erleidet jedoch eine beträchtliche Einschränkung hinsichtlich der auslautenden Konsonanten. Man kann die verschiedenen Regeln der Theoretiker nahezu erschöpfend in die einzige zusammenfassen, dafs nicht die Aussprache der Wörter, die im Vortrag der Verse tatsächlich statthat, bei der Beurteilung der Korrektheit des Reimes den Ausschlag gibt, sondern diejenige, welche im Falle der Bindung eintreten würde. So stört also ein stummes *s*, *x*, *z* am Ende des einen Wortes einen im übrigen tadellosen Reim, wenn nicht das andere Wort einen Endkonsonanten hat (es braucht in der Schrift nicht derselbe zu sein), der im Falle der Bindung gleich lauten würde: *il tonne* reimt nicht mit *tu donnes* (wohl aber reimt damit *des tonnes*); *dort . . corps* (: *tu dors, forts*); *aveu . . tu veux* (: *aveux*); *bonté . . chantez* (: *bontés*); so reimen die dritten Personen des Pluralis auf *ęnt* nicht mit Wörtern auf *ę*, welche mit entsprechenden dritten Personen des Singularis auf *ę* sehr wohl reimen würden: *chantent . . tante* (: *chante*); *toussent . .*

---

[1]) *Père doit rimer avec terre, parce qu'on les prononce tous deux de même. C'est aux oreilles et non pas aux yeux qu'il faut rimer*; . . . *un usage contraire ne serait qu'une pédanterie ridicule et déraisonnable*, VOLTAIRE zu Alzire III 5.

[2]) Inwiefern RACAN über die Ausstellungen seines Meisters und den Punkt, auf den es diesem dabei ankam, richtig berichtet, ist schwer festzustellen; sicher ist, dafs MALHERBE in einigen Gedichten Wörter hat reimen lassen, die nur bei Gleichklang von nasalem *an* und nasalem *en* reimen können. Entweder bestand für ihn zwischen diesen

rousse (: *tousse, pouce*); das gleiche gilt von anderen stummen Endkonsonanten, gleichviel ob sie der Flexion dienen oder stammhaft sind: *t, d, c, g, p, b, f*, u. s. w., während *c* am Ende des einen und *g* am Ende des anderen, *t* und *d* ebenso den Reim nicht beeinträchtigen: *Milan* . . *talent* (: *grand*); *toi* . . *toit* (: *froid, doigt*); *tyran* . . *rang, sang* (: *franc*); *plomb* . . *long* (: *tronc*); auch von dem stummen *r* am Wortende gilt dasselbe: *nager* . . *âgé* (: *nagé*); *héritier* . . *moitié* (: *amitié*). Ein bei beiden Wörtern hinzutretendes *s* aber macht den Reim folgerichtig wieder korrekt, der ohne dieses unrichtig sein würde: *an* . . *flanc* (*ans*: *flancs*); *mer* . . *souffert* (*mers* : *soufferts*); *gant* . . *temps* (: *gants*); *or* . . *corps* (: *alors*). Doch macht ein hinzutretendes *s* einen Reim zwischen *é* und *er* für Theoretiker nicht richtig, so dafs *baisers* : *épuisés*, A. DE MUSSET, Poés. N. 69; *foyers* : *passeriez*, SPRUDHOMME III 6; *alliez* : *écoliers*, COPPÉE, Olivier 6; *faisiez* : *cerisiers*, eb. 8; *approuviez* : *oliviers*, la Veillée 4, den strengeren Forderungen nicht Genüge tun.

Es ist nicht zu verkennen, dafs diese Reimregel, soweit sie stumme Wortausgänge betrifft, bei dem heutigen Stande der Aussprache etwas sehr Willkürliches hat; sie erklärt sich aber daraus, dafs die Feststellung der Erfordernisse des korrekten Reimes aus einer Zeit stammt, wo die Endkonsonanten noch nicht verstummt waren, wie es denn durch zahlreiche Zeugnisse von Grammatikern feststeht, dafs im sechzehnten Jahrhundert eine Menge später verstummter Endkonsonanten

Lauten eine den Reim störende Verschiedenheit, wie sie für viele Grammatiker des 16. Jahrhunderts bestand (s. THUROT, De la prononciation française, Paris 1883, II 430 ff., CLÉMENT, Henri Estienne, Paris 1899, S. 447), dann hat der Splitterrichter gegen sich selbst eine Nachsicht geübt, die er andern versagte; oder er verlangte bei so gemeinen Ausgängen wie -*ant* und -*ance* Reichtum des Reimes (und dies ist das Wahrscheinliche), dann ist er arg mifsverstanden, und die Nachwelt durch ganz verkehrte Reden RACAN's irre geführt worden. S. aufser BELLANGER, S. 142, FJOHANNESSON, Die Bestrebungen MALHERBE's, (1882) S. 75.

noch gesprochen wurden, wenn hinter dem Worte eine wenn auch noch so kurze Unterbrechung der Rede stattfand, s. z. B. BELLANGER S. 169. Als es nachmals zu dem Verstummen kam, war man zu ängstlich die Reimregel nach Mafsgabe der veränderten Aussprache umzugestalten. Doch haben schon im siebzehnten Jahrhundert einzelne die Sache weniger streng genommen, namentlich LA FONTAINE: *encor : fort*, F.I 6; I 7; *encor : accord*, VI 6; *Jupiter : désert*, II 8; *fer : sert*, VII 16; *artisan : opposant*, I 21; *faon : content*, VIII 27; *talon : long*, II 12; *bouchon : je t'en répond*, MOLIÈRE, Éc. d. mar. II 3. Wenn der erstere auch *pied : estropié*, III 14 reimen läfst, der letztere *nœud : jeu*, Dépit I 4 (beide lassen übrigens das *d* am Ende ungeschrieben), FCOPPÉE *fini : nid*, Les Mois, Juin, so ist dies noch weit weniger zu beanstanden, da das *d* hier seit ältester Zeit nicht mehr vorhanden gewesen und blofs für die Schrift auferstanden ist. Jedenfalls sind diese Reime auch nach heute geltenden Gesetzen weniger bedenklich als *pied : assied*; *nœud : peut*, die WEBER 527 aus VHUGO beibringt, wozu man A. DE MUSSET'S *nuit : nid*, P. Nouv. 61, 63 fügen kann. Die heutige Praxis erlaubt sich denn auch häufige Abweichungen von den durch die Theoretiker aus den Dichtern des siebzehnten Jahrhunderts abstrahierten Regeln, am meisten wohl in der Komödie, deren Reime durch das Ohr allein weniger strenge Beurteilung erfahren als die anderer Dichtungen, welche auch eines Lesers Auge nicht durch Ungewohntes verletzen wollen: *haut : ruisseau*, A. DE MUSSET. Poés. nouv. 6; *soi : soit*, AUGIER, Ciguë I 1; *peu : veut*, I 4; *lui : fruit*, Avent. I 1; *effroi : froid*, MANUEL, P. pop. 74; *toi : toit*, Pag. int. 97; *or : accord*, PONSARD, L'honneur IV 6; *hiver : vert*, AUGIER, Avent. I 2; *encor : dort*, MANUEL, P. pop. 178; *tapi : tapis*, A. DE MUSSET, Pr. Poés. 114; *tourné : nez*, AUGIER, Avent. II 1; *ruiné : mon né(z)*, Cig. I 3; besonders früh bei flexivischem *s* nach *ę* (vgl. oben S. 71): *Quoy! des astres la compaigne, Tu dédaigne(s) Mon prier*, RONSARD bei BECQ DE F. 351; *sa lumière* : *ces vaines chimères*, Rotrou, SGenest II 6; *que tu guérisses* : *la jaunisse*, Perrault, Ausg. von Lefèvre 37; *Quant à mes intérêts, que toi seul en décide* : *mon zèle me guide*, Voltaire, Adél. II 7; *six mille* (Meilen) : *tranquille*, Pucelle X; *prisonnière* : *bruyères* (Boschot)[1]); *sert* : *chers*, Augier, Cig. I 4; *remord(s)* : *mort*, ein Reim, den Quicherat 89 aus Delille und [aus Voltaire belegt, und den man bei A. de Musset, Poés. N. 65 und bei Crépet IV 151 wieder findet. Ebenso weit wie die in der letzten Anmerkung angeführten altfranzösischen gehen Dichter der *jüngsten* Generation: nicht allein *prise* : *suffisent*; *onde* : *inondent* (La

---

[1]) Vernachlässigung des auslautenden *s* im Reime trifft man schon im Altfranzösischen nicht selten: *U fust a pais u fust a gierre: de plusiors tierre*, Mousk. 2477; *cités* : *d'antiquités* (wo das letzte *s* unberechtigt), 4213; *levés* : *par verités* (desgleichen), 4549; *autresi* : *preus et hardi* 5231; *le diable* : *mençognes et fable*, 5343; *atacie* : *banieres lacie*, 29215 und so sehr oft; *sa valor. Ne ja n'ameré tricheor(s) Qui ont le siegle mis a mal*, Joufr. 65; *dous lions... rampanz* : *d'argant*, 2524; *or* : *cors*, GDole 5119; *einsi* : *päis*, 5615; *assis* : *autresi* 2901. S. auch Foerster zu Richart 2048 (und Zts. f. rom. Phil. I 398 und 399), Mussafia in Zts. f. rom. Phil. III 248 und 250 A. 2, sowie die im Archiv f. d. St. d. n. Spr. CVII 121 angeführten gleichartigen Fälle aus Sone, für welche GParis, Romania XXXI 116 andere Auffassung geltend machen will, und Z. 42, 70, 85, 153, 180, 213 u. s. w. von Bernier's Houce partie. Zahlreiche Beispiele auch sonst : Rose 19301, 19361, BCond. 118, 298; 126, 186; 129, 297; 238, 156; 339, 2091. — Die Gleichstellung von *ẹnt* mit *ẹ* : *entre[nt]* : *ventre*, Rose 6787; *diex le conduie; Et hiraut braient tuit et huie [nt]*, Tourn. Chauv. 852; *Car ce estoit lor liges sire; Totes honors en lui remire[nt]*, Melion 46; *sa mere* : *amerent*, Oxf. LHs. I 75 III; *Ou tuit li bien s'apaire[nt]* : *desplaire*, eb. V 12 III; *De lermes qui son biau vis muelle[nt] Qu'el ot bel et simple a mervelle*, GDole 4751. Oft im Claris, wie Alton in seiner Ausgabe S. 841 zeigt. In dem Zeilenpaar *Car onques si bel chant n'öi Ne einsi douce melodi[e]*, Reinsch, die Pseudo-Evangelien, Halle 1879, S. 23 sieht man allerneuste Kühnheiten schon angebahnt; und ähnliches trifft man auch anderwärts : *mi* für *mie* im Reim weist GParis ein paarmal im Orson de Beauvais nach S. XXV, die gleiche Form im Reime zu *mari* findet sich Oxf. LHs. III 33 I; im Orson 1988 steht *a serie* in der Assonanz *i-e*, während man sonst nur *a seri* findet.

FORGUE) oder *L'aïeul est mort, d'autres encore; Les enfants
ont connu la vie, Et par des routes qu'ils ignorent Vont
aux chimères poursuivies* (TRARIEUX), *glisse : bleuissent* (BOS-
CHOT) darf heute vorkommen, man setzt sich auch über das
hinweg, was früher als Verschiedenheit des Reimgeschlechts
eine unübersteigliche Schranke gebildet hätte, und reimt *pare* :
départ; patrie : Paris (VERLAINE), vgl. oben S. 42 Anm.
Am wenigsten scheint man sich vor der Vernachlässigung
der stummen Endkonsonanten dann zu scheuen, wenn nasale
Vokale vorangehen; Reime wie *témoin : point, commun : em-
prunt, lien : vient, tien : tient, pardon : donc* oder *grand :
franc, flanc : insolent, sang : finissant, blanc : Roland, mé-
chant : champ* trifft man bei neuern Dichtern sehr häufig.
Übrigens ist die Theorie selbst nicht immer derselben Meinung
gewesen; RONSARD, Art poét. Œuvr. VII 328 (in einem Abschnitte, wo man dies nicht sucht, wie überhaupt seine kleine
Schrift jeder systematischen Anordnung ermangelt) sagt, man
solle sich doch ja nicht bedenken *or* (Gold) mit *accort, fort,
ort,* oder *char* mit *part, renart, art* reimen zu lassen und so
die Möglichkeit anderer Reime zu jenen Wörtern zu gewinnen
als der immer wiederkehrenden *or* (=*ores*), *tresor, Nestor,
Hector* und andererseits *César*; dabei empfiehlt er dann allerdings in seltsamer Ängstlichkeit das *t* jener Reimwörter in
solchen Fällen wegzulassen und durch einen Apostroph zu
ersetzen. Es stimmt damit überein, was MARMONTEL im achtzehnten Jahrhundert lehrt, und was QUICHERAT 384 als das
Vernunftgemäfse hinstellt, ohne damit zu sagen, dafs es gegen-
wärtig auch schon als gültig anerkannt sei[1]).

Auf der anderen Seite reicht die Übereinstimmung der
betonten Vokale und des hinter ihnen Stehenden nicht aus

---

[1]) An ermutigendem Beifall lassen es auch neueste Kritiker nicht
fehlen, wenn sie Fesseln abstreifen sehen, die früher im allgemeinen
willig getragen wurden. ABEAUNIER rühmt ERNEST GAUBERT, den Verfasser der ‚Vendanges de Vénus‘ *d'omettre délibérément quelques rè-
gles ridicules, celle de l'alternance des rimes, la distinction des rimes*

zur Korrektheit des Reimes, wenn sie blofs für das Auge,
in der schriftlichen Darstellung vorhanden ist, während die
zu Gehör kommenden Laute ungleich sind. Die französische
Schrift ist ja keine phonetische und verwendet oftmals gleiche
Buchstaben für verschiedene Laute, läfst Quantität und Qualität der Vokale vielfach unbezeichnet u. dgl. Es würden
also nicht reimen *ville . . fille*, obgleich man sich dafür auf
D'Aubigné, Misères 230 berufen könnte, *chăsse . . păsse*[1]),
nicht reich reimen *visible . . sensible, arroser . . penser*.
So sind denn heute auch blofs das Auge befriedigende und
daher unzulängliche Reime diejenigen der Wörter auf *-er*
untereinander und diejenigen der Wörter auf *-ier* untereinander,
wenn in dem einen Reimworte das *r* laut, im anderen stumm
ist, doppelt unzulänglich sogar, da überall, wo das *r* verstummt, das ihm vorangehende *e* geschlossen, wo das *r* laut,
das *e* offen ist. Es reimen also nicht *cacher . . cher, étouffer
. . fer, aimer . . amer* oder *mer, habiter . . Jupiter, river . .
ver* oder *hiver, greffier . . fier, prier . . hier*. Diese Reime,
welche altfranzösisch teilweise vollkommen korrekt waren,
zum Teil auch nicht korrekt, aber ohne dafs dabei das *r*
im Spiele war, das damals ohne Zweifel im Auslaut ebenso
regelmäfsig gesprochen wurde wie im Inlaut, sind auch im
sechzehnten Jahrhundert noch sicher Reime fürs Ohr gewesen, wurden dann aber aus dieser Zeit ins siebzehnte hin-
übergenommen, obschon inzwischen die Aussprache sich geändert hatte. Im sechzehnten noch wurde das auslautende
r immer gesprochen. Beza (1584) sagt S. 37: *hæc litera,*

---

*masculines et des féminines, des singuliers et des pluriels, tout le
vieux formalisme en désuétude*, Rev. pol. et litt. 1900 II 63b, und sagt
von Arouquès („Pour elle'): *il fait bravement rimer des singuliers et
des pluriels quand le son est le même dans les deux mots (charme, lar-
mes), il se contente parfois de l'assonance (falote, emporte)*, eb. II 127a.

[1]) Hierüber s. Thurot II 676 und HEstienne's Äufserungen bei
Clément S. 447. — Unrichtig ist auch der bei VHugo, QVents II 103
sich findende Reim *j'aimai, je semai: mai; enfermai: mai (und aimé:
mai)* bei FCoppée, Mois, und bei Rostand, Cyrano - III 6, wo ge-

sive inchoet sive finiat syllabam, nativo suo sono profertur,
und S. 76 von *q* und *r*: *hæ literæ nunquam quiescunt.* Die
ersten Stimmen, die sich gegen die in Rede stehenden Reime
auflehnen, sprechen daher nur von einer tadelnswerten Paarung
zweier verschiedener *e* und erwähnen gar nicht, dafs in dem
einen Worte das *r* gesprochen werde, im anderen stumm sei.
So sagt MÉNAGE in einer Anmerkung der Ausgabe von
MALHERBE'S Werken (Paris 1666) aus Anlafs des Reimes
vanter : Jupiter : Notre poëte emploie ailleurs ces rimes vi-
cieuses, que nous appelons normandes, parce que les Nor-
mands, qui prononcent er ouvert comme er fermé, les
ont introduites dans notre poésie; in der Tat hat MALHERBE
mehrere Reime dieser Art: *chair : pécher, consumer : mer,*
enfer : philosopher u. dgl. s. LALANNE in seiner Ausgabe V
S. 85, wobei es sich freilich fragen würde, ob MÉNAGE bei
seiner Bemerkung alle diese Reime, die sprachgeschichtlich
keineswegs in die gleiche Linie gehören, gleich ungenau gefunden hat. Reime gleicher Art finden sich bei CORNEILLE
in ziemlich grofser Zahl: *son air : donner, clair : aveugler,*
l'air : dissimuler u. dgl., s. in der Ausgabe von MARTY-
LAVEAUX XI S. 94; MOLIÈRE: *très cher : chercher,* Fâch.
I 205; RACINE: *ce monarque si fier : associer,* Bajaz. H 1;
cher : arracher, eb. II 3; *fiers : premiers,* Mithrid. IV 6. Im
siebzehnten Jahrhundert bildete sich dann aber auch die weitere
Neuerung in der Aussprache heraus, dafs ein Teil der auf *-er*
und *-ier* ausgehenden Wörter, namentlich die Infinitive erster
Konjugation das *r* verstummen liefsen, während in anderen
es laut blieb; dies bezeugt CHIFLET's Essai d'une parf. gramm.
frç. 1659, und der Pater MOURGUES stützt denn auch hierauf
(Traité de la poés. frç, 1685) seine Verwerfung der ‚rimes
normandes', in der er mit Vaugelas (1647) zusammentrifft. Die

schlossenes offenem *e* gegenübersteht; s. Rev. pol. et litt. XXVIII 89
(1881). Andere Parallelen zu CORNEILLE's Reim *tu sais : essais,* Menteur IV 3, den VOLTAIRE mit Recht anficht, bei WEBER IX 260 und
bei TISSEUR S. 158.

Ausscheidung der Wörter, in welchen das Schlufs-*r* stumm sei, ist übrigens nicht von Anfang an in der Weise erfolgt, wie sie heute besteht; das siebzehnte Jahrhundert hat in viel zahlreicheren Wörtern das *r* verstummen lassen, so auch in den Infinitiven auf -*ir*, in den Wörtern auf -*eur*[1]), ohne dafs übrigens diese, nachher grofsenteils wieder rückgängig gewordene Änderung der Aussprache zu Unregelmäfsigkeiten des Reimes geführt hat. VOLTAIRE hat diesen sogenannten normandischen Reim in seinen Bemerkungen zu CORNEILLE's Werken oft als einen nur für CORNEILLE's Zeit angemessenen, weil zu der damaligen Aussprache stimmenden bezeichnet (wobei er wahrscheinlich Unrecht hat, wenn er meint, es sei in beiden Wörtern -*air* gesprochen worden; wenigstens weist MÉNAGE's Aussage auf -*ér* hin); das hat ihn jedoch seltsamerweise nicht gehindert in seinen eigenen Werken ebenso zu reimen: *léger : air*, Pucelle II; *fers : légers*, Zaïre II 2; *arracher : cher*, eb. V 19. Noch VHUGO paart *mer* mit *écumer*, *fiers* mit *premiers*, s. BECQ DE FOUQUIÈRES 33, EWEBER 529, IX 260. Die Aussagen der Grammatiker über den Ausgang -*er* hat THUROT I 55—62 zusammengestellt.

Aus demselben Grunde, nämlich als Reime, die blofs dem Auge Genüge tun, sollten auch noch andere gemieden werden, wo hinter dem identischen Tonvokal des einen und des andern Reimwortes blofs die Schrift den nämlichen Buchstaben zeigt, die Aussprache aber nur in dem einen Wort einen Konsonanten hören läfst, im andern nicht. Es trifft dies verschiedene Konsonanten: *s* in fremden Eigennamen, aber auch in echt französischen Wörtern wie *ours, tous, lis, fils, hélas*; *t* in *sept, net* u. dgl. mehr. Hier ist man übrigens jederzeit nachsichtiger gewesen um nicht die Zahl der Wörter, zu denen

---

[1]) Daher denn die Verwechselung mit -*eux* in *piqueux, violoneux, rebouteux, gâteux, faucheux*, die Bildung von Femininen auf -*euse* zu Masculinen auf -*eur* und heute noch die Aussprache von *monsieur*.

es gar keine oder doch nur sehr wenige Reime gibt [1]), allzu sehr
zu vermehren. Wie die Dichter des siebzehnten Jahrhunderts
gereimt haben *Mars : étendards*, CORNEILLE, Rodog. II 2;
ours : amours, LA FONTAINE, F. XII 1; *logis : fils*, eb. VII
16; *nous : tous*, X 4; *regret : net*, MOLIÈRE, Éc. d. mar. I
2; *satisfait : net*, Misanthr. II 1; *Agnès : après*, Éc. d. fem. I 2;
ours : toujours, PERRAULT S. 13; *sept : cornet*, BOILEAU, Sat.
IV; *fous : de tous*, eb.; *Burrhus : vertus*, RACINE, Britann.
II 2; *Pyrrhus : confus*, Androm. I 1, welche Reime übrigens
vielleicht bei damaliger Aussprache wohl gerechtfertigt waren,
so spätere *réunis : empire des lis*, VOLTAIRE, Adél. II 7;
*et que les mêmes coups Dans l'horreur du tombeau nous
réunissent tous*, eb. IV 5, und so wird heute gereimt *lapis :
tapis*, VHUGO, Contempl. I 117; *Pathmos : mots*, ders. Lég.
d. S. III 3; *Bélus : plus*, eb. VI 1[2]); *finit : granit*, QVents
II 16; *pas : hélas*, eb. 84; (s. auch ERIGAL, VHUGO poète
ép. 196); *suis : fils*, AUGIER, Paul Forestier IV, 5; *partis :
fils*, Aventurière I 1; *crucifix : fils*, Diane I 1. Hier ist
auch *monsieur* zu erwähnen, zu welchem Wort es nach
heutiger Regel keinen Reim geben würde, das aber von den
Dichtern öfter im Reime auf *-eur* gebraucht ist: *monsieur :
flatteur*, LA FONTAINE, F. I 2; *: sœur*, MOLIÈRE, Ét. V 5;
: peur, Dép. am. I 4; *: cœur*, eb. 5 (jedoch auch *mon-
sieu : feu*, Éc. d. Femmes I 2); *crieur*, RACINE, Plaid. II 10;
: rieur, VHUGO, QVents, Zabeth Sc. 4; *: cœur*, AUGIER, Avent.
I 4. Da übrigens LA FONTAINE den Plural *messieurs* auch mit

---

[1]) Eine Liste von solchen erster Art gibt z. B. F. DE GRAMONT,
Les Vers français, .S. 43 : *vaincre, perdre, sauf, peuple, humble, poil.*

[2]) Dafs man wenigstens heutzutage auf der ersten Bühne Frankreichs durch die Rücksicht auf den Reim sich nicht bestimmen läfst
von der Aussprache abzugehen, welche den Reim tatsächlich aufhebt,
ist durch PLŒTZ, Syst. Darst. d. Ausspr. S. 95, aufser Zweifel gebracht;
s. auch *tu le fis (fi) : mon fils (fis)* bei KOSCHWITZ, Parlers paris. [2]
S. 130. LESAINT freilich, Traité complet de la prononc. S. 290 verlangt,
dafs dem Reime zuliebe das in gewöhnlicher Rede laute *s* verstumme.

trompeurs reimen läfst, Le diable de Papefiguière, welchem
Reime sich VHugo's *plusieurs : messieurs,* Zabeth Sc. 4 anschliefst, so wird dadurch wahrscheinlich, dafs das *r* in beiden
Zahlen meist noch laut war; ein *messieurs* mit stummem *r*
würde er wohl eher mit Wörtern auf *-eus, -eux* haben
reimen lassen.

Altfranzösische blofs dem Auge genügende
Reime sind im ganzen selten zu finden. Als solche wird
man die ansehen müssen, in welchen ein sonst immer di-
phthongisches *ie* (*ié*) einem sonst immer zweisilbigen, einen
weiblichen Ausgang bildenden *ie* (*iẹ*) gleichgestellt wird; denn
sollte auch der steigende Diphthong *ié* aus einem (vorgeschicht-
lichen oder geschichtlichen) fallenden sich entwickelt haben,
nirgends doch aufser in diesen Reimen stöfst man auf etwas,
das als Anzeichen seiner Zerlegung in zwei Silben aufzu-
fassen wäre, oder auf mehr als ganz vereinzelte Spuren einsilbiger Geltung des Ausganges *iẹ*. Und doch erheben sich
wieder Bedenken, wenn man sich vergegenwärtigt, dafs
die in Rede stehenden Bindungen auch in Chansons de
geste begegnen, die sicher nicht bestimmt waren von Lesern
genossen zu werden. Über die Sache s. BARTSCH zu Rom.
u. Past. I 65, 14 und meine Bemerkungen in Gött. Gel. Anz.
1877 S. 1605; als Beispiele mögen hier genügen aus einer
Laisse auf *-iẹ*: *Glous, dist Guillaumes, li cors dieu te
maldie! A molt grant tort m'as or contraloie. Laisse ma
targe, si feras cortoisie; Molt l'ai portee, forment m'a tra-
vellie,* Alisc. 64; ferner *moitie* und *selie* (sonst *celi* oder *celiei*
oder *celié*), Oxf. LHs. III 15 VI Wörtern auf *ie* gleich-
gesetzt, und die zahlreichen, die GOLDSCHMIDT im Sone S. 559
gesammelt hat. Damit gleicher Art ist der Reim *vient* (*vĕnit*):
dient (*dicunt*), Propr. d. choses in Romania XIV 480 und
nient (‚nichts'): *prient* (‚bitten'), Sone 3295.

Die französische Sprache macht das Reimen
sehr leicht, wohl noch leichter als eine der Schwestersprachen; sie hat mit diesen die grofse Zahl betonter Flexions-

endungen und Suffixe der Wortbildung gemein; es kommt
bei ihr hinzu der Abfall der tonlosen Vokale hinter der Tonsilbe oder deren Zusammenfallen in ę, und, wenigstens in der
neufranzösischen Zeit, das Zusammenfallen mancher ursprünglich verschiedenen Laute: auslautend *s*, *x*; *ain*, *ein*, *in*; *an*,
en, von allem Anfang an das Zusammenfallen von Media
und Tenuis im Auslaut[1]). Man gewinnt davon am besten
eine Anschauung, indem man die Reimwörter.eines Gedichtes
der einen romanischen Sprache in die Formen der anderen
umsetzt. Da nun aber der Gleichklang in einer sehr grofsen
Zahl von Fällen sich auf ungemein weniges beschränken
würde, wenn man sich an dem genügen liefse, was die Reimregel unbedingt erfordert, so ist von früher Zeit an der Reichtum des Reimes (altfranzösisch *rime consonant* genannt),
den man in den Literaturen der Schwestersprachen kaum je
angestrebt zu haben scheint, als ein Vorzug empfunden und
schon in der altfranzösischen Literatur vielfach gesucht[2]), in
der neufranzösischen für gewisse Fälle geradezu gefordert worden. Dies gilt namentlich von den Wörtern, die auf
é(s), *ée(s)*, *er(s)*; *ié(s)*, *iée(s)*, *ier(s)* ausgehen, wobei zu
bemerken ist, dafs *jetzt*, wenn der Tonvokal des einen Wortes
muta cum liquida vor sich hat, das Reimwort nur die nämliche Liquida, nicht auch die nämliche Muta zu haben
braucht[3]); also richtig: *volé* : *appelé*; *trouvée* : *achevée*; *danger* :

---

[1]) Dagegen freilich hält das Französische das auslautende *s* fest,
hat in der alten Zeit für manche Nomina zwei formal unterschiedene
Casus besessen, hat schon in frühester Zeit den Unterschied zwischen
offenem und geschlossenem *o* und zwischen offenem und geschlossenem
e als bedeutend genug empfunden um den Reim zu hindern und verliert dadurch manche Reime, die bei anderem Sachverhalt sich würden
ergeben haben.

[2]) S. hierüber die wertvolle Arbeit EFreymond's Über den reichen
Reim bei altfranzösischen Dichtern, im sechsten Bande der Zts. für rom.
Phil. (1882).

[3]) Dafs man -*gner* mit -*ner* dürfe reimen lassen, wie Quicherat
28 sagt, ist schwer zu glauben und mufste er durch mehr Beispiele er-

songer; *pitié* : *moitié*; *employée* : *payée*; *métier* : *héritier*; *troubler* : *consoler*; es sind dagegen unzureichende Reime *délibérer* : *exécuter*, LA FONTAINE, F. II 2; *coucher* : *Berlinguier*, La gageure; *pleurer* : *réconforter*, Le calendrier (überhaupt reimt LA FONTAINE wenig streng)[1]); mangelhaft auch *excusés* : *assez*, VHUGO, Lég. d. S. IV 5, 4. Geht dem *e* obiger Endungen ein Vokal vorher, der einer besonderen Silbe angehört, so ist nicht nötig, dafs es in beiden Reimwörtern der nämliche sei (abgesehen von dem zweisilbigen *ié*); tadellos reimen also *Noé* : *avoué*, BOILEAU, Sat. 10; oder *enroué* : *Danaé*, AUGIER, Ciguë I 5. Reich sollen auch die Wörter auf *i* und die auf *u* reimen, von den ersteren wieder ausgenommen die, welche vor dem *i* einen Vokal haben (*obéi* : *trahi*), ferner reimen so meist die auf *a*, auf *ir*, *on*, *ent*, *ant*, *eur*, *eux*. (MGRAMMONT findet auch Paarungen wie *pain* : *main*, *tombeau* : *d'eau* nicht oder doch höchstens in paarweise gereimten Versen ausreichend, weil hier die Übereinstimmung sich auf den nasalen oder oralen Tonvokal beschränke; in *Noé* : *Danaé* und *moi* : *loi* wäre der Stütz-

weisen als das einzige *confiner* : *régner* aus RACINE's Bérén. IV 4. Man findet bei dem nämlichen Dichter *régner* auch mit *gêner* gereimt, Théb. V 3, mit *importuner*, Bajaz. V 4 (von SUCHIER mitgeteilt), bei weitem öfter jedoch mit *baigner*, *épargner*, *gagner*, *éloigner* wie auch das Substantiv *règne* mit *craigne*, Théb. II 3. Entweder hat der Dichter für *régner* neben der heutigen eine ältere, im Altfranzösischen vielfach nachweisbare Aussprache anerkannt, wonach der Stamm hinter *e* ein einfaches *n* hatte (s. DARMESTETER U. HATZFELD I 220, BECQ DE FOUQ. zu MALHERBE C Z. 6), oder er hat sich an den angeführten Stellen reich zu reimen erspart. Auch LA FONTAINE läfst im Faucon *gagner* mit *confiner* reimen, ROTROU gibt ähnliche Reime öfter, während sie bei CORNEILLE zu fehlen scheinen *résignés* : *enchaînés* reimt CHANTAVOINE in Rev. pol. et litt. 1885 II 245. Die Reimwörterbücher trennen die Verba auf *-gner* von denen auf reines *-ner*.

[1]) Die Verstöfse gegen die strenge Regel, die er sich in der anspruchslosen Fabel erlaubte, verzeichnet LUBARSCH's recht sorgfältige Schulausgabe; verschiedene Fälle nicht reichen Reimes unter Umständen, wo reicher gefordert wird, bei RACINE zählt BECQ DE FOUQUIÈRES 28 auf.

konsonant, der den Reim zu einem reichen macht, in dem
ungeschriebenen spiritus lenis oder in dem *w* gegeben, die
dem Endvokal vorangehn. S. Rev. d. lang. rom. XLII
162). Von der Forderung des reichen Reimes wird bei
allen diesen Ausgängen gern Abstand genommen, wo das
eine Reimwort einsilbig ist (*vu* : *rendu*; *cri* : *ennemi*; *fleur* :
auteur sind tadellos). Sehr oft hat man sich freilich mit dem
S c h e i n e   r e i c h e n   R e i m e s oder mit Annäherung an ihn
begnügt: *saisons* : *laissons* VHUGO, QVents II 4; *vaisseau* :
oiseau, eb. 64; *jasant* : *innocent*, eb. 159; *choisi* : *merci*,
Lég. d. S. V 1, 3; weitere Beispiele bei EWEBER 529, darunter auch solche, wo reines *l* oder *n* mouilliertem vor dem
Reimvokal gleichgestellt wird. ERIGAL, VHUGO S. 196 weist
auf die Bedeutung des reichen Reimes für solche Dichter
hin, die sich zahlreiche Enjambements erlauben. Die Gleichheit des Tonvokals der Versausgänge könnte ja, wenn hinter
einem von ihnen keine Pause möglich ist, leicht unbemerkt
bleiben, wofern nicht auch ein gleicher Konsonant ihm vorangeht [1]).

---

[1]) An unwilligem Spott über die zu weit getriebene Forderung
des reichen Reimes haben es die Dichter nicht fehlen lassen. LA FON-
TAINE, F. II 1 fingiert eine Unterbrechung durch einen Kritiker nach
dem Reime *priant* : *amant*; A. DE MUSSET sagt von seinem Mardoche:
*Les Muses visitaient sa demeure cachée, Et quoiqu'il fît rimer i d é e
avec f â c h é e, On le lisait* (s. dazu WEBER 530) und höhnt Pr. Poés.
211: *Vous trouverez, mon cher, mes rimes bien mauvaises; Quant
à ces choses-là, je suis un réformé. Je n'ai plus de système, et j'aime
mieux mes aises; Mais j'ai toujours trouvé honteux de cheviller. Je
vois chez quelques-uns, en ce genre d'escrime, Des rapports trop exacts
avec un menuisier. Gloire aux auteurs nouveaux, qui veulent à la
rime Une lettre de plus qu'il n'en fallait jadis! Bravo! c'est un bon clou
de plus à la pensée. La vieille liberté par Voltaire laissée Était bonne
autrefois pour les petits esprits.* Damit ist zusammenzuhalten die Brief-
stelle bei ABARINE, A. de Musset, Paris 1893, S. 29. Heutige Neuerer
setzen sich natürlich auch über die Forderung des reichen Reimes
hinweg, wo es ihnen gut scheint, s. PELLISSIER, Mouvem. litt. contemp.
(1901) S. 205 ff.

Es versteht sich, dafs das vokalische Element der Tonsilbe statt eines einfachen Vokals einer der wenigen steigenden Diphthonge sein kann, die das Französische noch
besitzt (*foi* : *loi*; *bien* : *rien*; *dieu* : *lieu*; *croie* : *voie*; *fière* : *bière*).
Besonders zu bemerken aber ist, dafs diesen Diphthongen
im Reim die entsprechenden zweisilbigen Verbindungen der nämlichen Vokale gegenüber stehn dürfen,
natürlich ohne dafs diese darum aufhören zweisilbig zu sein;
es reimen also nicht blofs *héritier* : *rentier* einerseits und
pri|er : *li|er* andererseits, sondern auch *héritier* : *pri|er*. Die
Erklärung der Tatsache liegt *j*edenfalls darin, dafs die zweisilbigen Verbindungen so gesprochen werden, dafs das erste
Element in der Aussprache zweimal zur Geltung kommt,
einmal als selbständiger Vokal der ersten Silbe und dann
noch einmal als Vorschlag zum zweiten Vokal: *L'empire
vainement demande un heritier.* || *Que tardez - vous, sei-
gneur, à la répudi|er?* RACINE, Britann. II 2; *Si tandis que
je donne aux veilles, aux alarmes* || *Des jours toujours à
plaindre et toujours envi|és,* || *Je ne vais quelquefois respirer
à vos pieds,* eb. II 3; *Et que j'entende dire aux peuples
Indi|ens* || *Que j'ai forgé moi-même et leurs fers et les
miens,* ders., Alex. I 1; *Et n'a point d'ennemis qui lui soient
odi|eux* || *Plus que deux fils ingrats que je trouve en ces
lieux,* Mithrid. II 3; *Il est vrai, j'ai sujet d'en être réjou|i.* ||
Vous ne m'aimez donc pas à ce compte? — Vous? — Oui,
MOLIÈRE, Éc. d. Femmes V 4; *lieux* : *préc|ieux,* PERRAULT
(éd. LEFÈVRE) 18; *radi|eux* : *adieux,* VHUGO, QVents II 65;
fouet : *secou|ait,* Lég. d. s. I 309; *Et mes lèvres, mes yeux,
mon cœur, tout disait: Oui!* || *Ah, mon passé n'est plus et
s'est évanou|i,* FCOPPÉE, Olivier 8. Auch das ist bei dem
durchaus steigenden Charakter der noch vorhandenen Diphthonge und dem beinah konsonantischen ihres ersten
Elementes nicht zu verwundern, dafs sie im Reime oft dem
einfachen Vokale gegenüber gestellt werden, der ihrem
zweiten Elemente entspricht, also *ié . . : é . ˙. , ieu : eu,. ui* :

i [1]). *fière* : *frère*, RACINE, Alex. I 1; *ivresse* : *pièce*, VOLTAIRE, Pucelle XVI; *lumineux* : *cieux*, ders., La bégueule; *avis* : *puis*, MOLIÈRE, Éc. d. Fem. III 4; *nuire* : *désire*, Tart. V 4; *livre* : *suivre*, RACINE, Alex. I 1, Androm. I 2; *suite* : *Scythe*, Alex. II 1; *lui* : *endormi*, A. DE MUSSET, P. Nouv. 86; *autrui* : *oubli*, eb. 71; *esprit* : *cuit*, eb. 163; *nuit* : *nid* (eigentlich *ni*), eb. 61, 63; *suis* : *fils*, AUGIER, Paul Forestier IV 5; *fouets* : *mu|ets*, PONSARD, Lucrèce V 4; *lui͡* : *évanou|i*, FCOPPÉE, Olivier 9; sogar *ou͡i* : *lui͡*, AUGIER, La jeunesse II 1. (Einige Reime gleicher Art, die nebenher noch hinsichtlich der Endkonsonanten Abweichungen vom früheren Brauche zeigen, wie *voix* : *déjà*, *part* : *voir*, führt STENGEL, in Zts. f. frz. Spr. XVI[2] 230 an.) Diese Erscheinung ist schon der altfranzösischen Zeit wohl bekannt, nur dafs dort bei der gröfseren Zahl der vorhandenen steigenden Diphthonge auch die Zahl der Arten solcher Gegenüberstellung noch gröfser ist; Beispiele davon Vrai Aniel[2] S. XXIII und XXIV. Zu den im Neufranzösischen begegnenden Fällen kommen dort die hinzu, bei welchen *ue* beteiligt ist: *purpens* : *cuens*; *dueil* : *conseil*; *orgueil* : *pareil*; daher auch *quier* : *cuer*, JCOND. I 328, 814 und öfter (s. Einleitung des Eneas S. XV), ferner die, wo dem Diphthong *au* der Triphthong *iau* (*chevaus* : *isniaus*), dem Diphthong *eu* der Triphthong *ieu* (*espiriteus* : *ieus*), dem Triphthong *uei* der Triphthong *iei* (*nueit* : *delieit*) gegenübersteht; *ié* und *é* aber reimen im Altfranzösischen kaum. (Über die nämliche Erscheinung im Provenzalischen s. BARTSCH, Anm. zum Provenzalischen Lesebuch 35, 23 und Jahrb. VII 202; im Altspanischen HARTMANN, Über das altsp. Dreikönigsspiel, 1879, S. ̄35.)

Es stört den Reim nicht, wenn die tonlose Silbe

---

[1]) Hierher wird es zu rechnen sein, wenn D'AUBIGNÉ, Misères 212 *pareil* : *cercueil* reimt und gleichartige Paarungen anderwärts zuläfst; ihm war augenscheinlich *ue*, *oe* vor mouilliertem *l* noch wie im Altfranzösischen steigender Diphthong. Die Äufserungen der Grammatiker bei Thurot I 462 ff. sind nicht alle recht klar.

beim weiblichen Reime von einem besonderen Worte
gebildet wird, das aber natürlich nur ein tonloses, enkli-
tisches sein kann: *dis-je* : *oblige*, Molière, Tart. III 6;
Femm. Sav. I 1; Boileau, Épitre III; Racine, Plaid. III 3;
collège : *sais-je*, A. de Musset, Dupont et Durand, *dis-je* :
prodige, ders., Louison II 6; *dirai-je* : *abrège*, eb. II 5;
qu'entends-je : *ange*, VHugo, Contempl. VI 26; *neige* : *n'ai-je*,
FCoppée, Olivier 8; *est-ce* : *caisse*, führen die Reimwörterbücher an, und es ist ohne Zweifel auch aus Dichtern zu
belegen. Andere aber als die Pronomina *je* und *ce* läfst die
neufranzösische Dichtung so nicht mehr zu. Die altfranzösische Zeit verfuhr hier noch freier: sie liefs nicht nur
je und *ce* hinter dem Verbum, zu dem sie Subjekte sind,
die tonlose Silbe im weiblichen Reime bilden: *loge* : *lo ge*
(*laudo ego*), Guil. d'A. 1804; *lo ge* : *orloge*, Barb. u. M. H
437, 270; *ferai ge* : *vasselaige*, Rich. 4272 und mit be-
merkenswerter Abweichung der Aussprache des Pronomens[1])
die (d. h. *di je*) : *hardie*, BCond. 50, 153; *di ge* : *mie*, Ren.
16565; *metraie* (*metrai je*) : *ratraie*, Mont. Fabl. III 63;
o ie (ja ich) : *joie*, Barb. u. M HI 396, 104; *o ie* : *veoie*,
Eracl. 537 [2]); *Mestre, dist il, por dieu, que vaut che?* || *Je
voi mout bien c'on vous chevauche*, Barb. u. M. IH 111,
466; so auch *qui est-ce* : *liesse*, Marot (1824) II 301; nicht
nur erlaubte sie sich, *je* eben so zu behandeln, wenn es durch
den Versschlufs von seinem Verbum getrennt war, so dafs

---

[1]) Wegen der Aussprache eines reinen Jod-lautes, wo später *ǵ* ein-
trat, vgl. auch den Reim *lo Braz saint Jorie* : *victorie*, Mir. Vierge Orl.
I 28 (in Notices et extr. XXXIV 2).

[2]) Dasselbe Pronomen, hinter dem Verbum betont und dann meist
gie geschrieben, reimt auch männlich, mit *herbergié*, Ch. lyon 262, mit
congié, Veng. Rag. 5160, leoninisch *cuit gié* : *jugié*, Ch. lyon 1771,
doing gié : *congié*, eb. 2613, *ferai gié* : *assegié*, Ren. 15905; *com gié*
congié, R. de Houd., in Tr. Belg. II 180, 94. Ein recht auffälliger
Reim ist *Biaux Carados, es tu donc ce? Or a primes te connois ge*,
Percev. 14866; vgl. Ille u. Gal. 5592, dazu Foerster und Arch. f. d.
Stud. d. neu. Spr. 91, 117.

ein ungemein starkes Enjambement sich ergab: *Saluons tuit ensemble nostre dame et s'ymage;* || *Sa douceur, sa franchise le cuer espris si m'a, ge* || *Ne me puis plus tenir,* GCoins. 738, 58 (doch ist dies letztere eine selten begegnende Künstelei, vgl. oben S. 27); sondern sie läfst auch *le* hinter dem Verbum und *me* und *te*, die ja altfranzösisch auch hinter dem Verbum stehn können, und *ce* und *que*, wenn diese eine Präposition vor sich haben, als tonlose Silben im weiblichen Reime gelten: *Et si parlez a cest hermite.* || *Assez trova qui li dist: fui te,* MÉON II 486; *Pour çou dist drois: folour, ratroi te* (: *emploite*), BCond. 261, 489; *ren te : rente,* eb. 127, 238; so auch das picardische *te* als Subjekt des Verbums, also wenn es gleich *tu* ist (s. oben S. 59), *träisis te, fesis te : triste,* Berte 2222; *ies te : bieste,* BCond. 170, 541; *Il vint a une soie garce,* || *Car son pelerinage par ce* || *Tolir li vaut li anemis,* GCoins. 291, 16; *ge nel me pensai onques,* || *Dame, sauve la vostre grace;* || *Mes la peors si m'esmuet a ce* || *Que . . . ,* Poire 2641; *S'on dit que nature lui face* || *Par force qu'il soit enclin a ce,* || *Les gens ne le doivent pas croire,* JBruyant II 13a; *Et leur porter grant reverence.* || *Car on puet moult acquester en ce,* eb. II 27a; *Et l'arcevesques de Ruem Fouke* || *Fu ocis adont, ne sai pour ke,* Mousk. 13068; so auch mit *les,* z. B. *eles* (*Flügel*) : *refuseles* (d. h. *refusez les*), Tr. Belg. II 165. Derartigen Reimen begegnet man noch im sechzehnten Jahrhundert nicht selten: *Si ce ne fust ta grand bonté qui à ce* || *Donna bon ordre, avant que t'en priasse,* Cl. Marot, Ép. au Roy du temps de son exil à Ferrare; *Que seray tien, non point seulement pour ce* || *Que, long temps a, tu fus première source,* Ép. à Mad^me de Soúbise; *Mesmes Envie à la fin s'accorde à ce* || *Et refraignit à ce chant son audace,* Chant royal de la Conception; *Cria tout hault : hers, par grace pesché le,* || *Car sa barbe est presque toute embousee,* || *Ou pour le moins tenez luy une eschelle,* Rabel. I 2; *O roi François, tant qu'il te plaira, pers le,* || *Mais si le pers, tu perdras une*

perle, Marot bei Littré unter *le*. — Besondere Erwähnung
verdient das seltsame Verfahren des GCoinsy (auf welches
schon Diez, Altrom. Sprachdenkm. S. 111 Anm. hingewiesen
hat); er stellt nämlich eines dieser tonlosen Wörter samt einer
vorangehenden Silbe einem Worte mit weiblichem Aus-
gange auch so gegenüber, dafs er den mit *jenem* einsilbigen
Worte schliefsenden Vers um eine Silbe kürzer als den damit reimenden sein läfst, also männlich, wodurch der Reim
im Grunde aufgehoben wird: *Que por moi mis celui en*
plege ‖ *Qui pooir a du tout, et ge* ‖ *Seur son pooir du tout*
le met, 549, 312; *Bien vit dedenz sa consci̇ence*, ‖ *Se mort*
le souprenoit en ce, ‖ *Que dampnez seroit et periz*, 576, 46;
A la garite, a la garite ‖ *Fui tost, fui tost et guaris te*
nicht *toi* trotz des Tones!), 648, 761; und so auch in den
Fällen des unerlaubt starken Enjambements: *Tu nos as dit*
grant multitude ‖ *De granz pechiez, mes se tu de* ‖ *Cestui*
moult tost ne te delivres, derselbe Dichter bei Méon H 85,
2670; auch anderwärts begegnen Beispiele dieses Verfahrens:
S'il ont el creator creance; ‖ *Endroit de moi je croi en ce*,
Ruteb. II 160; *Si est toz mes conforz en ce:* ‖ *Demi fet a*,
qui bien commence, Poire 327; *Si fera ele, ge sui plege.* ‖
Mesure respondi: mes ge (wo ein *Et* vor *Mesure* einzu-
schieben überflüssig war), eb. 2496; .. *D'estat, de richesse ou*
de force. ‖ *Car j'ose bien dire pour ce*, Fauvel 1433; *Du*
beau chemin de diligence, ‖ *Car chascun puet veoir en ce*,
JBruyant II 18a; *Les trois sereurs, nature et grace* ‖ *Et*
fortune, estrivent a ce, Vieille 126 (eine die Sache flüchtig
berührende Anmerkung bei Bartsch, Rom. u. Past. S. 375
hält die zwei Arten des Verfahrens nicht hinlänglich auseinander, während Mussafia in seinen Bemerkungen zu Guill.
de Dole, Sitzungsber. der Wiener Akademie CXXXVI VII
9 von der Erscheinung zutreffend handelt). Dafs derartige Reime
noch bei Martin Le Franc (gestorben 1461) vorkommen,
zeigt GParis in Romania XVI 418, 428; auch im Myst.
SAdrien findet man *se riens meffait* ‖ *Y trouvés, recorrigés*

le. || *Chier sire, vous plaist il que seelle* || *Ces mandemens?*
1867; weitere Beispiele aus dem fünfzehnten Jahrhundert geben
FEIST in der Zts. f. rom. Phil. XIII 294, PIAGET und PICOT IS. 12
der Œuvres de Guill. Alexis, wo wieder die zwei Arten des
Verfahrens nicht geschieden sind; s. auch STENGEL § 21.

Ein Wort soll nicht mit sich selbst im Reime
gepaart werden. Natürlich fallen unter dieses Gesetz
solche Wörter nicht, welche blofs gleiche lautliche Gestalt,
aber verschiedenen Ursprung und verschiedene Bedeutung
haben, also Homonymen: *été* (*statum, æstatem*), *voie* (*via,
videat*), *livre* (*librum, liberat*), *porte* (*portam, portat*), *nue*
(*nudam, nubem*), *conte comte* (*computum, comitem*) u. dgl.;
und obgleich von Homonymie tatsächlich hier die Rede nicht
sein kann, wird ein Wort als Reim zu sich selbst geduldet,
wenn es an den beiden Stellen so verschiedene Bedeutung
hat, dafs dem Bewufstsein der Sprechenden eine Zweiheit
von Wörtern vorzuliegen scheint: *pas* (Zusatz zur Verneinung,
,Schritt'), *point* (Zusatz zur Verneinung, ,Punkt'), oder vollends
panse und *pense*, *compte* und *conte*. Also z. B. *Les accom-
modements ne font rien en ce point;* || *De si mortels affronts
ne se réparent point*, CORNEILLE, Cid II 3; *Votre deuil est
fini, rien n'arrête vos pas,* || *Vous êtes seul enfin et ne me
cherchez pas*, RACINE, Bérén. II 4. — Sehr natürlich ist, dafs
es nicht als Reim eines Wortes mit sich selbst angesehen
wird, wenn die Identität sich nur auf ein tonloses *je* erstreckt,
das sich in den beiden Versen nicht an das nämliche Wort
anlehnt: .. *qu'obtiendrai-je?* .. *que vous dirai-je*, CORNEILLE,
Ment. V 5; *Est-ce que j'écris mal? et leur ressemblerais-je?*
|| — *Je ne dis pas cela. Mais enfin, lui disais-je,* || *Quel
besoin si pressant avez-vous de rimer?* MOLIÈRE, Misanthr.
I 2; indessen haben derartige Reime, da sie aufser dem
identischen Worte nur noch eine Endung in sich begreifen, etwas
ebenso wenig Befriedigendes, wie Reime, welche blofs identische Endungen umfassen, (*-assent, -eront, erais* u. dgl.),
s. QUICHERAT 44, wo so beschaffene Reime als ,unangenehme'

bezeichnet werden, ohne dafs zu ermitteln versucht wird, warum sie unangenehm sind[1]). Auch die Reime zwischen Wörtern, die als letzte Silbe *ci* oder *là* haben, untereinander und die zwischen solchen und einfachem *ci* oder *là* empfehlen sich nicht; in *voici, ceci, ici, voilà, cela* wird zwar *ci* oder *là* als besonderes Wort nicht gefühlt oder wenigstens nicht klar erkannt, aber gerade weil sich zu wenig bestimmte Vorstellung damit verbindet, eignen sie sich wenig zur Verwendung im Reime, stehen sie blofsen Endungen zu nah; immerhin findet man dergleichen: *mais, seigneur, la voici.* ‖ *Seigneur, Pompée arrive, et vous êtes ici,* CORNEILLE, Pomp. I 3; *voici* ‖ *L'ordre de votre père, et je le porte ici,* VOLTAIRE, La femme qui a raison, I 5; *ils n'ont rien de cela.* ‖ *Que diable ici fait-on de ce beau monsieur-là?* eb. I 5. Bei altfranzösischen Dichtern bemerkt man in dieser Beziehung eine gewisse Nachlässigkeit; man hat z. B. die Formen von *avoir* und *être* mit sich selbst reimen lassen, auch wo sie nicht blofs tempusbildende Hilfsverba sind. FOERSTER hat in der Anmerkung zu Richart 1581 auf drei Stellen dieses Gedichtes verwiesen, wo identische Formen von *avoir* sich gegenüberstehen: *Ne si tresgrant haste n'aiiés,* ‖ *Tant que ce grant avoir aiiés* ‖ *Departi,* 1640; *ma terre aiiés,* ‖ *Car mout desir que fait l'aiiés,* eb. 1700, wo die Sache bei der Verschiedenheit der Funktion des Verbums noch eher erklärlich erscheint[2]),

---

[1]) Sie sind es, weil der Reiz des Reimes darin liegt, dafs er ein Gleichklang ist, der sich gleichsam zufällig bei Wörtern ergibt, deren Bedeutung es nicht von vornherein als natürlich erscheinen läfst, wenn sie den zum Reime erforderlichen Gleichklang bieten; vgl. die nicht minder unerfreulichen deutschen Reime ‚Ewigkeiten : Streitigkeiten : Süfsigkeiten' und dagegen ‚streiten : Weiten : gleiten'; sogar eine Reimfolge wie ‚gefunden : gebunden : gewunden' ist, trotzdem dafs hier Wortstämme beteiligt sind, minder anmutig als eine, wo ‚Stunden : runden : Wunden : bekunden' dazwischen treten. Feine Bemerkungen über den (französischen) Reim findet man bei ERIGAL, VHugo poète ép. 198 ff.

[2]) Ähnlich: *puis que chilz n'i est.* | *Le destrier point li soudans, s'est* | *Mis en la presse des Frisons,* eb. 2550.

aber auch· *Ne say quel bonne amour i ay*, || *Car de fole amour point n'i ay*, 1972. Das Gedicht weist noch eine grofse Zahl von Reimen eines Wortes mit sich selbst auf; die meisten sind durch Emendation zu berichtigen, wie es Gött. Gel. Anz. 1874 S. 1043 um des Sinnes willen geschehen ist; andere sind hinzunehmen, weil das Wort in den zwei Versen nicht identische Bedeutung hat: *Plus en avras sans demander* (ohne Frage) || *Que n'oseroies demander* (heischen), 5064; vgl. *Que n'arai mais joie en ma vie*, || *Tant comme il ait el cors la vie*, Guil. Pal. 2176. Aber es finden sich auch anderwärts Beispiele gleichen Verfahrens; bei **mehr oder weniger verschiedener Bedeutung** des Wortes: *tort at : aveir at*, Reimpredigt I 53; *Onques puis que perdu vos oi*, || *Ne reposai ne joie n'oi*, Fl. u. Bl. 2464; *Onc plus lerres de lui ne fu* || *Puis cele heure que diex nez fu*, Ren. 28074 (M VII 280); *se cuidiez que bien soit.* || *Li rois dit: a vo plaisir soit*, eb. 26638 (M XI 2274); *Se la penetance ne fust*, || *Ja Ninive salva non fust*, Theoph. in Bartsch, Langue et litt. 476, 19, vgl. 477, 14; 476, 35; *gent qui furent et qui sunt : qui riche al secle sunt*, Poème mor. 485; *sovent alot* || *Sor un halt tertre por veeir* (nachsehn) || *S'en venant le pëust veeir* (erblicken), Tob. 1146; *Tout querra quanqu'il ert mestier* | *Et qu'il affiert a tel mestier*, Escan. 222; *Mais il demorroit comme pris* (gefangen), || *Tant qu'on avroit tout l'avoir pris* (in Empfang genommen), Mousk. 25564; *Molt me fait fiere chouse faire*, || *Mais son voloir m'estuet a faire*, Jouf. 2630; *Illoques furent a sejor* || *Molt longuement a bel sejor*, eb. 3334; s. auch Van Hamel's Einleitung zum Renclus S. CIV, ̄Foerster zu Ille u. Gal. 3644; **aber auch bei gleicher:** *Dites moi comment il vos est.* || *Sire, fait il, malement m'est*, Barb. u. M. IV 422, 502; *Demanda li coment li est.* || *Vostre merci, dist il, bien m'est*, eb. 284, 266; ebenso Perc. 27575; *Ha, Dröin, donez m'en asez*, || *Fet soi Renarz, que bones sont* (die Kirschen). || *„Par l'ame de toi, et ne sont?'* || *Fait Dröin.* -- *öil* — *„par mon* *chief*, || *Tu en avras, cui qu'il soit grief*, Ren. 25156 (M XI 802); *aidier vos vint : dont il vos vint*, Guil. Pal. 8084; *Li buen homme bien vëu l'unt* || *Al mien espeir, mes li mal n'unt*, MSMich. 2806; *en guerredon* || *Del servise que fait vos ai* || *Ou mon jovent tout usé ai*, Méon II 334, 92; *mestier ont : souffraite n'ont*, Guil. Pal. 3408; *ne ge ja senté n'aie*, || *Por quoi desleauté vers Yseut la blonde aie*, Poire 107; ferner Ch. lyon 3872. Im Renart hat man ein Beispiel von *puis* (*possum*) im Reime mit sich selbst: *Sel vos amenrai, se ge puis*. || —*Dist Morhout: se tenir le puis*, || *Ge ne demant nule autre chose*, 25596; *croire ne me vels : se tu vels*, Poire 2119; *bien le sai : je ne sai*, RCharr. 1388; s. auch Freymond's reiche Sammlung Zts. f. rom. Phil. VI 213, aufserdem etwa PMeyer im Escoufle S. LI, Goldschmidt im Sone S. 559, Walberg in Philippe's Bestiaire S. XXII. — In ebensolcher Weise begegnen auch Personalpronomina im Reime mit sich selbst, und bei diesen ist ja eine Verschiedenheit der Bedeutung ausgeschlossen, man müfste denn etwa an verschiedene Casusfunktion denken; doch liegt solche in den meisten Fällen nicht einmal vor. Zu den a. a. O. bereits gegebenen Belegen hier neue: *a vus : sur vus* MFce F. 83, 41 und dazu Warnke's Bemerkung; *Et a l'enfant noier fui gié*. || *Jhesucrist, que devendrai gié?* Méon II 227, 360; *mal aies tu! Mes sires vult öir canteir; ke cries tu?* Poème mor. 510; *Et l'en li dist : tes toi, tes toi*, || *Nus ne doit mes parler a toi*, Méon H 438, 362; *Recëu avez mort par moi*, || *Nus hom n'i a mesfet fors moi*, Ren. 25292 (M XI 938); *Qant il n'i a plus leu que lui*; || *Renarz se vangera de lui*, Ren. 19564; *a la cort a moult poi* || *En qui me fi tant con en vos* || *De barons; non, foi que doi vos*, Ren. 18684; *Ha, dist Renars, celui lo jou*, || *Honeur et croi, et vorroi jou* || *Que bien sans mal li avenist*, Cour. Ren. 1372; *Venuz i esteie endreit els*, || *Molt en voleie le prou d'els*, Troie 5872; *vers eus : entr'ex*, Ille u. Gal. 647; *avoec aus : entr'aus*, Mousk. 15631; *sour aus : entr'aus*, eb.

20838; bei Verschiedenheit des Casus: *Sire Renarz, bien reniez vos.* || *Primaut, diex benëie vos,* Ren. 3026 (XIV 226). Beispiele von mit sich selber reimenden Adverbien: *saisit les en :.. alat s'en,* Brandans Seefahrt 370; *veés le la* || *A cele haute table la,* MOUSK. 17071; *soiens ci:.. viegnent ci,* Guill. Pal. 1744; *corrent sus :.. estoit sus,* eb. 5528; *alez y : alons y,* Chemin de l. est. 5618. Dafs Reime solcher Art einem Gedichte nicht zur Zierde gereichen, ist selbstverständlich und ergibt sich aus dem, was oben von den Reimen blofser Flexionsendungen gesagt wurde, mit denen die hier angeführten Wörter in der Tat auch ungefähr gleiches Wertes sind [1]).

Wenn Reime von Homonymen zugelassen sind, so könnte man hieraus auf die Berechtigung der Reime auch aus solchen Wörtern schliefsen, welche zwar denselben Stamm aufweisen, aber mit so zu sagen homonymen, d. h. mit gleichlautenden, aber nicht gleichbedeutenden Endungen gebildet sind, welche also z. B. verschiedenen Wortarten angehören, wie *les armes : tu armes*; *la force : je force*; *au double : il double*; *le calme : il se calme* u. dgl. Indessen werden Reime dieser Art nur dann geduldet, wenn die Bedeutungen der beiden Wörter sich so verhalten, dafs die Identität des Stammes nicht zu leicht erkannt wird, sondern der Schein entsteht, es liegen verschiedene, blofs zufällig homonyme Stämme zu Grunde; so darf denn reimen: *il part : la part*; *la partie : elle est partie.* Ähnlich verhält es sich mit Wörtern, von denen eines als Compositum einen Stamm enthält, der auch im anderen, sei es mit, sei es ohne Präfix,

---

[1]) Was an den hier angeführten Stellen vorliegt, ist ganz anderer Art als die in der Lyrik oft grundsätzlich durchgeführte Wiederholung des nämlichen (und dann natürlich immer eines besonderen Nachdrucks werten) Wortes an je einer oder an je mehreren Stellen aller oder doch zweier aufeinander folgenden Strophen (Refrainwort, Kehrreimwort). In Nr. 117 der Bern. LHs. (= Nr. 1735 RAYN.) bringen die erste und die letzte Zeile jeder Strophe *joie* in den Reim; in Nr. 126 (= Nr. 1339 RAYN.) schliefst jede Strophe (und jedes Ge-

erscheint. Solche Wörter· im Reime miteinander zu paaren
ist dann gestattet, wenn die Bedeutungen sich so zueinander verhalten, dafs ihre Verschiedenheit sich nicht aus der
Verschiedenheit noch lebender Präfixe allein erklärt; so darf
man reimen lassen · *robe : dérobe*; *front : affront*; *lance :
élance*; *pas : trépas*; *penser : dispenser*; *objet* (Gegenstand
der Liebe) : *sujet* (Untertan), CORNEILLE, Rodog. III 4, Pompée
II 4, wogegen der Reim aus den nämlichen Wörtern bei
BOILEAU, Art poét. I 50 sehr unschön ist, weil sie hier fast
völlig gleichbedeutend sind; *sujet : projet*, Pompée II 3; *parti*
(Partei) : *réparti* (verteilt), Rodog. IV 1; *attendre : entendre*,
eb. IV 1; *reprendre (recouvrer) : surprendre*, IV 6; *défense :
offense*, V 1; *discours : secours*, Pomp. I 1; *prix : mépris*,
I 3; *souvenir : avenir*, II 4; *accès : succès*, IV, 1; *son secours : un autre cours*, Andromède II 6. Dagegen würden
unstatthaft sein *voir : prévoir : revoir* ; *mortel : immortel*;
content : mécontent u. dgl. Die Grenze des Erlaubten ist
hier sehr verschieden gezogen worden: *ses jours : toujours*,
CORNEILLE, Andromède I 2; *des dieux : funestes adieux*,
RACINE, Iphig. V 2; *quelqu'un : aucun*, BOILEAU, Sat. VII;
amis und *ennemis* sogar sind als mindestens etwas nachlässige Reime beanstandet worden; *perdu : éperdu*, Cid III
4 hat SCUDÉRI als fehlerhaft bezeichnet, *à cause que l'un
est le simple et l'autre le composé*, und CORNEILLE, der dies
anerkannte, hat den zweiten Vers geändert; VOLTAIRE aber
in seinen Bemerkungen über SCUDÉRI's Kritik gibt CONEILLE
Recht: *perdu et éperdu signifiant deux choses absolument
différentes, laissons aux poètes la liberté de faire rimer ces*

---

leit) mit *amie*; in Nr. 188 (= Nr. 2023 RAYN.) haben die ersten zwei
Strophen drei, die zwei nächsten zwei Reimwörter an entsprechenden
Stellen miteinander gemein; vgl. 234 (1 Stelle in jeder Strophe); 354
(unter den immer nur in den andern Strophen ihren Reim findenden
Schlufswörtern, ‚Körnern', ist eines für je zwei Strophen identisch); 363,
378; 483. In 463 sind je zwei Strophen durch Identität sämtlicher
Reimwörter verbunden. (Es sind Nr. 414, 531, 921, 1006, 130, 1867
RAYN.)

mots. — Bei den altfranzösischen Dichtern sind Reime von echten Homonymen ebenso häufig wie bei den heutigen oder häufiger[1]), Ch. lyon 188 *issi* (*exivit, ecc'sic*), *fust* (*fuisset, fustem*) 216, *pot* (*potuit*, ndl. *pot*) 592, *ost* (**auset, hostem*) 1636; ja man hat sie sogar vielfach gesucht und Wert darauf gelegt am Ende reimender Zeilen recht viel gleichlautende Silben ganz verschiedenen Sinnes zusammen zu bringen. Hierin hat schon GAUTIER VON COINSY Aufserordentliches geleistet: *fu plesanz et bele De cors, de braz, de mains, de vis; Et se par dedenz vos devis La biauté de la bele dame, Plus que de cors fu bele d'ame*, MÉON II 3; *La sainte virge pure et monde, Qui toz les siens netoie et monde, Si vos netoit et si vos mont Et si vos face cest vil mont Et cest vil siecle sor monter, Qu'en paradis puissiez monter*, eb. II 128; *Cil qui l'aimme volagement* (die h. Jungfrau), *Vers enfer pris vol a, je ment, Ains i est ja pieça volez*, GCOINS. 422, 220; *Lucifer ies a droit, car le jor aportas Et le perillié monde arivé a port as*, eb. 741, 152, und so an unzähligen Stellen, die freilich den Herausgebern gar zu oft dunkel geblieben sind; eine Zusammenstellung von Versreihen, wo GAUTIER mit Reimen aus gleichen Stämmen und aus Homonymen spielt, gibt REINSCH in HERRIG'S Archiv LXVII 78. Bei RUSTEBUEF findet man ähnliches I 64, 218; II 32, 71, 152, bei ADENET im Cleomades 18595; im selben Jahrhundert hat BAUDOUIN VON CONDÉ vielfach gleiche Kunststücke ausgeführt, so im Gedichte XVII der SCHELER'schen Ausgabe, das *conte* (*comites, computat*); *aroi* (Ordnung) : *à roi*; *joli et gent :' toute gent*; *diex : d'iex; ment gié : mengié; des cors : descors* (Streit) zu seinen ersten Reimen hat. Diese Art zu reimen, wofür schon GAUTIER VON COINSY den Namen *rimes équivoques*[2])

---

[1]) Zählungen sind vorgenommen durch JMÖLLMANN, Der homonyme Reim im Französischen, Dissertation aus Münster 1896.

[2]) *Vous, grant seigneur, vous, damoisel, Qui a compas, qui a cisel Tailliez et compassez les rimes Equivoques et leonimes*, S. 377 Z. 92.

braucht, hat auch später eifrige Pfleger gefunden, namentlich im fünfzehnten und zu Anfang des sechzehnten Jahrhunderts, wo Meschinot († 1491) und Guillaume Crétin († um 1525) hierin sich auszeichneten [1]); noch ClMarot hat dergleichen bisweilen getrieben, aber doch kaum anders als mit der Absicht komischer Wirkung; ebenso Rabelais, welcher nach EPasquier in der Person des Dichters Raminagrobis (III 21) den Crétin verhöhnt haben soll (s. darüber Quicherat 462 ff. und Bellanger's 1. Kapitel). Auch der Reim zwischen einfachem Wort und Compositum galt der alten Zeit nicht für fehlerhaft; gute Dichter haben ihn weniger oft als künstelnde Reimer, aber sie gehen ihm auch nicht ängstlich aus dem Wege: *batuz : abatuz*, Ch. lyon 502; *batuz : anbatuz*, 932; *pris : antrepris*, 962; *non : renon*, 2414. Viel häufiger ist er bei Gautier von Coinsy: *joindre : desjoindre*, Méon II 4; *eneure : desheneure*, II 5; *crut : descrut*, II 5; und manche finden die möglichste Häufung von Reimen aus Wörtern gleichen Stammes besonders schön; ein Beispiel gibt davon die fünfzehnte der Dichtungen Baudouin's von Condé, der an seinem Sohne einen Nachfolger auch in derlei Künsten fand.

Eine gewisse Verwandtschaft damit hat das, was man grammatischen Reim nennt. Es ist dies eigentlich nicht eine Art des Reimes, sondern eine Art der Verbindung von Reimpaaren: Wörter, die in einem Reimpaare sich gegenüberstehen, werden im folgenden Reimpaar oder überhaupt in nächster Nähe noch einmal einander gegenübergestellt, aber in anderer Flexions- oder Derivationsform als das erste Mal [2]). Davon gibt auch Crestien viele Beispiele: *venuz : retenuz*,

---

[1]) Ein reiches Verzeichnis von Dichtungen, die in der *rime équivoque* ihren Hauptvorzug haben, findet man in den Œuvres poét. de Guill. Alexis I 2 ff.

[2]) Etwas weiter faßt den Begriff des grammatischen Reimes MKaluza in den Beiträgen zur rom. Philologie, Festgabe für GGröber, Halle 1899, S. 140.

reving : *ting*, Ch. lyon 575—578; *savra* : *avra*, *ëue* : *sëue*, 719—722; *amer* : *clamer*, *aim* : *claim*, 1453—1456; *delaier* : *essaier*, *delaie* : *essaie*, 2515—2518; *venue* : *tenue*, *venu* : *retenu*, 3103—3106; *avez* : *savez*, *savons* : *avons*, 4951—4954; *jurent* : *conurent*, *gèussent* : *conëussent*, 5863—5866; *fin* (Ende) : *fin* (fein), *fine* (fein) : *fine* (endet), 6811—6814; *nuisanz* : *luisanz*, *renuisent* : *reluisent*, Clig. 1713—1716; *tot* : *sot*, *tote* : *sote*, eb. 5091—5094; *failli faillie defailli defaillie defin define fin fine* u. s. w. Oxf. LHs. V 47 (Archiv IC S. 351). Die Dichter, welche *rimes équivoques* suchen, haben in der Regel auch grammatische Reime in grofser Zahl. MOUSKET gibt beides zugleich, wenn er sagt: *Guenelons l'a- voit Espousee et c'iert ses maris, S'en iert marie et il maris; Quar la dame est sovent marie, Ki de mal signor se marie. Pour çou s'en ot le cuer mari Qu'ele a honte voit son mari*, 9270; vgl. 22537 ff., 29432 ff., RUSTEBUEF *li porpris* : *por pris*, *porprise* : *porprise*, *por prendre* : *por- prendre*, II 31; vgl. 160; Poire 65—72; 129—132. In das Reimgesetz des Liedes aufgenommen erscheint der gramma- tische Reim z. B. in Nr. 11 und in Nr. 210 der grofsen Bern. LHs. (=Nr. 566 und 153 RAYN.). Wieviel aber wahre Kunst aus dem zu machen weifs, was anderwärts leere Spielerei ist, sieht man bei SPRUDHOMME: *Si quelque fruit, où les abeilles goû- tent, Tente, y goûter; Si quelque oiseau, dans les bois qui l'écoutent, Chante, écouter; Entendre au pied du saule où l'eau murmure L'eau murmurer; Ne pas sentir, tant que ce rêve dure, Le temps durer, . . . Et seuls, heureux devant tout ce qui lasse, Sans se lasser, Sentir l'amour, devant tout ce qui passe, Ne point passer*, III 11. PMEYER möchte den grammatischen Reim auf Erfindung der Provenzalen zurück- führen, wo er *rima derivativa* heifst, s. Romania XIX 20.

Endlich ist noch der Doppelreim [1]) zu erwähnen, der

---

[1]) Dieser Name scheint mir für das Nebeneinander zweier Reime (*i* : *li*+*devoit* : *grevoit*), die sich nicht zu einem einfachen zusammen- fassen lassen, treffend. Dafs er auch unpassend gebraucht worden ist,

sich dann ergibt, wenn mehrere Schlufssilben einer Zeile mit den entsprechenden Silben einer anderen, einzeln genommen, reimen, ohne doch einen mehrsilbigen Reim zu bilden, welches letztere nur bei Gleichheit der die Silben beginnenden Konsonanten der Fall sein würde. Sie scheinen sich eher ungesucht ergeben zu haben, als dafs man sie angestrebt hätte. Beispiele aus Ch. lyon: *rassëura : ne dura*, 452; *me vëissent : me fëissent*, 568; *i devoit : li grevoit*, 682; *sa sele : apele*, 728; *esvertue : perdue*, 892.

Binnenreim nennt man denjenigen, bei welchem eine oder mehrere Silben im Innern des Verses durch den Reim in Beziehung gesetzt werden zu anderen Silben, sei es gleichfalls im Innern, sei es am Ende des nämlichen oder des vorangehenden oder des folgenden Verses. Die provenzalische Lyrik hat ihn häufiger angebracht, und zwar nicht selten auch so, dafs zu der bei dem Binnenreim beteiligten Stelle eines Verses eine mit ihr reimende sich gar nicht innerhalb der nämlichen Strophe, sondern erst an der entsprechenden Stelle der anderen Strophen findet; s. ARNAUT DANIEL in APPEL's prov. Chrest.[2] Nr. 25.

  I. *L'aur'amara   fa·ls bruels brancutz*
    Clarzir,   que·l dous' espeys' ab fuelhs,
    E·ls letz   becs   dels auzels ramencs . . .
  II. *Tan fo clara   ma prima lutz*
    D'eslir   lieys don cre·l cors los huelhs,
    Non pretz   necs   mans dos angovencs[1]) . . .

Die altfranzösische Dichtung, welche überhaupt an Künst-

---

bestimmt mich nicht ihn mit dem ganz unüblichen und keinesfalls unmittelbar verständlichen zu vertauschen, den FREYMOND, Zts. f. rom. Phil. VI 35 vorschlägt; was es zu bezeichnen gilt, ist ohne Gewaltsamkeit in παρώνυμος nicht hineinzulegen. Umfassen die reimenden Reihen mehr als blofs zwei nur in ihrer Vereinzelung reimende Glieder, so wird man von dreifachem, vierfachem Endreim sprechen können; sind die Reihen durch nicht reimende Silben unterbrochen, so liegt Binnenreim vor. STENGEL § 144 hält Assonanzreim für eine glücklichere Benennung.

¹) Das letzte Wort nach meiner Vermutung.

lichkeit des Strophenbaues es der provenzalischen nicht gleich-
getan hat, hat den Binnenreim seltener angewandt. Wo er
in nicht strophischer Dichtung etwa auftritt, ist er als zufällig
zu betrachten: *Nenil, qui bien esgarde a droit, Et je cuit,
rien ne me vaudroit,* Ch. lyon 2006 (Variante), oder als ein
mehr beiläufig angewandtes Kunstmittel, welches einen durch
Parallelismus im Gedanken herbeigeführten Parallelismus der
Rede sinnfälliger macht: *,Tien tu le tuen, et tu la toe'.
Cele a le suen et cil la soe,* Clig. 2348; *Car se jel vuel,
il me reviaut; Se je me duel, il se rediaut,* eb. 5430,
was zugleich als Beispiel des Binnen-, des grammatischen
und des Doppelreims dienen kann; *Li soustenemenz de lar-
gece, Li confondemenz d'avarice, Li destruiemenz de malice,*
Claris 196; *Li fondemenz de charité, Li tenemenz de
verité,* eb. 200 [1]). Wenn er sich aber in strophischen Gedichten immer an entsprechenden Stellen oder in zwar lyrischen,

---

[1]) Wenn Ch. lyon. 2028—31 vier Verse mit *an tel* (sc. *maniere
vos aim*) beginnen, so ist dies als Binnenreim nicht anzusehn, da ja
hier nicht reimende, sondern identische und zwar auch dem Sinne
nach identische Wörter an gleichen Stellen im Versinnern sich gegenüber stehen. Was hier zunächst gewollt ist, ist nur die auch der Prosa
geläufige Figur der Anaphora mit ihrer ganz bestimmten Wirkung; der
Parallelismus im Satzbau bringt das Übrige ungesucht mit sich. So
beginnen aufeinander folgende Verse mit *Or,* Erec 5238, mit *Ci vëisseiz,*
hernach mit *Ci vëist l'en,* Troie 9342; mit *Par aventure,* Guil. Pal.
1532 (wo der Dichter aber das Wort, auf dessen Wiederholung es ankam, weiterhin auch an andern, sich nicht entsprechenden Stellen an-
bringt); mit *Or l'aime,* Veng. Rag. 3618; mit *Ydain,* eb. 3773; mit
Lanval, MFcᴇ L 209; mit *C'est,* Meraug. 4876 (wo Wiederholung im
Versinnern dazu kommt); mit *Amors,* Rose 5020 (nachgebildet von
Roʙ. ᴅᴇ Blois, Barʙ. u. M. II 213, vgl. eb. IV 149); mit *Femme,*
Juʙ. NRec. II 330; mit *Envie,* Ruᴛᴇʙ. I 304; mit *Ilec,* dann mit *La,*
Rose 5093; mit *Tuit,* eb. 9340; mit *Lors,* eb. 9430; mit *Hui,* Barl. u.
Jos. 113; mit *Or,* Percev. 24950; mit *Or voit,* 29428. Mousᴋᴇᴛ 8700
beginnt sechs Verspaare mit *Or m'estevra;* 8894 drei Versdoppelpaare
mit *Que diront;* s. eb. 21903, 21982, andere Beispiele hat Aʟᴛᴏɴ zu
Claris 1202 gesammelt, ein provenzalisches ist *Vos est* im Jaufre 148 a.
Natürlich fehlt es auch an neufranzösischen nicht: *Vous me forcez*

aber nicht strophischen wiederholentlich und unter gleichen Verhältnissen zeigt, so ist er natürlich beabsichtigt[1]). Dagegen kann hier bisweilen fraglich sein, ob Binnenreim innerhalb eines längeren Verses oder Endreim am Schlusse kürzerer Verse vorliege; also z. B. *Ne porroit on mie aconter* || *Ne reconter* (||) *sanz mesconter*, Rom. u. Past. I 29, 26. In anderen Fällen ist die Entscheidung leichter: z. B. Z. 16 desselben Gedichtes bilden *Cors ot grailet — et chief͜ blondet* nicht eine Zeile mit Binnenreim, denn diese würde (da in Z. 12 *chanter* statt *chantant* zu setzen ist) als einzige Zeile des Gedichtes ohne Endreim dastehen, sondern zwei viersilbige mit ihrem Ende reimende Zeilen. Ähnlich eb. I 47. Der Binnenreim (zwischen Binnensilben zweier Verse) kann mit dem doppelten (drei-, vierfachen) Schlufsreim in ununterbrochenem Zusammenhange stehn: *Lobans lobés et lobeors Robe robés et robeors*, Rose 12477; *Et cil lobent les lobeors Et desrobent les robeors Et, servant lobeors de lobes, Ostent aus robeors lor robes*, RUSTEB. I 220; *Mais despita chatz, chates et chatons Et prisa fort ratz, rates et ratons*, CL. MAROT III 78 (Guiffrey) *Moi, qui te parle, moi. — T'exterminent les dieux, toi, qui me parles, toi*, ROTROU, Sosies IV 2; s. Zts. f. rom. Phil. VI 36. So kann es denn auch geschehen, dafs *jede* Silbe des einen Verses mit der gleichgestellten des andern reimt: *Se tu le suis, il te suira; Se tu le fais, il te*

---

vous-même à vous quitter, Vous me forcez vous-même à vous ôter Tout l'effet de votre victoire, CORN. Psyché 1540; *De tout ce que je suis, de tout ce que je puis*, eb. 1149. — Auf den Anlauf, der in der Aye d'Avignon an einer Stelle genommen ist, die Cäsursilbe mit dem Versschlusse assonieren zu lassen, hat STENGEL, Zts. f. rom. Phil. IV 101 aufmerksam gemacht.

[1]) Ersteres z. B. MÄTZNER, Afz. L. XXXIV, wo Z. 5 und 6 wohl nur einen Vers bilden, in der grofsen Berner LHs. Nr. 163 (=Nr. 355 RAYN.), wo die zehnsilbigen Schlufszeilen der Strophe vor der Cäsur Binnenreim haben; eb. 203 (= 681), wo von den drei zehnsilbigen Versen der erste immer, oft auch der zweite Cäsurreim hat; eb. 208

fuira, Rose 4975; *Le meillor de tous les meillors,
Le seingnor de tous les seingnors,* Escan. 8580[1]).
Im fünfzehnten und im sechzehnten Jahrhundert sind verschiedene Arten des Binnenreims sehr beliebt gewesen; so
die *rime batelée* (vermutlich von dem gleichen Stamme wie
bateleur Taschenspieler, Gaukler), wo der Reim Ende eines
und Cäsur des folgenden Verses in Beziehung zueinander
setzt, *rime renforcée*, wie es QUICHERAT 466 nennt, wo
die Cäsur mit dem Versschlusse reimt (in QUICHERAT's Beispiel ist dies übrigens nicht der Fall), *rime brisée*, wo die
Wörter, die in der Cäsur stehen, miteinander reimen. Von
diesen und ähnlichen Spielereien handelt QUICHERAT 465 bis
468, auch BELLANGER, Cap. I. Auf den Zusammenhang
einer vielbeliebten Strophe nach dem Schema *5a 5a 5b 5c
5c 5b* mit den gereimten Hexametern des Mittelalters, welche
den Spondeus des zweiten und den Spondeus des vierten
Fußes *jedes* Verses durch Reim unter sich binden und außer-
dem *jedes* Hexameterpaar durch Reim der zwei letzten Silben
eines *jeden* der zwei Verse zusammenschließen, macht SUCHIER,
Reimpredigt S. XLIX aufmerksam. Hienach würden auch
jene Strophen als Paare fünfzehnsilbiger Zeilen mit zwie-
fachem Binnenreim anzusehen sein:

*Grant mal fist Adam, | quant por le sathan | entamat le fruit.
Mal conseil donat, | qui ceo li loat; | car tost l'out sozduit.*

Die neufranzösische Dichtung macht kaum mehr Gebrauch von dem Binnenreim oder läßt ihn doch fürs Auge
nicht mehr als solchen bestehen, indem sie *jeden* Reim auch
einen Versschluß sein läßt. Tatsächlich aber ist der Binnen-

(= 684); eb. 436 (=1450), wo wenigstens die ersten beiden Strophen
Cäsurreim aufweisen, u. s. w.; letzteres in lyrischen Lais, wie z. B. in
dem des COLIN MUSET bei BARTSCH, Rom. u. Past. S. 355, weniger
richtig aufgefaßt bei BÉDIER Nr. III.

[1]) Entsprechend läßt VHUGO zwei Vershälften Silbe für Silbe untereinander reimen: *Je vois ce qu'ils ont vu, je crois ce qu'ils ont cru,*
bei RIGAL a. a. O. 187.

reim doch nicht völlig verschwunden: in BÉRANGER's Les
Gaulois et les Francs stehen sich in den verschiedenen Strophen folgende Zeilenpaare gegenüber: I *Le barbare* ‖ *Qu'elle
égare*, IV *Pour les boire* ‖ *À la victoire*, V *Nos filles* ‖ *Sont
trop gentilles*, VI *Histoire* ‖ *De notre gloire*, VII *La paix si
chère* ‖ *À la terre*; das Gesetz von der Kongruenz der Strophen
würde hier verletzt sein, wenn nicht die Zeilenpaare je eine
einzige siebensilbige weibliche Zeile bildeten, welche, da sie als
die einzige weibliche neben den drei siebensilbigen männlichen
der Strophe Endreim nicht haben kann, mit einem Binnenreim (und zwar einer Art *rime renforcée*) versehen ist [Noten
♩♪♩ ♪♩ ♪♩ ♪]¹). So in zahlreichen Refrains des nämlichen Dichters: *Lise à l'oreille Me conseille, Cet oracle me
dit tout bas: Chantez, monsieur, n'écrivez pas*, lauter achtsilbige Verse, deren erster, damit er nicht reimlos sei, Binnenreim
erhalten hat [Noten: ⁶/₈ ♪♪♪ ♩. ♪♪♪ ♫ ♪ ♪♪♪ ♩. ♪♪♪
♩. ♪ ♪♪♪♪♪♪ ♩. ♩].

Der Anforderung des Gleichklangs des betonten Vokals
für die Assonanz sowie des Gleichklangs des betonten Vokals
und dessen, was hinter ihm steht, für den Reim ist j e d e
Z e i t (für die neufranzösische sind einige Ausnahmen anerkannt und erklärt worden) und ist vor der Herrschaft einer
einheitlichen Literatursprache j e d e s M u n d a r t g e b i e t   n a c h
M a ſ s g a b e   d e s   j e w e i l i g e n   L a u t s t a n d e s nachgekommen.
Der Lautstand hat aber erstens eine ungemein wechselvolle
Geschichte gehabt; und zweitens ist die tiefgreifende Umge-
staltung des altfranzösischen Lautstandes zum mittelfranzösischen
und die des letzteren zum neufranzösischen nicht in so gleich-
mäſsiger Weise vor sich gegangen, daſs je ein altfranzösischer
Laut überall da, wo er vorkam, in derselben Weise sich
weiter verwandelt hätte, so daſs, wo im Altfranzösischen in
verschiedenen Wörtern identische Laute vorkamen, nun etwa

---

¹) Der Sachverhalt hat eine gewisse Ähnlichkeit mit dem oben
S. 56 Anm. berührten.

auch heute noch in den nämlichen Wörtern immer identische
Laute sich fänden. Es folgt aus ersterem, dafs Wörter,
welche altfranzösisch reimten und neufranzösisch noch reimen,
in der Zwischenzeit ihre Laute doch stark verändert haben
können (*páistre* : *náistre*, *pèstre* : *nèstre*, *paître* : *naître*; *pëust* :
sëust; *glòrie* : *memòrie*; *vin* : *veisin*; *biaus* : *noviaus* u. s. w.);
aus letzterem, dafs Wörter, welche altfranzösisch reimten (von
der Assonanz würde das Gleiche gelten), in späterer Zeit,
auch abgesehen von den Änderungen in der Flexion und von
der heute unter gewissen Umständen geltenden Forderung
des reichen Reimes, durchaus nicht *jedesmal* reimen (*croistre* :
paroistre; *sëur* : *bon ëur*; *hermine* : *rëine*; *preste* : *reste*; *cort*
(Hof) : *cort* (kurz); *amor* : *onor*; *aidier* : *mestier*; *voient* :
disoient; *plus* : *nus* [*nullos*]; *cote* : *rote*), und dafs hinwieder
Wörter neufranzösisch sehr wohl reimen können, deren altfranzösische Formen nicht würden gereimt haben (*plaie* : *craie*;
vin : *vain*; *clair* : *fer*; *sel* : *appel*; *quelle* : *qu'elle*; *frère* :
bergère; *maître* : *traître*; *bonheur* : *honneur*; *chambre* : *no-
vembre* (zeitweise); *bras* : *tas*; *grasse* : *grâce*; *théâtre* : *plâtre*;
hausse : *grosse*; *vider* : *tarder*; *crèche* : *pêche*). Im allgemeinen kann man wohl sagen, dafs der Wörter, welche neufranzösisch reimen können, während sie es altfranzösisch
nicht konnten, mehr sind als derjenigen, welche es altfranzösisch konnten und neufranzösisch nicht können, dafs also
in gewissem Sinne es heute leichter ist französisch zu reimen,
als es früher war; doch darf man nicht, wie es wohl aus
Voreingenommenheit für die ältere Sprache und Kunst geschehen ist, die Behauptung aufstellen, die moderne Kunst
verfahre minder sorgfältig, reime minder genau als die mittel-
alterliche. Es würde ja töricht und aufserdem unmöglich
gewesen sein für den Reim gewisse Lautunterschiede früherer
Zeit entscheidend bleiben zu lassen, nachdem sie einmal aus
dem Leben der Sprache geschwunden waren. Die moderne
Verstechnik tut immer noch ein übriges in Bezug auf ver-
stummte auslautende Konsonanten und ist meistens genau

genug in Beziehung auf Lautcharakter und Qualität der Ton-
vokale; auch verdient sie vor der alten das Lob, dafs sie die
matten Reime meidet, welche blofs identische Suffixe und
Flexionen betreffen, und welche sich zwischen Wörtern von
leicht erkennbar identischem Wortstamm ergeben würden.
Auch erlaubt sie sich (von neuesten Ausnahmen abgesehn)
die Assonanz an Stelle des Reimes nicht mehr, während in
der alten Zeit auch Gedichte, die gereimt sein sollen, hie
und da Assonanzen mit unterlaufen lassen. Die Verschiedenheit der Bedingungen einzeln nachzuweisen, unter welchen
einerseits altfranzösisch und andererseits neufranzösisch sich
Reime ergeben, oder die Fälle aufzuzählen, wo altfranzösisch
gute Reime bei Umsetzung der Wörter in neufranzösische
Form Reime zu sein aufhören, fällt der historischen Lautlehre des Französischen anheim oder würde eine Anwendung
der Lautlehre auf die Geschichte der poetischen Technik sein,
die sich von der Lautlehre nicht trennen läfst. Die wich-
tigsten dabei in Betracht kommenden Tatsachen sind folgende:
Die Existenz mehrerer fallender Diphthonge im
Altfranzösischen, welche als solche selbstverständlich noch
nicht mit den einfachen Vokalen in Assonanz oder Reim gepaart werden konnten, mit welchen sie später zusammenfielen,
sondern entweder nur ein *jeder* mit sich selbst oder mit demjenigen einfachen Vokal, der seinem ersten, dem vorwiegen-
den Elemente entspricht, also *ái* zunächst mit *ái*, aber auch
mit *a* (*faire, saive* : *Carles, marche* noch Ch. Rol. XX), erst
nachträglich mit *è* (*desfaire* : *terre* schon Ch. Rol. IV, *cum-
batrai* : *cerf*, CCLXXX) und später auch teilweise mit *é* (z. B.
RRose *diré* [Fut.] : *remiré* [Part. perf.]), s. MÜLLER in Zts.
f. rom. Phil. III 450.

áu zunächst mit *áu*, aber auch mit *a* (*autres* : *Chartres*,
Cor. Lo. XVI), erst sehr spät mit *o*, schwerlich vor dem
sechzehnten Jahrhundert, während allerdings schon im vierzehnten in tonloser Silbe *ossi*, *otant* und ähnliches geschrieben, und gewifs auch demgemäfs gesprochen worden ist.

eu (aus *ĕ*+*u* und aus *a*+*l* vor *s* der Flexion) mit sich und mit *e* aus *a* (*deu* : *parléd*, Ch. Rol. IX), in späterer Zeit auch mit dem aus *ō* entstandenen *eu*.

ǫi (*au* + *i*, *au* + Gutturalis, *ŏ*+*i*) mit *ǫ* (*esforz* : *poi* [*paucum*], Ch. Rol. LXXXIV; *bloi* : *esforz*, CXXXVIII; *glo*[*i*]*re* : *encore*, BCOND. 5, 114).

ǫi (*ŭ*+ Gutturalis, *ō*+ *i*, *ŭ* + *i*) mit *ǫ* (*juindre* : *curune*, Ch. Rol. LXXV; *anguisse* : *tute*, CLII).

ǫu (*a* + *u*, *ŏ* + *u*) mit *ǫ* (*out* : *porz*, Ch. Rol. XCIV; *pout* eb.).

ǫi aus *ē* oder *ī* zeitweise und provinzial mit *ǫ* und mit dem anderen *ǫi* u. s. w. u. s. w.

Die Existenz von steigenden Diphthongen und von Triphthongen, wo das Neufranzösische einfache Vokale hat eintreten lassen; s. oben S. 147 über *uè* : *è* oder *uè* : *iè*; daher auch *iau* : *au*.

Der verschiedene Klang und die Unvereinbarkeit im Reime der auf verschiedenem Grunde ruhenden *e* (aus *a* oder undiphthongiertem *ĕ*, *ē* einerseits, aus *ĕ* oder *ī* in Position andererseits, welches letztere hinwieder in ältester Zeit zwiefacher Natur gewesen zu sein scheint, je nachdem es auf *ĕ* oder auf *ī* beruhte[1]), während neufranzösisch ein Unterschied zwischen *ę* und *ẹ* allerdings fortbesteht, aber für die Verschiedenheit des Klanges nicht mehr der zu Grunde liegende Vokal den Ausschlag gibt[2]).

---

[1]) Hierüber s. SŮCHIER, Altfranz. Gramm. § 16, GPARIS, Ambroise S. XXIII, WALBERG, Bestiaire de Phil. XLII.

[2]) Dafs *e* aus undiphthongiertem *ĕ*, *æ* (sonst *ie*) und *e* aus *ē* (sonst *ei*, *oi*) dem *e* aus *a* gleichstehen, ist vielfach dargetan; zu den von FOERSTER, Ch. II esp. S. XXXI gegebenen Beispielen füge man etwa: *Gres* (*Græcos*) : *remés*, Clig. 4212; *Gres* : *tres* (Zelte), Thèbes II S. LXXVI; *teve* (*tepidum*) : *leve* (*lavat*), Jeh. et Bl. 4452; *treve* : *feve*, I Ysop. II 462; *devee* (*vetat*) : *agree*, *entree*, BARB. u. M. IV 185, 123, BSeb. XXIV 1093; *Mathés* : *matés*, JJOURNI 300; *Galilee* : *entree*, BSeb. XXIV 1113; *fere* (*feria*) : *mere*, GCOINS. 674, 87; *desree* : *contree*, Aiol 753; *ree* : *s'aree*, BCOND. 34, 92; *espere* : *pere*, eb. 221, 500;

Der in älterer Zeit noch viel geringere Umfang der Nasalierung, infolgedessen es gestattet war, *in* mit *i*, *un* mit *u* assonieren zu lassen, und die Verschiedenheit der Nasallaute *in* einerseits und *ain* (*ein*) andererseits, die eine Paarung derselben verbot[1]); die innerhalb gewisser zeitlicher und räumlicher Grenzen bestehende Verschiedenheit zwischen nasalem *en* und nasalem *an*, worüber PMeyer in den Mém. de la Soc. de linguist. I 244, Haase, Das Verhalten der pikardischen und wallonischen Denkmäler des Mittelalters in Bezug auf *a* und *e* vor gedecktem *n*, Halle 1880, handeln.

Die Verschiedenheit zwischen stimmlosem *s* (*ss*) und *c*, auslautendem *s* und *z*, die es lange Zeit unmöglich machte *passe* mit *chace*, *pas* mit *braz* u. dgl. zu reimen.

querele : *quele*, Mont. Fabl. IV 268 (*querele* : *damoisele*, eb. 267), wozu Lehnwörter sich gesellen, wie *pantere* : *enchantere*, Ren. 9024 (M Va 1046); : *matere*, *frere*, BComm. 98; *austere* : *clere*, GCoins. 577, 104; *diocese* : *rese*, 325, 35; *Tybé* : *i be*, Méon II 11, 302. Früh wird auch schon *e* aus *e* in Position mit *e* aus *a* gepaart, vor *r*: *bareterres* : *terres*, Ren. 9220 (M Bd. III S. 181); *fer* : *bouter*, Jub. NRec. I 19; *pert* (*paret*) : *pert* (*perdit*), Chast. XXII 158; vor *l* : *bel* : *mel* (*malum*) : *el* (*al-*), bei Bartsch, Langue et litt. 301; *feel*, *leel* : *seel*, *veel*, Rencl. M 218, 7; *prael* : *loiel*, Ruteb. II 69; *chastel* : *el*, Ren. 26904 (M XI 2536); *ostel* : *novel* 24566 (M XI 216); : *pel* (Haut) 23998 (XIII 2020); : *bel* 24320 (XIII 2342); *nöel* : *Roonel*, 23172 (XIII 1194); *el* : *pel* (Haut), 4165 (XIV 574); : *mangonel* 26912 (XI 2544); *quarrel* : *mortel*, Jub. NRec. I 111; *ostel* : *coutel* : *tel* : *bel*, I 144; ähnlich I 4; *matinel* : *bel*, Méon I 333, 494; *tel* : *cotel*, 323, 170, *greel* : *chastel*, 405, 29; *tele* : *astele*, Ren. 30010 (XVII 1336); : *belle*, Jub. NRec. I 23; vor *s* : *mes* (*missum*) : *amés*, BCond. 138, 42; *mes* (*missum*) : *mes* (*mansum*), Mont. Fabl. III 31; *après* : *les pres*, Jub. NRec. I 179; *faudrés* : *près*, Barb. u. M. III 415, 214, oder undiphthongiert gebliebenes *ĕ* oder *ē*, das sonst mit *e* aus *a* gleich gilt, mit *e* in geschlossener Silbe: *matere* : *terre*, Og. Dan. 11861; *miserele* : *capele*, Poème mor. 472.

[1]) Noch im siebzehnten Jahrhundert kennt Corneille Reime zwischen *ain* (*ein*) und *in* nicht; Molière kaum (*médecins* : *sains*, Amphitr. II 3); aber La Fontaine reimt unbedenklich *Romain* : *chemin*, *train* : *cousin*; *malin* : *plein*; *pain* : *magasin*; *chemin* : *demain* u. dgl.

Auf ziemlich weitem Gebiete sind freilich schon in alter Zeit Reime von der Art des letzteren statthaft gewesen, und solche von der Art des ersteren sind z. B. im Claris nicht selten, s. ALTON S. 842.

Die Tatsache, dafs aus *a* in offener Silbe je nach der Beschaffenheit der vorhergehenden Laute entweder *ie* oder *e* sich ergab, und diese zwei nicht miteinander reimten, während neufranzösisch solches *ie* fast durchweg zu *e* wurde.

Einige Wandelungen des Lautstandes haben sich auch erst in der Zeit zwischen dem siebzehnten Jahrhundert und der Gegenwart vollzogen, so dafs einzelne Reime der klassischen Dichtung, welche ihrer Zeit völlig Genüge taten, heute nicht mehr befriedigen können (wie ja bereits oben einiges gleicher Art bezüglich der Konsonanten im Auslaut festgestellt ist). Es trifft dies namentlich Wörter, die zum betonten Vokal *oi* oder *ai* haben. Nachdem schon frühzeitig, mindestens auf einem grofsen Teile des französischen Gebietes *oi* aus offenem *o+i* und *oi* aus *ē* oder *ĭ* zusammengefallen waren, so dafs *joie : voie, cloistre : croistre* u. dgl. reimten, auch *oi* aus geschlossenem *o + i* mit *j*enen gleichlautend geworden war, so dafs auch *voiz* (*vocem*) und *foiz* (*vicem*) gleichen Vokal hören liefsen, nahm *ói*, vermutlich über *óe* den Weg zu *oè*[1]), wurde aus einem fallenden zu einem steigenden Diphthong, dieser aber entwickelte sich nach auseinander gehenden Richtungen einerseits zu *oà*, andererseits zu *è* (*ai*), und zwar ohne dafs erkennbar wäre, wovon es abhing, dafs ein Wort sich

---

RACINE *destin : incertain*; *chemin : Romain*; *chemins : mains*; VOLTAIRE hat Reime gleicher Art in Menge, die Dichter der Gegenwart desgleichen. Die Reimwörterbücher pflegen jedoch noch heute die Reime auf *in* von den vereinigten auf *ain* und auf *ein* zu trennen. Übrigens sind altfranzösisch auch *ain* und *ein* nicht überall und ohne weiteres gleichlautend gewesen, s. WALBERG, Bestiaire de Phil. S. XLVIII.

[1]) Dies ist in einzelnen Gegenden wohl ziemlich früh eingetreten und erklärt Reime schon aus altfranzösischer Zeit wie *purcatoire : faire, contraire*, Oxf. LHs. I 75 II; *harnoes* (sonst *harnois*) : *oes*, GDole 2005; *harnoes : loes*, 2047.

auf die eine oder die andere Seite schlug; die Schrift hielt dabei bis ins achtzehnte Jahrhundert an der herkömmlichen Bezeichnung *oi* für die beiden verschiedenen Laute fest. Aus der Zeit nun, wo *oè* noch die übereinstimmende Aussprache des entscheidenden Diphthongs aller in Betracht kommenden Wörter war, stammen eine Reihe von Reimen, die ursprünglich vollkommen richtig waren, auch später noch bei veränderter Aussprache darum als richtig weiter gelten mochten, weil sie bei den Musterdichtern des siebzehnten Jahrhunderts zur Anwendung gekommen waren, die aber keinesfalls mehr dem *Ohre* Genüge tun. Sie sind zwiefacher Art: 1. solche von zwei Wörtern mit *oi* (gespr. *oè*), deren *oi* später nicht die nämliche Richtung genommen hat, wie *connoître : cloître*; *soie : croie* (Kreide); *croître : paroître*; 2. solche von zwei Wörtern, deren eines *oi* (gespr. *oè*), das andere altes *ai* (gespr. *è*) oder *è* oder *ei* hatte, wenn ersteres späterhin den Weg nach *oà* eingeschlagen hat: *croître : maître*; *croître : être*; *froide : possède*. Auf diese Weise erklären sich am einfachsten die angeführten, bei RACINE, BOILEAU, auch noch bei VOLTAIRE vorkommenden Reime; es tut nicht not dabei auf die Tatsache zurückzugreifen, dafs die normannische Mundart *ei* für *oi* (aus *ē* oder *ĭ*) der anderen Mundarten hatte. Es kann sein, dafs bei der zwiespältigen Entwickelung des *oi* (*oè*) mundartliche Einflüsse geltend geworden sind; aber sie hat sich in einer Zeit eingestellt, wo es längst eine Hof- und Literatursprache gab.

Ähnlicherweise sind gewisse Reime im sechzehnten Jahrhundert[1]) möglich gewesen und seitdem unmöglich geworden, in denen es sich um *eu* und *u* handelt. Dieser Punkt, der von QUICHERAT 354—358 ungenügend behandelt ist, indem hier die verschiedenen Arten des Ursprungs der in Betracht

---

[1]) Noch LA FONTAINE läfst *émute* (jetzt *émeute*) mit *dispute* F. VII 8, mit *députe* X 4 reimen; FURETIÈRE spottet im Rom. bourg. II 76 (Ausg. von 1878) über den Reim *cœur : dur* als eine *rime gasconne ou périgourdine*.

kommenden Laute nicht auseinander gehalten werden, hat durch DARMESTETER, Romania V 394, auf Veranlassung unrichtiger Aufstellungen von TALBERT, eine sorgfältige Erörterung gefunden, aus welcher sich ergibt, dafs der Laut ö, gleichviel ob er altfranzösischem *eu* oder *ue* nachfolgte, vorübergehend in einigen Wörtern mehr als denen, die heute noch als Zeugen dieses Wandels dienen (*fur, sur, mûre* Maulbeere), in *u* übergegangen war; dafs *u* aus lateinischem *ū* mundartlich vor *r* wie ö lautete; dafs altfranzösisches *ëu* nicht überall unmittelbar von *u* verdrängt, sondern hie und da zunächst ö wurde, wie im heutigen *bonheur* dies noch immer besteht; dafs endlich südfranzösische Dichter, deren Mutteridiomen ö überhaupt fremd war, ö und *u* nicht immer richtig auseinander zu halten wufsten. S. auch THUROT, De la prononc. frç. I 445—454.

Von den Wörtern auf - *aigne* des Altfranzösischen, die bei dem früh und auf weiten Strecken des französischen Gebietes eingetretenen Gleichlaut zwischen *ai* und *ei* vor *n* oder *gn* auch mit denen auf - *eigne* reimen konnten, hat ein grofser Teil nachher die Lautung -*agne* angenommen und kann seither mit denen auf -*eigne* nicht mehr reimen; während *baigne* : *enseigne* noch immer gut ist, ist *compaigne* : *dédaigne*, wie MALHERBE IV 130 reimt, heute nicht mehr statthaft. So hatten auch die heute auf - *ogne* und die auf - *oigne* endigenden Wörter früher gleichen Ausgang in Laut und Schrift, können aber heute nicht mehr reimen. Die Wörter auf -*age* reimten früher bei einer abweichenden Lautung, die durch die Schreibung *aige* dargestellt ist, mit *ai-je* und den ersten Personen der Einzahl der Futura und der Perfecta auf *ai*, wenn *je* folgte, zeitweise auch mit -*eige*; keines von beiden ist mehr erlaubt.

Noch manche andere Veränderungen im Lautstande gewisser Wortgruppen würden hier anzureihen sein, so das Schwanken hinsichtlich der Geltung des *s*, dem ein Vokal voran- und ein Konsonant nachsteht, infolgedessen

eine frühere Zeit oftmals einen vorgerückteren Lautstand, d. h.
Verstummung des *s* zeigt und demgemäfs reimt (*députe* :
juste; *perruque* : *jusque*), während eine spätere zu einem
älteren Lautstande zurückgekehrt ist oder einem älteren
Lautstande, der neben dem vorgeschritteneren noch nicht
völlig aufgegeben war, wieder allgemeine Geltung gegeben
hat und *j*ene Reime nicht mehr dulden kann. Ferner die
Wendung der neueren Zeit zu einer etwas ängst-
licheren Behandlung der Lehnwörter, d. h. einer solchen, die deren lateinischer Gestalt, Aussprache und Schreibung
mehr Rechnung trägt als der Neigung des französischen
Organs, das in älterer Zeit *j*ene Lehnwörter sich mit etwas
weniger Schonung angeeignet hatte (*pt, ct*; ferner *x* im Innern
der Wörter). Endlich die Verschiedenheit in der Behandlung konsonantischer Auslaute, wenn zu ihnen die
Flexion ein *s* hinzubringt, vor welchem die alte Sprache
*j*enen Auslaut des flexionslosen Wortes untergehen liefs,
während die neuere bestrebt ist den vollen Lautbestand des
flexionslosen Wortes auch vor dem *s* der Flexion hörbar
werden zu lassen und lieber dieses *s* ungesprochen läfst.
Zur Veranschaulichung aller dieser Vorgänge hat QUICHERAT
wertvolle Tatsachen gesammelt, die er freilich nicht immer
zutreffend beurteilt.

Von besonderer Wichtigkeit ist für die Lehre vom Reime
die Wandelung des Sprachstandes, welche in der Anfügung
eines *s* an die erste Person des Singularis der Verba
in gewissen Zeiten des Indikativs besteht, wo ein solches im
Altfranzösischen noch nicht vorhanden, auch etymologisch nicht
gerechtfertigt ist, darum wichtig, weil noch heute im neufranzösischen Reime der Dichter sich innerhalb gewisser
Grenzen ein Schwanken der Sprache zu statten kommen läfst,
das allerdings einmal bestand, jetzt aber längst aufgehört hat
wenigstens von der gewöhnlichen Schrift anerkannt zu werden,
obwohl es in der Beschaffenheit der tatsächlichen Aussprache
eine Begünstigung seines Fortbestandes findet.(*placé* : *je ne*

sai, PONSARD, Lucr. V 1). Die Praxis der Dichter, welche
die Unterdrückung des *s* sich gestattet haben, und die Lehre
der Theoretiker sind in dieser Beziehung vielfach irre gegangen, indem die einen wie die anderen das Verhalten einer
älteren Zeit, in welchem die Rechtfertigung des Gebrauches
gewisser, unter Umständen bequemer Formen liegen sollte,
nicht hinlänglich kannten und infolgedessen Bildungen für
gestattet hielten, die nie zuvor bestanden hatten. Richtig
ist, daſs das Altfranzösische ein *s* als Personalendung der
1. Pers. Sing. nicht kennt, unrichtig aber, daſs die 1. Pers.
Sing. in der älteren Zeit nie ein *s* am Ende gehabt habe. Sie
hat es in sehr zahlreichen Fällen gehabt, wo sein Auftreten
wohl begründet war: einmal in allen Verben von inchoativem
oder inchoativ erweitertem Stamm, also in *conois*, *pais*, *crois*
(*cresco*), *nais* und in allen inchoativen Verben auf *ir* (durchaus falsch behauptet QUICHERAT 477, altfranzösisch habe man
im Präsens *je fini* gesagt); ferner sonst, wo es zum Stamme
gehört, wie in *puis*, *cous*, *is* (*exeo*) und einigen nach Analogie gebildeten: *ruis*, *truis*, *doins*, *vois* (natürlich auch in
den Verben erster Konjugation mit *s* als Stammauslaut);
sie hat es ferner gehabt in zahlreichen stammbetonten Per-
fekten, teils wo es zum Stamme des Verbums überhaupt gehört wie in *fis*, teils wo es zum Perfektstamm gehört wie in *je
pris*, *dis*, *trais* (*traxi*), *mis* u. dgl. Dagegen hat sie es im
übrigen allerdings nicht gehabt, nicht in den schwachen Per-
fekten auf *i*, *ui*, nicht in den Imperfekten auf *oie*, *oi*. Die
neufranzösische Reimpraxis nun ist in dieser Beziehung bisweilen fehlgegangen. Sie durfte paaren *je di* (Präsens) : *hardi*,
MOLIÈRE, Tart. V 3; *je reçoi* : *moi*, Misanthr. I 2; *je voi* :
moi, II 1; *je tien* : *bien*, RACINE, Plaid. I 2; sie durfte
weiter gehen, sie durfte sich *je fui* (*fugio*) gestatten oder *je
sui*, was sie, vermutlich weil *puis* nie *pui* neben sich hatte,
nicht getan hat; sie hätte sich aber nie erlauben sollen:
j'averti im Präsens (*je vous en averti : prenez votre parti*,
RACINE, Bajaz. II 3).

Ähnlich verhält es sich mit dem *s* der zweiten Person im Singularis des Imperativs, das die alte Sprache nirgends kennt, aufser wo es etymologisch begründet ist, d. h. entweder zum Stamme des Verbums oder zu dessen inchoativer Erweiterung gehört. Auch hier haben die Dichter des siebzehnten Jahrhunderts und spätere noch hie und da zu den alten Formen ohne *s* gegriffen. RACINE reimt *cours, ordonne et revien Me délivrer bientôt d'un fâcheux entretien*, Phèdre II 4, und noch VOLTAIRE: *vengeons-nous, vole! attend! Non, va, te dis-je, frappe, et je mourrai content*, Adél. IV 5. Wer die ersten Personen *je di, je voi* und gleichartige sich gefallen läfst, wird auch gegen diese Imperative Triftiges nicht einzuwenden haben. Das Wegbleiben des *s* zweiter Personen des Indikativs oder des Konjunktivs dagegen, wovon S. 71 und S. 136 die Rede war, ist nur von einem Grundsatze aus zu rechtfertigen, zu welchem unumwunden und überall sich zu bekennen erst in neuester Zeit einzelne beginnen.

Druck von Pöschel & Trepte in Leipzig.